I0875845

SCHRIFTEN DES EUROPÄISCHEN ZENTRUMS FÜR SPRACHWISSENSCHAFTEN (EZS)

Herausgegeben von
LUDWIG M. EICHINGER
EKKEHARD FELDER
JÖRG RIECKE
Europäisches Zentrum für Sprachwissenschaften (EZS)

Eine Kooperation zwischen der Universität Heidelberg und dem Institut für Deutsche Sprache (IDS) in Mannheim

Band 7

NORBERT RICHARD WOLF (Hg.)

Martin Luther und die deutsche Sprache – damals und heute

Universitätsverlag
WINTER
Heidelberg

Bibliografische Information der Deutschen Nationalbibliothek
Die Deutsche Nationalbibliothek verzeichnet diese Publikation in der Deutschen Nationalbibliografie; detaillierte bibliografische Daten sind im Internet über *http://dnb.d-nb.de* abrufbar.

REDAKTION
Melanie Steinle

UMSCHLAGBILD
Foto Luther-Statue: prill/iStock.com
Autograph: Martin Luther 1531,
By Connormah, Martin Luther – File: Autograf, Martin Luther, Nordisk familjebok.png, Public Domain,
https://commons.wikimedia.org/w/index.php?curid=7934811

LOGO
Der Verlag dankt der Evangelischen Kirche in Deutschland (ekd), aus Anlass des Jubiläums die Wort-Bild-Marke »Luther 2017 – 500 Jahre Reformation« verwenden zu dürfen.

ISBN 978-3-8253-6814-2

Dieses Werk einschließlich aller seiner Teile ist urheberrechtlich geschützt. Jede Verwertung außerhalb der engen Grenzen des Urheberrechtsgesetzes ist ohne Zustimmung des Verlages unzulässig und strafbar. Das gilt insbesondere für Vervielfältigungen, Übersetzungen, Mikroverfilmungen und die Einspeicherung und Verarbeitung in elektronischen Systemen.

© 2017 Universitätsverlag Winter GmbH Heidelberg
Imprimé en Allemagne · Printed in Germany
Umschlaggestaltung: Klaus Brecht GmbH, Heidelberg
Druck: Memminger MedienCentrum, 87700 Memmingen

Gedruckt auf umweltfreundlichem, chlorfrei gebleichtem und alterungsbeständigem Papier

Den Verlag erreichen Sie im Internet unter:
www.winter-verlag.de

Inhaltsverzeichnis

NORBERT RICHARD WOLF

Vorwort

Es fällt auf, dass im Reformationsjahr 2017 nicht nur Luthers theologische Leistung und Wirkung dargestellt werden, sondern dass – besonders auch von theologischer und kirchlicher Seite – seine sprachliche Wirkung hervorgehoben wurde und wird. So ist auf dem Internetportal www.luther.de immer noch zu lesen:

> Während des eher unfreiwilligen Aufenthalts auf der Wartburg fand Luther trotz „vielfacher Belästigungen durch den Teufel" die Zeit, sich einer großen Aufgabe zu widmen: er übersetzte in nur elf Wochen das Neue Testament aus dem Griechischen ins Deutsche. Das Werk wird später noch von Melanchthon und anderen Spezialisten (z. B. Caspar Cruciger) bearbeitet, es erscheint 1522 als sogenannte „Septemberbibel" im Druck. Dadurch wird Luther zum Schöpfer der neuhochdeutschen Schriftsprache.[1]

Auch wenn man Luthers sprachgeschichtliche Wirkung sehr hoch einschätzt, ist die Behauptung, dass Luther durch seine Bibelübersetzung die neuhochdeutsche Schriftsprache geschaffen habe, falsch. Diese Äußerung wird gerne mit der tatsächlichen oder vermeintlichen Volkstümlichkeit Luthers kombiniert:

> Weiterhin sind Luthers Tischreden beachtenswert. Sie stellen neben der Bibelübersetzung ein weiteres Beispiel dafür dar, wie Luther *„dem Volk auf's Maul geschaut*" hat. (Ebd.)

Die Autoren dieses Internetauftritts scheinen nicht zu wissen, dass Luther nicht der Autor der (schriftlichen) ‚Tischreden' ist, sodass sie schon aus diesem Grund allein keine Informationen über Luthers Personalstil liefern können. Zudem verkennen die Autoren, dass die ‚Verständlichkeit' der Lutherbibel kein Resultat von Luthers Volkstümlichkeit ist, sondern von seiner sprachlichen Meisterschaft.

Explizit oder implizit berufen sich derartige Äußerungen auf Jacob Grimms Dictum:

> Man darf das neuhochdeutsche in der that als den protestantischen dialect bezeichnen, dessen freiheitsathmende natur langst schon, ihnen unbewußt, dichter und schriftsteller des katholischen glaubens uberwältigte. (Grimm 1922, S. XI)

[1] www.luther.de/kontext/sprache.html [Stand: 10.7.2017].

Karl-Heinz Göttert (2017, S. 7) stellt den Hauptsatz dieses Zitats in moderner Orthographie zusammen mit weiteren Zitaten verschiedener Autoren seinem Buch über die Lutherbibel voran. Diese Verkürzung lässt das, worum es Jacob Grimm geht, völlig außer Acht:

> Luthers sprache, deren grammatik gleichwohl eigentlich dargestellt zu werden verdiente, […] ihrer edleren, fast wunderbaren reinheit, auch ihres gewaltigen einflußes halber, für kern und grundlage der neuhochdeutschen sprachniedersetzung gehalten werden, wovon bis auf den heutigen tag nur sehr unbedeutend, meistens zum schaden der kraft und des ausdrucks abgewichen worden ist. Man darf das neuhochdentsche in der that als den protestantischen dialect bezeichnen, dessen freiheitsathmende natur längst schon, ihnen unbewußt, dichter und schriftsteller des katholischen glaubens überwältigte. Unsere sprache ist, nach dem unaufhaltbaren laufe aller dinge, in lautverhältnissen und formen gesunken, meine schilderung neuhochdeutscher buchstaben und flexionen dürfte es nicht verhehlen sondern hervorheben; was aber ihren geist und leib genährt, verjüngt, was endlich blüthen neuer poesie getrieben hat, verdanken wir keinem mehr, als Luthern. (Grimm 1922, S. Xi f.)

Dieses ausführliche Zitat aus der Vorrede zur „Deutschen Grammatik" macht einerseits deutlich, dass auch der Ahnherr der Germanistik in bewundernswerter Klarheit sah, dass es vor allem der Stil ist, der Luthers Bedeutung und Wirkung ausmacht. Dementsprechend hält auch Matthias Schulz fest, dass Luthers Bibelübersetzung „zu einem bedeutenden Faktor im Rahmen übergreifender sprachgeschichtlicher Prozesse wie der lexikalischen Standardisierung"[2] wird. Zahlreiche Autoren des 16. und 17. Jahrhunderts rühmen die sprachlichen Leistungen Luthers und stellen ihn als Vorbild dar.

Damit ist auch eine Frage beantwortet, die während der ganzen neuhochdeutschen Periode der deutschen Sprachgeschichte gestellt und diskutiert worden ist: Die neuhochdeutsche Schriftsprache, die von Luther geschaffen worden sein soll, ist die neuhochdeutsche Einheitssprache; die deutsche Spracheinigung nahm den Weg über die Schrift bzw. über die Orthographie. Doch Luthers Bibeltext blieb zwar inhaltlich über Jahrhunderte weitgehend unverändert, die Orthographie hingegen wurde stets dem jeweils geltenden Usus angepasst (vgl. dazu auch Wolf 2000). In diesem Sinn kann Luther nicht der Schöpfer der neuhochdeutschen Schriftsprache sein, auch wenn manche Kollegen bereits in seinen späteren Bibelversionen moderne orthographische Prinzipien realisiert zu finden glauben. Und Bruno Preisendörfer will uns allen sprachgeschichtlichen Erkenntnissen zum Trotz die Luther-

[2] Matthias Schulz: Die Bibelübersetzung Martin Luthers aus sprachhistorischer Sicht. Vortrag im Rahmen der Ringvorlesung „Reformation und katholische Reform" im Sommersemester 2017 an der Universität Würzburg. Dieser Vortrag und alle weiteren Vorlesungen werden im Herbst 2018 in einem Sammelband gedruckt erscheinen. Ich danke Matthias Schulz hier für die Überlassung seines Manuskripts.

zeit als die Zeit, in der „unser Deutsch erfunden wurde" (so der Titel des Buchs Preisendörfer 2016), vorstellen.

Die Nr. 74 (II/2017) der „Sprachnachrichten", der Zeitung des Vereins Deutsche Sprache, ist „dem großen Reformator und Sprachschöpfer gewidmet". In einem Verweis auf Artikel in der Zeitung wird Preisendörfers Wortwahl aufgegriffen: „Die Erfindung des Deutschen: Martin Luther übersetzt die Bibel und beweist damit die Tauglichkeit des Deutschen als Hoch- und als Kultursprache." (ebd., S. 1). Die Wahrer der Reinheit der deutschen Sprache glauben zudem zu wissen, dass „Luther [...] sich oft Monate gequält [hat], um ein passendes deutsches Wort für einen fremdländischen Begriff in seinem Bibeltext zu finden" (ebd., S. 3). Der Verein Deutsche Sprache begibt sich, nicht zuletzt durch seine Wortwahl, in eine gefährliche Umgebung. So publizierte die ‚Nationalkirchliche Einigung Deutsche Christen' 1941 „ein ‚gereinigtes' Gesangbuch: Alle jüdischen Wörter und Bezüge werden entfernt. So auch bei Luthers ‚Eine feste Burg ist unser Gott': Aus *Er heißt Jesu Christ, der Herr Zebaoth* wird *Er heißt Jesu Christ, der Retter in der Not*" (Dalheim 2016, S. 243).

Auch der Sprachpflege täten weniger Vorurteile, dafür mehr wissenschaftliche Erkenntnisse gut; doch sollen derartige Behauptungen, ganz gleich von wem sie kommen, im vorliegenden Buch nicht weiter behandelt werden.

Die Beiträge im vorliegenden Buch wollen nicht aufs Neue alte Fragen stellen, sondern Luthers Umgang mit Sprache (und Texten) in zahlreichen Facetten zum Gegenstand machen. Denn Luther war nicht nur ein hervorragender Übersetzer, er wollte viel mehr – er wollte eine deutsche Bibel schaffen, und dazu bedurfte es einer großen sprachlichen Meisterschaft. Er verfasste zudem Exemplare unterschiedlicher Textgattungen, er jonglierte geradezu mit Deutsch und Latein in einem Text und konnte in nahezu jeder Situation das adäquate Wort finden oder erzeugen.

Dies Alles genauer, detaillierter in den jeweiligen Kontexten und Konstitutionen zu beschreiben, ist immer ein lohnendes und auch wichtiges Ziel, denn „Luther wirkte [...] in einer sprachgeschichtlich bedeutsamen Zeit und [...] er wirkte als Sprecher einer bedeutsamen Landschaft" (Erben 1974, S. 511). Dazu kommt, dass er nicht nur ein ausgebildeter Theologe, sondern auch ein begabter Rhetor war, der es sehr wohl verstand, sein Publikum zu erreichen. Er wollte, wie er es im „Sendbrief vom Dolmetschen" ausdrückte, dem Volk „Auff das maul sehen" (Luther 1530/1983, S. 486), er war aber nicht ‚volkstümlich', sondern vielmehr der Schöpfer hochartifizieller Prosa und bis heute erfolgreicher Kirchenlieder. Seine Bibel, die ‚Lutherbibel', bekam in der evangelisch-lutherischen Kirche kanonische Funktion, wodurch dieses Buch zu Problem und Aufgabe bis zur Gegenwart wurde.

Die Beiträge im vorliegenden Band wurden auf einem vorbereitenden Kolloquium im Mai 2017 präsentiert und diskutiert. Die damaligen Vorträge liegen nun in erweiterter und überarbeiteter Fassung vor. Als das Buch und das Kolloquium geplant wurden, waren die neuesten Versionen der Lutherbibel und der katholischen Einheitsübersetzung zwar angekündigt, aber noch nicht erschienen. Mit beiden neuen Versionen, die Ende 2016 herauskamen, erschienen nicht wenige Begleittexte, darunter auch ein Büchlein der Deutschen Bibelgesellschaft, einer evangelischen Institution, unter dem Titel „… und hätte der Liebe nicht". Der Titel überrascht, denn er ist alles andere als gegenwartssprachlich. Die Recherchen nach den Gründen für diese Formulierung erbrachten einen erstaunlichen Befund.

Die Luther-Revision von 1984, die bis Ende 2016 anerkannte Bibelversion[3], lieferte als Wortlaut dieser Stelle aus dem ersten Korinther-Brief:

> 1Wenn ich mit Menschen- und mit Engelzungen redete und **hätte die Liebe nicht**, so wäre ich ein tönendes Erz oder eine klingende Schelle.
> 2Und wenn ich prophetisch reden könnte und wüsste alle Geheimnisse und alle Erkenntnis und hätte allen Glauben, sodass ich Berge versetzen könnte, und **hätte die Liebe nicht**, so wäre ich nichts.
> 3Und wenn ich alle meine Habe den Armen gäbe und ließe meinen Leib verbrennen und **hätte die Liebe nicht**, so wäre mir's nichts nütze. (Luther 1984, 1Kor 13,1–3)

Das Genitivobjekt *der Liebe* begegnet hingegen im neuesten Revisionstext 2017, der, wie schon angedeutet, Ende 2016 erschienen ist:

> 1Wenn ich mit Menschen- und mit Engelzungen redete und **hätte der Liebe nicht**, so wäre ich ein tönendes Erz oder eine klingende Schelle.
> 2Und wenn ich prophetisch reden könnte und wüsste alle Geheimnisse und alle Erkenntnis und hätte allen Glauben, sodass ich Berge versetzen könnte, und **hätte der Liebe nicht**, so wäre ich nichts.
> 3Und wenn ich alle meine Habe den Armen gäbe und meinen Leib dahingäbe, mich zu rühmen, und **hätte der Liebe nicht**, so wäre mir's nichts nütze. (Luther 2017, 1Kor 13,1–3)

Die neueste Revision war gegen die Regeln der gegenwartsdeutschen Grammatik zum Originalwortlaut von 1545 zurückgekehrt:

> 1WEnn ich mit Menschen vnd mit Engel zungen redet / vnd **hette der Liebe nicht** / So were ich ein donend Ertz oder eine klingende Schelle.
> 2Vnd wenn ich weissagen kündte / vnd wüste alle Geheimnis / vnd alle Erkentnis / vnd hette allen Glauben / also / das ich Berge versetzte / vnd **hette der Liebe** nicht / So were ich nichts.
> 3Vnd wenn ich alle meine Habe den Armen gebe / vnd liesse meinen Leib brennen / vnd **hette der Liebe** nicht / So were mirs nichts nütze. (Luther 1545, 1Kor 13,1–3)

Und dazu vermerkt Hannelore Jahr, die Cheflektorin der Deutschen Bibelgesellschaft:

[3] Die genauen Literaturangaben zu den diversen Bibelfassungen s. den Beitrag von Wolf in diesem Band.

„… und hätte der Liebe nicht“ – dieser Satz aus dem Hohenlied der Liebe in 1. Korinther 13, der als Titel für die Broschüre gewählt wurde, steht programmatisch für einen charakteristischen Aspekt der aktuellen Revision. Die „Modernisierer“ hatten für die Ausgabe 1975 [die bald schon wegen der zahlreichen Modernismen zu einem Probetext herabgestuft wurde. NRW] aus dem Genitiv einen Akkusativ gemacht „… und hätte die Liebe nicht“ und so war es seither geblieben. Sehr viele Menschen, die mit dem Luthertext vertraut sind, haben aber die alte Formulierung im Kopf, für die es inhaltlich gute Gründe gibt. (Jahr 2016, S. 5)

Der jüngste Revisionstext kehrt also zum ‚alten Luther‘ zurück, weil viele den alten Wortlaut gewohnt sind und weil dieser Wortlaut eine Botschaft enthält, die wir Heutigen wohl nur durch einen Kommentar erschließen können. Der griechische Urtext lautet:

ἀγάπην δὲ μὴ ἔχω
„Liebe aber nicht habe“ (Dietzfelbinger 755)

Das Griechische setzt das Substantiv ἀγάπη in den Akkusativ, das Substantiv steht mit dem Nullartikel, der eine gewisse Partitivität ausdrücken kann: ‚etwas von der Liebe‘. Luther erkennt dies und wählt den Genitiv, wodurch die Phrase *der Liebe* als Partitivobjekt zu werten ist. Wir sehen, Luther hat den Sinn dieser Stelle sehr genau analysiert, und wir Heutige müssen uns ebenfalls sehr genau mit Luther auseinandersetzen. Am Rande sei erwähnt, dass im Septembertestament vom Jahre 1522 in Vers 1 des Hohenliedes der Liebe der Akkusativ steht, in den anderen beiden Versen dagegen der Genitiv:

1 WEnn ich mit menschen vnd mit engel zungen redet / vñ **hette die liebe nicht** / so were ich eyn dohnend ertz / odder eyn klingende schelle.
2 Vnd weñ ich weyssagē kundt / vnd wuste alle geheymnis / vñ alle erkentnis / vnd hette allen glawben / also / das ich berge versetzete / vnd **hette der liebe nicht** / so were ich nichts.
3 Vnd wenn ich alle meyn habe den armen gebe / vnd ließ meynen leyb brennen / vnd **hette der liebe** nicht / so were myrs nichts nutze. (Luther 1522, 1Kor 13,1–3)

Die Verwendung des Akkusativs in Vers 1 dürfte sich als Fehler erweisen, der Setzer hat die Feinheit der Konstruktion nicht erkannt, in Vers 2 und 3 hält er sich dann an die Vorlage. Das deutet darauf hin, dass schon zur Lutherzeit dieser Genitiv nicht alltäglich war. Dennoch kehrt die Revision 2017 zur alten Konstruktion zurück, weil eben diese Konstruktion Informationen liefert, die auf andere Weise nicht so einfach zu liefern wären.

Die Lutherbibel ist eben nicht nur ein Sprachkunstwerk, das es zu erhalten gilt, sondern auch ein Text, der fundamentale religiöse Bedeutung hat und daher nicht nur für Philologien, sondern für Alle verständlich sein und bleiben soll.

Es zeigt sich, dass es nicht nur sinnvoll, sondern notwendig ist, sich wieder einmal mit Luthers Umgang mit Sprache zu befassen. Dies betrifft sowohl seine metasprachlichen Konzepte als auch seine ‚konkrete' Spracharbeit. Gerade diese hatte in der Folge ihre Wirkung, die – wie schon gesagt – in Vielem bis in unsere Gegenwart reicht.

In einem immer noch verstörenden Punkt reicht Luthers Wirkung bis in die jüngste Vergangenheit, wenn nicht bis in unsere Gegenwart: Es ist Luthers Antijudaismus, der sich vor allem in der Schrift „Von den Juden und ihren Lügen" (Luther 1543/1920) in schwer erträglichen Worten manifestiert, dies im Unterschied zu früheren Schriften Luthers, vor allem in der Schrift „Daß Jesus Christus ein geborner Jude sei" vom Jahre 1523 (Luther 1523). Im Jahre 1941 erschien, verfasst von Paul Schmitthenner, ein Schulbuch unter dem Titel „Führer und Völker" (Abbildung in Dalheim 2016, S. 236), worin zu lesen stand: „Unbewusst und doch mächtig fortwirkend war Luther durch diesen grimmigen Krieg gegen [...] Juda einer der größten Streiter für die Reinerhaltung unserer Rasse." (zit. Dalheim 2016, S. 43). Es ist immer wieder unsere Aufgabe, Luthers Äußerungen zu kontextualisieren und vor derartigen Aktualisierungen zu schützen – auch dies ein nicht unwichtiger Aspekt der Beschäftigung mit Luthers Umgang mit Sprache.

Obwohl das Mannheimer Institut für Deutsche Sprache (IDS) satzungsgemäß zuvörderst die Gegenwartssprache und dann noch die jüngere Sprachgeschichte als Aufgabe hat, hat Ludwig M. Eichinger, der Direktor des IDS, von sich aus vorgeschlagen, dass auch das IDS sich im Reformationsjahr 2017 mit dem Reformator beschäftigen soll. Dadurch soll deutlich werden, dass für das Verständnis des Gegenwartsdeutschen ein Blick auf ältere Sprachstufen und ältere, aber wirkungsmächtige Texte überaus aufschlussreich sein kann.

Die Anregung zu diesem Band kam im Frühsommer 2016 von Ludwig M. Eichinger. Uns stand sowohl für die Vorbereitungen als auch für das Kolloquium die Infrastruktur des IDS zur Verfügung; dadurch wurde die Arbeit ganz wesentlich erleichtert. Es muss betont werden, dass ohne die Ressourcen des IDS das ganze Projekt nicht möglich gewesen wäre. Für all das sind wir dem IDS und seinem Direktor sehr dankbar. Unser besonderer Dank gilt Frau Melanie Steinle, der Leiterin der Publikationsstelle des IDS: Frau Steinle hat wesentliche Hilfe bei der Organisation des Kolloquiums geleistet, und sie hat die Drucklegung des vorliegenden Bandes auf stets freundliche und gleichzeitig professionelle Weise betreut. Ohne Frau Steinles Unterstützung wäre das Buch nicht so schön geworden, wie es sich jetzt den Leserinnen und Lesern bietet.

Literatur

Dalheim (2016): Luther. 1917 bis heute. Katalog zur Sonderausstellung der Stiftung Kloster Dalheim. LWL-Landesmuseum für Klosterkutlr. Lichtenau/Dalheim.

Dietzfelbinger, Ernst (2016): Das Neue Testament. Interlinearübersetzung Griechisch-Deutsch. 3. Aufl. Witten/Stuttgart.

Erben, Johannes (1974): Luther und die neuhochdeutsche Schriftsprache. In: Maurer, Friedrich/Rupp, Heinz (Hg.): Deutsche Wortgeschichte Bd. 1. 3. Aufl. Berlin/New York, S. 509–581.

Göttert, Karl-Heinz (2017): Luthers Bibel. Geschichte einer feindlichen Übernahme. Frankfurt a. M.

Grimm, Jacob (1922): Deutsche Grammatik. Bd. 1. 2. Aufl. Göttingen.

Jahr, Hannelore (2016): „… und hätte der Liebe nicht". Die Revision und Neugestaltung der Lutherbibel zum Jubiläumsjahr 2017: 500 Jahre Reformation. Stuttgart.

Luther, Martin (1523/1900): Daß Jesus Christus ein geborner Jude sei. In: D. Martin Luthers Werke. Kritische Gesamtausgabe. Bd. 11. Weimar, S. 307–336.

Luther, Martin (1530/1983): Ein Sendbrief D. M. Luthers. Vom Dolmetschen und Fürbitte der Heiligen. In: Martin Luther. Studienausgabe. Hg. Von Hans-Ulrich Delius. Bd. 3. Berlin, S. 477–496.

Luther, Martin (1543/1920): Von den Juden und ihren Lügen. In: D. Martin Luthers Werke. Kritische Gesamtausgabe. Bd. 53. Weimar, S. 412–552.

Preisendörfer, Bruno (2016): Als unser Deutsch erfunden wurde. Reise in die Lutherzeit. Berlin.

Wolf, Norbert Richard (2000): Die neuhochdeutsche Schriftsprache als „protestantischer dialecct". Luthers sprachliche Wirkung. In: *De consolatione philologiae*. Studies in Honor of Evelyn S. Firchow. Hg. von Grotans, Anna/Beck, Heinrich/Schwob, Anton. (= Göppinger Arbeiten zur Germanistik 682). Göppingen, S. 733–746.

KARLHEINZ JAKOB

Sprachwissen und Spracheinschätzungen bei Martin Luther

1. Vorbemerkung

Auch wenn man kein Spezialist für Luther-Philologie ist, kennt man als germanistischer Sprachhistoriker die immer wieder zitierten Standardbemerkungen Luthers zur deutschen Sprache. Man weiß: Er *lehnt sich an die Sprache der Sächsischen Kanzlei an*. Er *will dem Volk aufs Maul schauen*. *Der gemeine Mann und die Mutter im Haus* sind seine sprachlichen Vorbilder. Diese Aussagen werden in der Literatur oft so dargestellt, als seien sie Teile aus einem großen Sprachprogramm Luthers. Dieser – von den Verfassern nicht unbedingt intendierte – Effekt täuscht über das wirkliche Ausmaß der überlieferten Belege für Luthers Sprachwissen und Spracheinschätzungen hinweg.

Der vorliegende Beitrag möchte hier eine dezidierte Gegenposition einnehmen: Das lutherische ‚Sprachprogramm' besteht aus relativ wenigen, oft kaum zusammenhängenden und teils recht widersprüchlichen Aussagen, die zum einen auf nur wenigen Druckseiten im „Sendbrief vom Dolmetschen" (1530) konzentriert sind und die zum anderen als relativ spontane Bemerkungen des Reformators in den sog. „Tischreden" (ab 1530 aufgezeichnet) zu finden sind, also in einer Quellensammlung, deren philologische Validität äußerst problematisch ist. Luthers Kenntnisse über die deutsche Sprache und seine Spracheinschätzungen bleiben weit hinter dem zurück, was er in anderen Bereichen, wie etwa in der Sprachpraxis, in der Homiletik, in seinen Übersetzungen durch seine rhetorischen Qualitäten und durch seine allgemeine, genial zu nennende Sprachbegabung geleistet hat.

Es gibt eine plausible Erklärung für die unausgewogene Darstellung in der Luther-Philologie: Sie könnte daher rühren, dass in der Forschung oft nicht klar unterschieden wurde zwischen Luthers sprachschöpferischer Leistung (besonders in der Bibelübersetzung) und seiner philologischen Reflexion. Es scheint so, als habe die Bewunderung für seine einzigartige objektsprachliche Kompetenz und für sein Übersetzungwerk seine eher in bescheidenem Umfang und bescheidener Qualität überlieferten metasprachlichen Reflexionen gewissermaßen ‚mitgerissen' und in der Einschätzung der Philologen ‚mit veredelt'.

2. Relevanz und Ausmaß der Sprachthematisierungen in Luthers Schriften

Zahlenangaben und andere quantitative Überlegungen mögen für den Philologen keine schlüssige Argumentationsgrundlage sein. Dennoch ist vorab rein quantitativ zu bilanzieren, welchen Anteil und Stellenwert die sprachprogrammatischen Aussagen Luthers in seiner riesigen Schriftenüberlieferung haben.

Luther interessiert sich für die Sprichwörter der deutschen Sprache, demzufolge hat er eine ca. 500 Sprichwörter umfassende Sammlung angelegt (vgl. Armbruster 2005, S. 249). Er widmet sich der Gliederung der Weltgeschichte und hat deshalb die hierfür überlieferten Kenntnisse in einer chronologischen Geschichtstabelle (vgl. Luther-WA 53, 22–184) zusammengefasst, welche er häufig als Arbeitsinstrument einsetzte (vgl. Schilling 2010, S. 99).

Themen, denen theologische Überlegungen zugrunde liegen und die gleichzeitig in die frühneuzeitliche Gesellschaft, ihre Konflikte, ihre Kultur und auch ihr Alltagsleben hineinragen, finden sich bei Luther in zahlreichen separaten Programmschriften, so etwa zur Wirtschafts- und Zinspolitik (1519, 1540), zur Ehe (1519, 1530), zum Bauernkrieg (1525), zum Judentum (1523, 1543), zur Expansion des Osmanischen Reichs (1529, 1541). Eine vergleichbare zentrale Programmschrift zur Sprache oder gar zur deutschen Sprache fehlt. Auch ist nichts von lexikografischen Grundlagendaten (Wortlisten, Sammlung landschaftlicher Synonyme o. ä.) bekannt, die er für seine Sprachpraxis angelegt hätte.

Man würde erwarten, dass sich in den ersten deutschsprachigen Schriften (ab 1517) eine Bemerkung finden müsse, in der der Verfasser auf die Aufgaben der neuen Sprachgestaltung in der Volkssprache hinweist. Aber keine der frühen deutschsprachigen selbstständigen Schriften weist an irgendeiner Stelle Andeutungen auf, die sich mit den Problemen der sprachlichen Gestaltung oder einer angemessenen Vermittlungssprache für den ‚gemeinen Mann' beschäftigen. Dies sind beispielsweise: „Ein Sermon von dem Ablaß und Gnade" 1519 (Luther-WA 1, 243–246); „Auslegung deutsch des Vaterunsers für die einfältigen Laien" 1519 (Luther-WA 2, 80–130); „Eine kurze Form der zehn Gebote, des Glaubens, des Vaterunsers" 1520 (Luther-WA 7, 205–229).

Ebensowenig beschäftigen sich die pädagogischen und bildungspolitischen Schriften mit der deutschen Sprache. Dies sind beispielsweise: „An die Ratsherren aller Städte deutschen Lands" 1524 (Luther-WA 15, 29–53); „Eine Predigt, daß man Kinder zur Schulen halten solle" 1530 (Luther-WA 30,2, 517–588). Dort geht es allenfalls um die Bedeutung der alten Sprachen in Bildung und Unterricht. Aber welche Variante des Deutschen zu lehren sei oder welches die wichtigsten Ziele in der Muttersprachenausbildung seien, all dies sind für Luther keine wichtigen Probleme.

Auch in den frühen Übersetzungen des NT, nicht einmal in der Vorrede zum September-Testament 1522, finden wir eine Andeutung, obwohl es gerade doch zum Verkündigungsprogramm dieser neuen Übersetzung gehörte, dem Leser eine neue Botschaft in einer neuen Sprache anzubieten. Bei anderen Autoren gab es durchaus Ansätze einer Sprachreflexion: In einer vorreformatorischen Bibel aus dem Jahre 1483 wird im Kolophon kurz angedeutet, dass die vorliegende Ausgabe für sich beanspruche, eine sprachliche Verbesserung gegenüber ihren Vorgängern darzustellen, sie sei im Vergleich zu „ander vorgetrücket teutsch biblen. lauterer. clarer. vnd warer nach rechter gemeyner teutsch" (vgl. Koberger-Bibel 1483, Kolophon). Eine solche Bemerkung ist in den Ausgaben der Luther-Bibeln lange nicht zu finden. In den Begleittexten zu den Luther-Bibeln wird nach meiner Kenntnis erstmals im Nachwort zur Bibelausgabe von 1545 von Georg Rörer (vgl. Schwarz 2014, S. 221) auch auf die sprachliche Neugestaltung hingewiesen.

> AUff das nu auch die Leien / so die Bibel lesen / sich in dis heilig Buch / darin die göttlich Maiestet selbs redet von den höhesten vnd grösten sachen etc. sich deste leichter richten können / dasselbe mit mehr nutz vnd verstand zu lesen / Ist vmb derselben willen / vber die grosse mühe vnd vleis / die Bibel von newes an durch aus zu vbersehen vnd bessern / durch den Ehrwird. Hochgeler. Herrn Dr. Mart. etc. auch diese erbeit furgenomen (Luther-Bibel 1545, Nachwort „Dem christlichen Leser")

Wir können also bilanzieren: Sucht man in den Schriften, Vorwörtern und auch in den Tischreden unter den von Luther behandelten Themen, die eine religiöse und eine alltagsweltliche Dimension haben, nach Bemerkungen zur Sprache, so wird man feststellen, dass das Thema Sprache in einer möglichen Rangfolge der Lutherschen Interessen sehr weit hinten steht.

Der Befund befindet sich im Einklang mit einigen Grundaussagen der Luther-Forschung:

> Auf die Frage nach dem rechten, schöpfungsgemäßen *usus verborum* hat Luther in souveräner Monotonie stets nur das eine geantwortet: Mit seiner Sprache soll der Mensch Gott loben und ehren [...] Daß die Sprachlichkeit des Menschen auch noch in anderen Hinsichten nötig und nützlich ist, ja daß sie beispielsweise seine Sozialität überhaupt erst ermöglicht, hat Luther weder problematisiert noch bestritten – es hat ihn nur nicht interessiert. (Beutel 2010, S. 253)

> Philologische und sprachphilosophische Probleme haben Luther niemals um ihrer selbst willen interessiert. Sofern er daran Interesse zeigte, war dieses durchweg theologisch motiviert. (Beutel 1991, S. 188 f.)

Für die Luther-Philologie erscheint die Formulierung vom Desinteresse des Reformators an der Sprache fast als eine Zumutung.

3. Der Sendbrief vom Dolmetschen

Die immer wieder zu Recht bewunderte Übersetzungsarbeit am Neuen Testament in der kurzen Zeit seines Wartburg-Aufenthaltes 1521/22 ist

> unbestritten der fundamentalen Bestimmung verpflichtet, wonach die Bibelübersetzung das Schrift gewordene Wort Gottes in gesprochenes und gehörtes Deutsch umformen und so ermöglichen soll, daß es erneut als Wort Gottes gehört werden kann. (Beutel 1991, S. 28)

Insofern sollte man auf keinen Fall diesen genialen Wurf als „übersetzungstheoretische Erleuchtung" deuten. Luther will den Geist der Heiligen Schrift neu vermitteln, aber keinesfalls vorrangig „den biblischen Buchstaben [...] erneuern" (Beutel 1991, S. 28).

Den acht Jahre später erschienenen Sendbrief vom Dolmetschen (Luther-WA 30,2, 632–646) hat man zum Manifest seiner Übersetzungsprogrammatik gemacht und somit den in der Vorbemerkung beschriebenen Rezeptionseffekt unterstützt oder gar erst erzeugt: Seine Ausführungen im Sendbrief

> zeigen die sehr sorgfältigen hermeneutischen Reflexionen, die den Kreis der Wittenberger Übersetzer bewegten und deren Ziel es war, für die Sache des Quellentextes die angemessenen Worte der Zielsprache zu finden. (Blanke 2010, S. 262)

> Luther übersetzte im Bewußtsein der hermeneutischen und theologischen Probleme seiner Arbeit. Darüber gab er später in seinem ‚Sendbrief vom Dolmetschen' [...] Rechenschaft. (Schwarz 2014, S. 137)

Im letzten Satz des Zitats konzentriert sich typischerweise eine Unschärfe der traditionellen Luther-Philologie, nämlich die Vermengung in der Bewertung von Luthers sprachreflektierender und sprachschaffender Kompetenz (siehe Abschnitt 6).

Bei solcher Überhöhung des Sendbriefs wird übersehen, dass der Text keine Programmschrift, sondern eine für die Zeit typische Streitschrift sein will. Der Sendbrief ist eine solche, denn er ist eine der Publikationen, „bei denen die Situation des Konflikts die Anlage der Schrift und die Durchführung des Gedankengangs im ganzen bestimmt" (Zschoch 2010, S. 277). Der Text reagiert defensiv auf eine wiederholt von altkirchlicher Seite vorgetragene Kritik an den Lutherschen ‚Verfälschungen' und Abweichungen von der Überlieferungstradition der *Vulgata*, besonders an der Gestaltung von Röm 3,28 (*daß der Mensch gerecht wird ohne des Gesetzes Werke, allein durch den Glauben*). Luthers Entgegnung demonstriert selbstbewusst die eigene Übersetzungsleistung. Die papstkirchlichen Kritiker und Gegner werden demontiert:

> Es ist mein testament und mein dolmetschung, und sol mein bleiben unnd sein. – Ich weiß wol, und sie wissens weniger, denn des Mülners thier, was fur kunst, fleiß, vernunfft, verstandt zum gutten dolmetscher gehöret, denn sie habens nicht versücht. – Und wil weiter rhümen: Ich kan Psalmen und Propheten außlegen, Das künnen sie nicht. Ich kan dolmetzschen, Das können sie nicht. Ich kan die heiligen schrifft lesen, Das können sie nicht. Ich kan biten, Das können sie nicht. – Was dolmetschen fur kunst und erbeit sey, das hab ich wol erfaren, darumb wil ich keinen papstesel noch maulesel, die nichts versucht haben, hierinn zum richter oder

> thadeller leiden. Wer mein dolmetzschen nicht wil, der las es anstehen. (Luther-WA 30,2, 633, 635, 639)

Allenfalls ein Viertel des Gesamttextes widmet sich überhaupt den Problemen beim Dolmetschen. Die Abfolge der behandelten Themen (u.a. polemische Ausfälle gegen Hieronymus Emser, Kritik des Reliquienkults, Kritik an der Heiligenverehrung) ist ziemlich frei und assoziativ. Ebenso unsystematisch kehrt er immer wieder zum Hauptthema zurück, um dann mit wenigen Argumenten und wenigen Standardbelegen aus der Schrift sein Anliegen auszuführen.

Aus dem Dargelegten wird deutlich, wie wenig der Text ein klar ausformuliertes Sprachprogramm für zukünftige Arbeiten ist. Er ist eine streitbare Defensivschrift, deren dominante Sichtweise die Retrospektive ist. 13 Jahre nach der ersten deutschsprachigen Programmschrift und acht Jahre nach der großen Übersetzungsarbeit am September-Testament blickt der große Reformator zurück. 1530 ist er in Coburg (während des Reichstags in Augsburg) isoliert, sein Lebenswerk in den Augsburger Verhandlungen gefährdet. Seine Bibel (1530 ist in großen Teilen auch schon das AT erschienen) ist Vorbild für Nachdrucke, Übersetzungen in anderen Ländern und durch die Möglichkeiten der ‚Medien-Stadt' Wittenberg bereits ein weit verbreitetes ‚Standardwerk' des Jahrzehnts geworden. Nur die altkirchlichen Kritiker ereifern sich noch immer über ein einziges Wort im Römerbrief. Das muss den polemisierenden, wütenden Reformator auf den Plan rufen. So entsteht seine deftige Streitschrift, die man als typisch für jene Zeit ansehen darf. Das Problem ist: In den in den Text verstreut eingebauten sprachbezogenen Argumenten hat die Luther-Philologie ein souverän reflektierendes Sprachprogramm Luthers sehen wollen.

Kaum eine andere Stelle aus dem Sendbrief wurde so häufig zitiert wie die folgende:

> […] den man mus nicht die buchstaben inn der lateinischen sprachen fragen, wie man sol Deutsch reden, wie diese esel thun, sondern, man mus die mutter jhm hause, die kinder auff der gassen, den gemeinen man auff dem marckt drumb fragen, und den selbigen auff das maul sehen, wie sie reden, und darnach dolmetzschen, so verstehen sie es den und mercken, das man Deutsch mit jn redet. (Luther-WA 30,2, 637)

Kaum eine andere Stelle aus dem Sendbrief wurde so grundlegend missverstanden. Ihre Deutung ist gleichzeitig ein Musterfall von parteiischer und quellenkenntnisarmer Luther-Philologie. In der ebenfalls zum Standardzitatenvorrat gehörenden Bemerkung von Arno Schirokauer aus dem Jahre 1957 wird angenommen, dass hiermit die Sprache der „Bauern" und der „Jargon der gärenden Unterschichten" in der Luther-Bibel angekommen sei (zit. nach Debus 2014, S. 432). Schirokauer und auch die vergleichsweise weniger drastisch formulierenden Philologen haben m. E. übersehen, dass Luthers Sprachvorbilder (*Mutter*, *Kind*, *gemeiner Mann*, *Maul*) hier nicht für stilistische, lexikalische oder gar soziolektale Qualitäten der Bibelsprache stehen. Sie sind für ihn nicht Sprachvorbilder, sondern Zielpersonen, denen er eine angemessene Sprache anbieten muss. Und der Kontext des Zitats zeigt, dass die Angemessenheit ausschließlich auf der syntaktischen Ebene anzustreben ist. Luther zeigt an einigen Beispielen die Gestaltung dieser sprechsprachlich orientierten Syntax und setzt diese Vorgaben in seinen Übersetzungen auch wirklich um (siehe unten Psalm 23).

Nochmals betont: Die Aussage, die das Missverständnis hervorgerufen hat, ist zu lesen als ein Plädoyer für eine flüssige Syntax nahe der Sprechsprache. Es ist keine soziolektal bezogene Argumentation, behandelt weder ein Wortschatz- noch ein Stilproblem. Die von der modernen Sprachwissenschaft abgegrenzten Teilsysteme der Sprache sind für Luther keine scharfen Einteilungskriterien. Die Luther-Philologie unterstellt dies m. E. dem Reformator in anachronistischer Sicht viel zu häufig. Luther kann die Syntax des Lateinischen kritisieren und kurz danach behaupten, es liege an den „lateinischen buchstaben [denn sie] hindern aus der massen, seer gut deutsch zu reden“ (Luther-WA 30,2, 637).

Zurecht wurde und wird immer wieder betont, die neue Qualität der Luther-Bibel zeige sich – im Vergleich zu den sklavisch an der *Vulgata* orientierten früheren Übersetzungen – besonders in einer freieren Gestaltung der Syntax, die seinen programmatisch gewollten hörerbezogenen und sprechsprachlichen Duktus hervortreten lasse. Dies lässt sich folgendermaßen präzisieren: Luthers schriftsprachliche Syntax ist an der ‚Sprache der Nähe‘ orientiert. Sie ist bemüht, den lateinischen Nominalstil abzubauen. Die hypotaktischen Strukturen werden durch systematische Setzung der Virgel, durch eine neue Differenzierung der Subjunktionen, durch eine klarere Markierung der Nebensätze mittels Verbendstellung, Agentivierung und Verbalisierung von Nominalgruppen u. a. für den Leser und für den Hörer (für den allerdings ohne Virgel!) besser durchschaubar.

Luther interessiert sich für solche sprachlichen Abwägungen und Detailfragen nur insofern, als sie sein übergeordnetes Ziel unterstützen, dem Hörer Gottes Wort, gleichermaßen in der Predigt und im Bibeltext, direkt und verständlich zu vermitteln. Wann immer Luther den Primat des Mündlichen postuliert, ist dies als ein verstecktes Plädoyer für klare und einfache syntaktische Strukturen in Rede <u>und</u> Schrift zu lesen:

> Es lernet ein jderman gar viel besser Deudsch oder ander sprachen aus der mundlichen rede, im Hause, auff dem marckt und in der Predigt, denn aus den Büchern. Die buchstaben sind todte wörter, die mündliche rede sind lebendige Wörter (Luther-WA 54; 74, 15–19)

In typischer Manier des Reformators auf einen einfachen Gegensatz gebracht: Die Kirche ist ein „mundhawß nit ein fedderhawß“ (zit. nach Wolf 1980, S. 21).

Die argumentativen Darlegungen im Sendbrief sind nicht graue Theorie. Ihre Ergebnisse sind in der Luther-Bibel greifbar. Ausführlich begründet Luther, warum er ein von der lateinischen *Vulgata* vorgegebenes Genitivattribut umformen will:

> Als wenn Christus spricht: *Ex abundantia cordis os loquitur.* Wenn ich den Eseln sol folgen, die werden mir die buchstaben furlegen, und also dolmetzschen: *Auß dem uberflus des hertzen redet der mund.* Sage mir, Ist das deutsch geredt? Welcher deut-

> scher verstehet solchs? Was ist uberflus des hertzen fur ein ding? Das kan kein deutscher sagen, Er wolt denn sagen, es sey das einer allzu ein gros hertz habe oder zu vil hertzes habe, wie wol das auch noch nicht recht ist: denn uberflus des hertzen ist kein deutsch, so wenig, als das deutsch ist, Uberflus des hauses, uberflus des kacheloffens, uberflus der banck, sondern also redet die mûtter ym haus und der gemeine man: *Wes das hertz vol ist, des gehet der mund uber* (Luther-WA 30,2, 637)

Dabei wird nochmals deutlich, dass die *Mutter* und der *gemeine Mann* allein als sprechsprachliche Vorbilder für eine verbal orientierte Syntax zu gelten haben. Vergleicht man z. B. Psalm 23 in der Luther-Bibel von 1534 mit der Koberger-Bibel von 1483, werden die Folgen der programmatischen Äußerung aus dem Sendbrief deutlich, nämlich die durchgehende Ersetzung des Genitivattributs durch adjektivische Attribute:

Koberger-Bibel 1483	Luther-Bibel 1534
an der stat der weyde	*auff einer grünen awen*
auff dem wasser der widerbringung	*zum frisschen wasser*
auff die steyg der gerechtigkeit	*auff rechter strasse*
in mitt des schatten des todes	*im finstern tal*

4. Beliebigkeit und Ubiquität der Lutherschen Auffassung vom Dolmetschen

4.1 Martin Luther 1530: Der Sendbrief vom Dolmetschen

Luthers Auffassung von einer angemessenen Übersetzung lässt sich auf zwei gegensätzliche Prinzipien zurückführen: Soll der Bibeltext Wort für Wort übertragen werden oder soll er sinngemäß und damit verdeutlicht und verständlicher gemacht werden?

Gemessen an dem programmatischen Titel des Textes sind die Ausführungen schmal. Nur an sehr wenigen Stellen im Text werden diese Fragen expliziert und – bezeichnenderweise stets aufbauend auf der Diskussion einer einzelnen Bibelstelle – erläutert. Die freie Übersetzung wird immer wieder aufs Neue am Römerbrief (Röm 3,28) gezeigt und die von altkirchlicher Seite heftig kritisierte Einfügung gerechtfertigt:

> Das sey vom dolmetschen und art der sprachen gesagt. Aber nu hab ich nicht allein der sprachen art vertrawet und gefolget, das ich [Rand: Röm. 3, 28] Roma. 3 ›solum‹ (Allein) hab hinzu gesetzt, Sonder der text und die meinung S. Pauli foddern und erzwingens mit gewallt, denn er handelt ja daselbs das hauptstück Christlicher lere, nemlich, das wir durch den glauben an Christum on alle werck des gesetzs gerecht werden, Und schneit alle werck so rein abe, das er auch spricht, des gesetzes (das doch Gottes gesetz und wort ist) werck nicht helffen zur gerechtigkeit (Luther-WA 30,2, S. 640 f.)

Daraus ergibt sich dann für Luther das verallgemeinerte Axiom: „Darumb mus ich hie die buchstaben faren lassen, unnd forschen, wie der Deutsche man solchs redet". Womit auch die Verbindung zu den oben diskutierten syntaktischen Prinzipien Luthers sichtbar wird: Die freie Gestaltung der Syntax und die Freiheit, sich sinngemäße Veränderungen oder gar Ergänzungen zu erlauben, subsumiert er unter der Formel ‚die Buchstaben fahren lassen'.

Selbstverständlich erlaubt er sich Ausnahmen von den gesetzten Regeln. Wiederum auf der Grundlage einzelner Bibelstellen wird ausgeführt, warum hier die Freiheit der Übersetzung ihre Grenzen hatte:

> Doch hab ich widerumb nicht allzu frey die buchstaben lassen faren, Sondern mit grossen sorgen sampt meinen gehülffen drauff gesehen, das, wo etwa an einem ort gelegenn ist, hab ichs nach den buchstaben behalten, und [Rand: Joh. 6, 27] bin nicht so frey davon gangen, als Johannes 6, da Christus spricht: ›Disen hat Got der vatter versiegelt‹, da were wol besser deutsch gewest: Disen hat Gott der Vater gezeichent, odder: disen meinet Gott der Vater. Aber ich habe ehe wöllen der deutschen sprache abbrechen, denn von dem wort weichen. Ah es ist dolmetzschen ja nicht eines iglichen kunst, wie die tollen Heiligen meinen, Es gehöret dazu ein recht, frum, trew, vleissig, forchtsam, Christlich, geleret, erfarn, geübet hertz (Luther-WA 30,2, 640)

Es wird deutlich: Die beiden Übersetzungsprinzipien sind für Luther keine Dogmen. Er wendet sie pragmatisch Fall für Fall in einer fast beliebig anmutenden Art und Weise an. Die ‚richtige' Aussage steht im Vordergrund. Die Sprache hat dieser zu dienen. Er prüft in einem einfachen ‚empirischen Verfahren', welche Bibelstelle besser nach dem einen oder dem anderen Prinzip zu gestalten wäre.

Die Problematik des wörtlichen oder sinngemäßen Übersetzens ist nicht neu. Hierzu gab es schon vor Luther und auch zu seiner Zeit Überlegungen und differenziertere Ausarbeitungen im Kontext von Sprachphilosophie und Übersetzungstheorie. Luther beteiligt sich daran nicht, er kennt diese Überlegungen wohl auch nicht (vgl. Beutel 2010, S. 245).

Im Prinzip sind im Sendbrief vom Dolmetschen einige wenige Überlegungen zusammengetragen, die die eine oder andere Entscheidung Luthers bei der Übersetzungsarbeit rechtfertigen. Aber – und das ist entscheidend – diese Rechtfertigung findet nicht aus einem übergeordneten methodischen Prinzip heraus statt, sondern sie ist eingebettet in eine polemische und auch selbstherrliche Verteidigungs- und Streitschrift gegen den altkirchlichen Gegner.

In einer Vorrede zu den Psalmen schreibt Luther im Jahre 1524:

> Darnach kommen die zwei Worte: *Gericht* und *Gerechtigkeit*, welche wir auch nicht wohl wiedergehen können […] Für dies alles wollte ich auf deutsch gerne sagen: recht und redlich; wie man spricht: er hat die Sache recht und redlich gewonnen. Aber ich durfte nicht so weit von den Worten gehen. (Bornkamm 2005, S. 63)

Schon damals gelten die einfachen textbezogenen Abwägungen: Wie weit darf man „von den Worten gehen“? Der sechs Jahre später erschienene Sendbrief kann demzufolge kaum als eine programmatische Steigerung oder methodische Präzisierung der Lutherschen Übersetzungsarbeit angesehen werden. Er berichtet lediglich von einem praktisch orientierten Übersetzungsverfahren, das Luther in den acht Jahren zuvor schon immer angewandt hatte.

4.2 Martin Luther 1533: Summarien über die Psalmen

Drei Jahre nach Erscheinen des Sendbriefs widmet sich Luther erneut der Übersetzungsproblematik. Die Schrift „Summarien Uber Die Psalmen / Und Ursachen des Dolmetschens“ (1533) ist in der Forschung deutlich weniger präsent (vgl. Luther-WA 38, 6–69). Das muss nicht als Mangel gelten, haben wir doch hier im Prinzip eine Kurzfassung der drei Jahre zuvor erschienenen Ausführungen. Neue Aspekte sind nicht erkennbar. Der Sendbrief wird erstaunlicherweise nicht erwähnt.

Auch im Text von 1533 ist die Sprachdiskussion lediglich Nebenthema (ausgebreitet auf ca. 5 der 72 Druckseiten). Die sprachlichen Bemerkungen geschehen gelegentlich und unsystematisch. Sie dienen dazu, die exegetischen Ausführungen zu den Psalmen zu stützen. Oft wirken sie zufällig eingestreut und ähneln damit eigentlich den anderen Exkursen (Polemik gegen den Papst, Kritik am Reliquienkult u. a.). Die Gesamtbotschaft des Textes unterscheidet sich aber dennoch klar vom Sendbrief: Hier schreibt Luther nicht als wütender Papisten-Beschimpfer, sondern vorrangig als Exeget der alttestamentarischen Psalmen.

Im Verlauf des Textes werden dann anhand von exemplarisch ausgewählten Psalmen die Prinzipien oder besser die einzelnen Entscheidungsgründe für Luthers Übersetzungsvorschläge dargelegt. Die Darlegungen sind insgesamt präziser und detailreicher als im Sendbrief, weil die sprachlichen Überlegungen für jeden einzelnen Psalm den exegetischen Überlegungen folgen.

Wortsemantische Überlegungen können dabei sehr präzise sein, wie folgendes Beispiel zeigt: Luther stellt einmal fest, dass er bei exakter wörtlicher Übersetzung eigentlich das Wort *fett* einsetzen müsste. Dies lehnt er mit der bemerkenswerten Begründung ab, dass bei dem Wort *fett* der deutsche Leser zu sehr an *Schmaltz* und *an einen feisten Bauch* denke (vgl. Luther-WA 38, 13).

Doch die zu beobachtenden textnäheren Überlegungen können nicht darüber hinwegtäuschen, dass auch die Schrift aus dem Jahre 1533 der einfachen Dichotomie des Sendbriefs aus dem Jahre 1530 verpflichtet ist. Zur Verdeutlichung und zur Verständnissicherung wird im Prinzip sinngemäß übersetzt:

> soll sich niemand wundern / denn wir die Regel gehalten / wo die Wort haben mögen leiden und geben einen bessern Verstand –wie denn alle Schulmeister lehren / daß nicht der Sinn den Worten / sondern die Wort dem Sinn dienen und folgen sollen – Haben wir viel gewaget / und offt den Sinn gegeben / und die Wort fahren lassen. – Was ists aber / die Wort ohne Noth / so steiff und streng halten / daraus man doch nichts verstehen kan ? – Wer teutsch reden will / der muß nicht der Ebreischen Wort

> Weise führen / sondern muß darauff sehen / wenn er den Ebreischen Mann verstehet / daß er den Sinn fasse / und dencke also: Lieber / wie redet der teutsche Mann in solchem Fall ? Wenn er nun die teutsche Wort hat / die hiezu dienen / so lasse er die Ebreischen Wort fahren / und spreche frey den Sinn heraus auffs beste Teutsch / so er kan. – Ob nun das Meister Klügling vielleicht nicht wird gefallen / der nicht darnach fraget / wie ein Teutscher müsse den Text verstehen / sondern die Wort steiff und genau behält / daß ihn niemand verstehen kan / das ficht uns nicht an / wir haben dem Sinn nichts genommen / und die Wort deutlich gegeben. (Luther-WA 38, 11, 14)

Andererseits kann vom Prinzip in Ausnahmefällen jederzeit abgewichen werden. Bei der Auslegung des 91. Psalms, der mit seiner Bildersprache (*Grauen der Nacht*, *Pfeile des Tages*, *Pestilenz im Finstern*, *Seuche am Mittag*) als besonders alttestamentarisch-verdunkelter Text gilt, argumentiert Luther für die Beibehaltung der ‚dunklen' Wörter:

> Wiederüm haben wir zuweilen auch stracks den Worten nach gedollmetschet / ob wirs wohl hätten anders und deutlicher können geben / darümb / daß an denselben Worten etwas gelegen ist. – Darüm müssen wir zu Ehren solcher Lehre und Trost unsers Gewissens / solche Wort behalten / gewohnen und also der Ebreischen Sprache Raum lassen / wo sie es besser machet / denn unser Deutsche thun kann. (Luther-WA 38, 13)

4.3 Johannes Dietenberger 1540: Vorreden zur altkirchlichen Bibel

Die Dietenberger-Bibel aus dem Jahre 1534 ist die erste altkirchliche Gesamtbibel der Luther-Zeit. Johannes Dietenberger war Dominikaner und Professor in Mainz, einem wichtigen Zentrum der Reformationsgegner. Seine altkirchlich orientierte Übersetzung der Bibel erscheint in ihrer ersten Ausgabe im Jahre 1534 in Mainz, sogar noch wenige Monate vor Luthers erster Gesamtbibelausgabe von 1534. Die hier zugrundeliegende zweite Auflage erscheint 1540 in Köln. Auch die Stadt des rheinischen Erzbischofs ist eine altkirchliche Hochburg. Die Dietenberger-Bibel wird die katholische Bibel mit der größten Wirkung und Verbreitung in der frühen Neuzeit. Bis zum Jahre 1776 erscheint sie in 46 Auflagen. Im Neuen Testament führt sie die Übersetzungsarbeit von Hieronymus Emser fort, korrigiert sie aber auch. Dessen Übersetzung des NT aus dem Jahre 1527 war ja einerseits ein altkirchlicher Gegenentwurf zu Luthers Neuem Testament, andererseits gleichzeitig in großen Teilen ein Plagiat desselben. Aber im Gegensatz zu Emsers Übersetzung des NT, die nur zwei Auflagen erfährt, ist die Dietenberger-Bibel die wichtigste altkirchliche bzw. katholische Bibel des 16. bis 18. Jahrhunderts mit einer entsprechend hohen theologischen und sprachlichen Langzeitwirkung.

Das Titelblatt der Ausgabe des Jahres 1540 ist programmatisch: einerseits die Orientierung an traditioneller *Translation* und andererseits die implizite Kritik an den (reformatorischen) Bibelverfälschungen aus der jüngsten Vergangenheit:

> Biblia, beider Allt vnnd Newen Testamenten / fleissig / treülich vnd Christlich / nach alter / in Christlicher kirchen gehabter Translation / mit auszlegung etlicher dunckeler ort / vnnd besserung vieler verrückter wordt vnd sprüch / so bisz anhere in andern kurtz auszgangnen theutschen Bibeln gespürt vnd gesehen. Durch D. Johann Dietenberger (Dietenberger-Bibel 1540, Titel)

Was die Reformatoren nach Auffassung Dietenbergers mit dem biblischen Wort gemacht haben, wird exzessiv und eindeutig beschrieben. Es wurde

> verwüstet / verunreiniget / verderbt vnd vntüchtig [...] nit allein vbel verteutschet [...] auch dick vnd vil felschlich außgelegt / gemartert / geradbrecht / zerrissen / zerschlissen / verruckt / zerstuckt / verkeret / verendt / gemeret / gekürtzet durch zůsatz vnd absatz / mit vnchristlichen glosen vnd annotationen besudelt / verwirret / verwicklet / vertunckelt (Dietenberger-Bibel 1540, Widmung)

Nach Lektüre von Titelblatt und Teilen der Widmung kann an der klaren altkirchlichen, anti-reformatorischen Gesinnung des Autors kein Zweifel herrschen. Doch einige Stellen in der Widmung irritieren. Der Autor beweist, dass er durchaus auch zu historisch-kritischen Anmerkungen bezüglich der lateinischen Bibel fähig ist:

> Weil auch vnser lateinischer text etwan an einem wort oder spruch / nit so gantz / stimmet dem Hebraischen vnd den sibentzigen texten [=Septuaginta] darauß er genommen ist / vnd doch in christlichem verstant / auch auff solch weiß mag gelesen werden / hab ich gemeinlich solche enderung / an ranfft geschrieben / vnnd mit einem sternlein verzeichet / durch welchs auch zů zeittenn die menge des teutsches einiges wordts / zů besserem verstant / bedeut wird / wilches der leser auß im selbs / wol ermessen kann. (Dietenberger-Bibel 1540, Widmung)

Daran anschließend plädiert Dietenberger für eine Übersetzung, die dem *gemainen layenn* entgegenkommen müsse und die durchaus das ein oder andere *worde oder punctlin* bei der Übertragung in die Volkssprache verändern dürfe:

> Es seynt auch / die vermainen / men sol dem layen / vnsere gewönliche latinische Bibel / allein dem blosen wort nach verdolmetschen / vmb des willenn schrien sey biß gen himmel hin auff / das keyn worde oder punctlin in der Bibel sol oder muß veruckt werdenn / Eben als geschehe alsulche teutsche dolmetschung dem gemainen layenn nit zů gutt / bessers verstandts halb / sonder vmb bloser dolmetschung willen / ja oben als möcht kein vnrechter der schrifft verstandt dan alleinn durch verruckung oder nit eygentliche Grammatische dolmetschung / der wort / nach art Teutschliges getzungß. Mann weis aber wol / was vbels inn Christlicher kirchen der bloß bůchstab von anfanck der geschriebenen Euangelion biß auff vnsere zeit bracht. (Dietenberger-Bibel 1540, Widmung)

Das ist gut lutherisch argumentiert und könnte ohne Weiteres, wenn man die Graphematik und die Morphosyntax modernisieren würde, als Textteil den beiden Luther-Schriften von 1530/1533 untergeschoben werden. Die Abwägung der beiden

Übersetzungsprinzipien wiederholt Luthers Argumente und nimmt sogar seine Redewendung ‚den Buchstaben fahren lassen' auf.

> Doch wil ich hie mit nit vermaint haben / das man den bůchstabeß gantz sol lassen faren / Ja er sol auffs höchst vnnd furnemlist / vnd aller möglichste erhalten werden / doch rechtem verstande dienstlich. Wo aber der bloß bůchstab / an seiner dolmetschung / dem rechten Christlichen verstandt bey den layen verhindertlich ist / bedunck mich besser / das man den rechsten verstandt dem ley dar gebe ob gleich Grammatische dolmetschung nit so eigentlich erhaltenn werde. (Dietenberger-Bibel 1540, Widmung)

Es konnte gezeigt werden, dass die Bemerkungen zu den Übersetzungsprinzipien in der Vorrede der Dietenberger-Bibel überraschenderweise die perfekte altkirchliche Spiegelung der Argumentation Luthers im Sendbrief vom Dolmetschen darstellen. Dietenberger argumentiert in Teilen des Textes sogar genereller und grundsätzlicher als Luther, dessen Argumentationsabläufe durch seine personalisierenden Polemiken und durch die selbstherrliche Anpreisung seiner Übersetzungsleistung eher gestört werden.

Als Ergebnis können wir festhalten: Luthers Auffassung vom Dolmetschen ist weder originell noch spezifisch reformatorisch. Alle Autoren – gleichgültig ob altkirchlich oder reformatorisch orientiert – wenden ein pragmatisches ‚Sowohl-als-auch-Prinzip' bei der Übertragung der Bibeltexte aus den hebräischen, griechischen und lateinischen Überlieferungen in die Volkssprache an. Beide Parteien argumentieren wechselhaft und beliebig, ad hoc auch philologisch, aber je nach den Erfordernissen der gerade angestrebten inhaltlichen Deutung des biblischen Textes. Der richtige Sinn und die Verständlichkeit stehen im Vordergrund. Das einzelne Wort hat hierbei nur eine dienende Funktion. In diesem Sinne sind Luthers Ausführungen zum Dolmetschen beliebig und ubiquitär. Sie gelten für reformatische und für altkirchliche Texte gleichermaßen. Es gibt auf beiden Seiten keine feste Programmatik. Die Austauschbarkeit bzw. die Ähnlichkeit der Argumente von Luther und Dietenberger sollten dazu führen, die Überhöhung des Sendbriefs zu einer programmatischen Übersetzungsschrift des reformatorischen Bibelübersetzers aufzugeben.

5. Differenzierung und Bewertung der deutschen Sprachlandschaften durch Luther

5.1 Die Tischreden: Eine besonders problematische Textsorte

Bemerkungen Luthers zur Gliederung und zur Bewertung der deutschen Sprachlandschaften finden sich aussschließlich in den Tischreden, die nach 1530 aufgezeichnet und überliefert wurden. Auch hier gilt der ‚quantitative Befund' (siehe Abschnitt 2), dass Äußerungen über die Varietäten der deutschen Sprache im Gesamtwerk Luthers äußerst spärlich sind. Es gibt einige wenige in den Tischreden verstreute Bruchstücke, die mit der Textumgebung des aufgezeichneten Tischgesprächs kaum kohärent sind und natürlich erst recht nicht miteinander thematisch verbunden sind.

Zunächst sei die besondere Problematik der aufgezeichneten Tischreden Luthers an einer interessanten Mehrfach-Überlieferung gezeigt (vgl. Armbruster 2005, S. 147–149; Bornkamm 2005, S. 31): Luther schreibt 1519 über den Jakobusbrief. In seiner Exegese wird dieses Buch aus dem NT aus paulinischer Sicht kritisch durchleuchtet. Dies geschieht moderat und durchaus den Textsortennormen einer biblischen Exegese gemäß. In einer Vorrede zum Neuen Testament wird Luther 1522 schon deutlicher:

> Darum ist Sankt Jakobs Epistel eine recht stroherne Epistel gegen sie, denn sie doch keine evangelische Art an sich hat. (zit. nach Armbruster 2005, S. 148)

Man mag irritiert sein: Aber hier nennt der Schöpfer der Luther-Bibel in einem Vorwort seiner Übersetzung ein Buch der Heiligen Schrift *strohern*. Seine Einschätzung ist deshalb so deutlich, weil die altkirchliche Partei sich in ihren antilutherischen Agitationen immer wieder auf den Jakobus-Brief beruft. In einer späteren Tischrede aus dem Jahre 1542 wird seine Bewertung noch drastischer:

> Ich werde ein mal mit dem Jekel den offen hitzen. (zit. nach Armbruster 2005, S. 149)

Wäre nur die saloppe Bemerkung aus den Tischreden überliefert, könnte man sie als spontane und zu vernachlässigende Verirrung in der abendlichen Geprächsrunde abtun und vergessen. Da sie jedoch durch die angezeigten Parallel-Überlieferungen gestützt wird, können wir sie als ernsthafte Aussage Luthers ansehen, wenngleich ihre Form zunächst nicht dafür sprechen würde.

Gäbe es für die Äußerungen Luthers zur deutschen Sprache eine vergleichbare Parallelüberlieferung, könnten wir methodisch ähnlich verfahren, den Inhalten in den Überlieferungen der Tischreden ohne Einschränkung Relevanz zuschreiben und gleichzeitig die sprachliche Gestaltung im spontanen Abendgespräch schmunzelnd zur Kenntnis nehmen. Dem ist aber leider nicht so. Außerhalb der Tischreden haben wir keine Überlieferung von metasprachlichen Bemerkungen zu den Sprachlandschaften der deutschen Sprache. In den Tischreden selbst finden sich sehr wenige verstreute Bemerkungen.

Die Entstehung der abendlichen Protokolle, deren Überarbeitung durch die Herausgeber, die Eingriffe und Übersetzungen der Protokollanten führen insgesamt dazu, dass die einzelnen Textstücke weder inhaltlich noch sprachlich als uneingeschränkt zuverlässig eingestuft werden können.

> Die Zuverlässigkeit der Tischreden muß im Einzelfall sorgfältig erwogen werden, da nicht alle Dinge Luther gleich gut im Gedächtnis waren und da die Mitschreiber das Gehörte nicht immer genau notierten und ihre Notizen großenteils nur in Abschriften erhalten sind. (Schwarz 2014, S. 177)

Selbstverständlich kann man sie als Quellen benutzen, aber mit höchster philologischer Skepsis und stets in dem Bewußtsein,

> daß man es auf dieser Stufe zwar mit Luther zu tun hat, aber nicht mit genau abgrenzbaren Stücken, schon gar nicht mit Luthers eigener Sprache und nicht zuletzt auch mit einer gewissen Fehlerquote bei der Interpretation der ursprünglichen Vorlagen. (Beyer 2010, S. 348)

Angesichts solcher von namhaften Luther-Kennern vorgetragener Skepsis mutet es fast befremdlich an, wenn die germanistische Luther-Philologie sich Gedanken über die Bedeutungsnuancen einzelner Wörter aus diesen Tischreden macht. Die philologische Validität hierfür scheint wohl nicht ausreichend (siehe 5.3). Neben der schwierigen Entstehungs- und Überlieferunggeschichte gibt es einen weiteren gewichtigen Einwand. In den Tischreden haben wir keine inhaltlich einheitlichen oder in sich abgeschlossenen Abhandlungen. Vielmehr bieten sie in bunter Abfolge ein abwechslungsreiches Themenpotpourri an:

> Theologische Fragen standen ebenso zur Debatte wie historische, politische und kirchenpolitische Probleme. Alltägliche Ereignisse wechselten mit Wirtschaftsfragen, Probleme aus der kirchlichen und schulischen Praxis und Ehesachen. Alte und neue Geschichten von Menschen, Tieren, Mißgeburten, Geistern und Hexen kamen zur Sprache. (Beyer 2010, S. 350)

Die thematischen Gegensätze sind irritierend. Das Heilige und das Profane stehen beieinander. Hier spricht „unüberhörbar der Zeitgenosse des Götz von Berlichingen" (Schilling 2014, S. 533). Wir erfahren, dass Sohn Johannes heute gelernt habe, „mit gebeugten Knien in jede Ecke zu kacken" und die Protokollanten berichten, Luther habe am Abend ein Kind auf dem Schoß gehabt, welches „scheist und saicht" (zit. nach Schilling 2014, S. 346 f.).

Dass auch religiöse Sachverhalte in drastische Sprache gekleidet werden können, wurde schon anhand des Jakobus-Briefes gezeigt, der im Ofen landen sollte. Solche Beispiele lassen sich vermehren. Zu nächtlichen Anfechtungen schreibt Luther: „Und dennoch widerstehe ich dem Satan, jage ihn auch oft mit einem Furz hinweg" (Luther-TR 1, Nr. 122). Die Verkündigungsaufgabe auf der Kanzel wird im Abendgespräch so ausgedrückt: „Man sol auff der cantzel die zitzen herauß ziehen und das volck mit milch trencken." (Luther-TR 3, Nr. 3421)

Die Gespräche sind nicht themenfixiert, sondern verlaufen in einer nicht mehr nachvollziehbaren Assoziationskette als eine scheinbar ungeordnete Aneinanderreihung von Kleinthemen. Dies erschwert die Interpretation und die Einordnung der Aussagen ungemein, denn es fehlt eine Textumgebung, die durch Kohärenz und Kohäsion die Einzelaussage stützt.

Ein Beispiel zur Illustration: Nur wenige Zeilen nach den Bemerkungen über die oberländische und niederländische Sprache (siehe 5.3) ist Luther beim nächsten Thema angelangt. Er redet über nächtliche Überwachungsanlagen in den Städten und stellt fest, dass in „Gallia und Anglia“ wohl eine andere Tradition herrsche, denn sie „haben auch keine wechter [=Wächter] noch thermer [=Türmer] die da blasen“ (Luther-TR 5, Nr. 6146). Es gibt zwei Alternativen: Entweder ist der Themenverlauf korrekt protokolliert, dann muss man Luther ein ‚geschwätziges‘ Wandern von Kleinthema zu Kleinthema unterstellen, oder aber die Themenabfolge ist durch das Protokoll erheblich verkürzt und kondensiert worden. Das Problem ist: Bei beiden Annahmen wird die inhaltliche und philologische Glaubwürdigkeit des Textes – und damit der Textsorte Tischrede insgesamt – erheblich herabgesetzt.

Schon bei der Einschätzung des Sendbriefs (siehe Abschnitt 3) wurde darauf hingewiesen, dass bereits in den Schriftquellen der 1530er Jahre eine Reformationsmemoria entsteht. Dies muss umso mehr für die ungeplanten, spontanen Erzähltexte der abendlichen Tischreden gelten:

> Denn was der Reformator rückblickend, meist in den Tischreden, über seine Kindheit erzählte, unterlag in der üblichen Weise den Mängeln der Erinnerung, vor allem aber dem Willen zur Selbstdeutung, der gerade Menschen mit einem welt- oder – wie im Falle Luthers – heilgeschichtlichen Auftrag beseelt. (Schilling 2014, S. 56)

Heinz Schilling kann darüber hinaus an einigen Beispielen aus den Tischreden zeigen und auch durch Quellenvergleiche nachweisen, dass die Lutherschen Ausführungen von „gestaltender Reformationsmemoria überlagert“ werden (ebd., S. 77).

5.2 Die Einschätzung der deutschen Sprachlandschaften

Luthers Einschätzungen der deutschen Sprachlandschaften sind nur in wenigen Belegstellen der Tischreden – und nirgendwo anders – überliefert, also ausschließlich in einer Textsorte, deren Mängel soeben ausführlich dargelegt wurden. Nach dem Gesagten ist es selbstverständlich, dass man vor einer zu hohen Erwartungshaltung an die wenigen, weit verstreuten, in keinem inhaltlich homogenen Kontext stehenden, möglicherweise sprachlich unzuverlässigen Aussagen nachdrücklich warnen sollte. Es lässt sich pointieren: Die Theologen waren und sind sich der Grenzen der Textsorte bewusst, während die Philologen – eigentlich gehört Quellenkritik auch zu ihrer Kernkompetenz – sich der Illusion hingaben, die Luthersche Wortauswahl mikroskopisch genau abwägen zu können und die feinsten semantischen Nuancierungen aus den einschlägigen Zitaten herauslesen zu können.

Genauere Kenntnisse über die Vielfalt der Sprachlandschaften, die im 16. Jahrhundert ja auch Schreiblandschaften sind, bleiben dem Zeitgenossen im Jahrhundert der Reformation im Allgemeinen verborgen. Insofern ist Luther auf einem normalen durchschnittlichen Kenntnisstand, wenn er die beiden Großlandschaften Sächsisch/Niederdeutsch vs. Oberländisch/Oberdeutsch folgendermaßen darstellt und charakterisiert:

> Danica et Anglica linguae sunt Saxonicae, quae vere est Germanica; die Oberlendische sprache ist nicht die rechte Teutsche sprache, habet enim maximos hiatus et sonitus, sed Saxonica lingua est facillima, fere pressis labiis pronuntiatur. […] Die oberländische Sprache ist nicht die rechte deutsche Sprache, nimmt den Mund voll und weit und lautet hart. Aber die sächsische Sprache geht fein und leise ab. (Luther-TR 5, Nr. 6146)

Eine Sonderstellung hat er allerdings: Er kennt den Gegensatz zwischen der hoch- und der niederdeutschen Sprachlandschaft aus eigener Erfahrung und Sprachpraxis. Die Stationen seiner Kindheit, seiner Ausbildung und seiner beruflichen Tätigkeit liegen im ostmitteldeutsch-thüringischen und im niederdeutschen Sprachraum. Der nördlichste Ort, an dem er länger lebte, ist Magdeburg. Ansonsten sind die dominanten Städte seines Werdegangs Erfurt und natürlich Wittenberg. Die praktische Erfahrung als Pendler zwischen zwei großen Sprachlandschaften führt jedenfalls nicht dazu, dass er deren linguistische Unterschiede genauer beschreibt. Die allgemeine stereotype Kennzeichnung des Oberdeutschen als ‚schwere', ‚raue' und des Niederdeutschen als ‚feine' Sprache entspricht den gängigen Einschätzungen der Zeit und ist ähnlich auch in anderen Quellen belegt.

Vergleichbares gilt für das Wissen um die Kleinräumigkeit der Dialektgliederungen. Dass auf relativ engem Raum bereits Kommunikationsbarrieren entstehen können, ist Allgemeinwissen, ohne dass den Zeitgenossen die genauen Gebietsumfänge, die Grenzverläufe oder gar präzise Unterscheidungskriterien bekannt wären:

> Deutschland hat mancherley Dialectos, Art zu reden, also, daß die Leute in 30 Meilen Weges einander nicht wol können verstehen. Die Oesterreicher und Bayern verstehen die Thüringer und Sachsen nicht, sonderlich die Niederländer. (Luther-TR 5, Nr. 6146)

Auch in der stereotypen Bewertung und Stigmatisierung der groben bairischen Sprache schließt sich Luther an Bewertungstraditionen an, die schon seit dem Hochmittelalter belegt sind:

> Es sind aber in der deutschen Sprache viel Dialecti, unterschiedne Art zu reden, daß oft Einer den Andern nicht wol versteht, wie Bayern Sachsen nicht recht verstehen, sonderlich die nicht gewandert sind; ja, die Bayern verstehen bisweilen einer den anderen nicht recht, was grobe Bayern sind. Alle Nationen gegen Sachsen sind einfältig […] (Luther-TR 4, Nr. 4018)

Insgesamt kann man festhalten, dass das Wissen über die deutschen Dialekte im 16. Jahrhundert noch nicht sehr weit gediehen ist. Im Prinzip geht man über die Landschaftseinteilungen und deren stereotype Bewertung, wie sie Hugo von Trimberg um 1300 dargelegt hat, kaum hinaus. Natürlich fehlen die genaueren Beschreibungsinstrumente, die die historische Sprachwissenschaft und die Dialektgeografie erst im 19. Jahrhundert entwickelt haben (z. B. Lautverschiebung, Monophthongierung). Luther kann nur so allgemein und so vereinfachend über Landschaftsunterschiede sprechen, wie er das in den dargelegten Ausschnitten tut.

Die ausgewählten Zitate können – trotz der gegen die Textsorte Tischrede vorgebrachten Vorbehalte – insofern als zuverlässig gelten, als sie Standardwissen des 16. Jahrhunderts glaubwürdig abbilden. Allerdings sollten sie nicht dafür eingesetzt werden, Luthers Wissenshorizont zu überschätzen. Dies wird immer dann getan, wenn er in der philologischen Diskussion als der Vermittler und Brückenbauer zwischen den Sprachlandschaften dargestellt wird und behauptet wird, seine ostmitteldeutsch geprägte Schreibsprache hätte gewissermaßen eine Ausgleichsfunktion.

Dies ist m. E. anders zu akzentuieren: Ihm fehlt das Überblickswissen zu den Großlandschaften des germanophonen Mitteleuropa. Bis auf wenige Ausnahmen (Romreise 1510/11, ferner kurze Aufenthalte in Heidelberg 1518, Augsburg 1518, Worms 1521, Coburg 1530) hat er den Raum im Städtedreieck Erfurt – Magdeburg – Leipzig nicht verlassen. Die Bannandrohung macht ihn nach dem Wormser Reichstag zu einem Gefangenen in seiner Region:

> Auch nach den Maßstäben der Gelehrten seiner Zeit lebte Luther in einer engen, nicht aber in einer verschlossenen Welt. (Kaufmann 2014, S. 84)

Da er die großlandschaftliche Differenzierung nicht kennt, kann er auch wohl kaum den Ausgleichsprozess zwischen verschiedenen Schreiblandschaften bewusst gesteuert haben. Dafür müsste man ihm unterstellen, er habe von der sprachhistorischen und sprachgeografischen Mittelstellung des Ostmitteldeutschen gewusst. Das wäre jedoch ein Anachronismus, denn erst ab dem 19. Jahrhundert weiß der sprachhistorisch-dialektgeografisch geschulte Philologe davon.

Man darf davon ausgehen, dass Luther die Vielfalt der Schreibsprachen im 16. Jahrhundert unterschätzt hat. Bei seiner Übersetzungsarbeit lagen ihm und seinem Team gedruckte Versionen der lateinischen Vulgata, des hebräischen AT, des griechischen NT von Erasmus und andere Quellen vor. Die Lutherforschung geht davon aus, dass keiner der 18 vorreformatorischen deutschen Bibeldrucke bei der Übersetzungsarbeit eingesehen wurde.

Luther ist – wie aus verschiedenen Quellen leicht ersichtlich wird – eine durchsetzungsstarke, selbstbewusste Persönlichkeit. Die Grenzen zur Selbstherrlichkeit sind häufig fließend (siehe Abschnitt 3). Wer in diesem Ausmaße von seiner Mission überzeugt ist, ist dies auch von seiner Sprache. So wie er die eigene Bibel-Übersetzung für die beste aller möglichen hielt, so ist für ihn auch seine Landschaftssprache die beste.

Bei der Gestaltung seiner Texte wählt er die möglichen lexikalischen Alternativen nicht vermittelnd, nicht nach dem Ausmaß ihrer Verbreitung in den Großlandschaften aus. Er wählt willkürlich und landschaftsegoistisch aus. Er schafft keine lexikalische Brücke zwischen Ober-, Mittel- und Niederdeutsch. Ein Beispiel: Zu Luthers Zeiten gibt es für den Menschen, den wir im Nhd. als einen *Heuchler* bezeichnen, zwei dominante Bezeichnungen im Ober-, Mittel- und Niederdeutschen, den *Trügner* und den *Gleissner*. Dementsprechend sprechen alle vorreformatorischen Bibelübersetzungen und alle altkirchlichen Übersetzungen des 16. Jahrhunderts in Matthäus 6, 2–5 von einem *Trügner* (*trugner*, *trugener*) oder einem *Gleissner* (*glysener*, *glisener*, *gleißner*, *gleychsner*). Nur in einem relativ kleinen Teilgebiet des ostmitteldeutschen Sprachraums war das Regionalwort *Heuchler* bekannt. Luther wählt aber gerade dieses für seine Bibelübersetzungen (einheitlich von 1522 bis 1545) aus. Erst dadurch wird das relativ unbedeutende Regionalwort zum Hochsprachenwort. Er kann sich aber bewusst weder für noch gegen die großlandschaftlichen Wörter entscheiden, da er sie ja gar nicht kennt. Vergleichbare Beispiele sind zahlreich.

5.3 Die missverstandene und überschätzte Aussage: *Ich rede nach der sächsischen Kanzlei*

Keine andere Textstelle aus den Tischreden hat die Luther-Philologie so euphorisch rezipiert und sie so nachhaltig beschäftigt wie die folgende:

> Aber die Sprachen machen fur sich selbs keinen Theologen, sondern sind nur eine Hülse. Denn, soll einer von einem Dinge reden, so muß er die Sache zuvor wissen und verstehen. Ich habe keine gewisse, sonderliche, eigene Sprache im Deutschen, sondern brauche der gemeinen deutschen Sprache, daß mich beide, Ober- und Niederländer verstehen mögen. Ich rede nach der sächsischen Canzeley, welcher nachfolgen alle Fürsten und Könige in Deutschland [...] darum ists auch die gemeinste deutsche Sprache. (Luther-TR 1, Nr. 1040)

Drei zentrale philologische Fragestellungen ergeben sich aus dieser thematisch komplexen Aussage, die allesamt insgesamt sehr intensiv und auch kontrovers diskutiert werden:

(1) Redet oder schreibt Luther nach dem Vorbild der sächsischen Kanzlei? Hier die Betonung des Schreibvorgangs anzunehmen wäre sachgemäßer und schlüssiger, aber besonders Peter von Polenz (1986, S. 185) hat akribische Überlegungen angestellt, ob Luther hier nicht doch auch die Sprechsprache meinen könnte. Diese Feinabwägungen erscheinen mir überzogen angesichts der fragwürdigen Überlieferungssituation der Tischreden. Auch ist in anderen Ausführungen Luthers ein munteres Durcheinander von Bewertungen für die gesprochene und die geschriebene Sprache zu beobachten. Die Argumentationen im Sendbrief (siehe Abschnitt 3) behandeln ja nachweislich die Schriftsprache der Bibel, dennoch begründet Luther fortwährend seine Entscheidungen auch aus den Forderungen mündlicher Rede.

(2) Welche sächsische Kanzlei ist gemeint? Das gilt als unumstritten. Hier hat Peter von Polenz (1986, S. 187–189) klar gezeigt, dass nur diejenige in der Residenzstadt des kurfürstlichen Sachsens, also in Wittenberg, gemeint sein kann, die in absoluter Grenzlage zwischen Mitteldeutsch und Niederdeutsch eine besondere sprachgeschichtliche Stellung hat. Die Dresdner Kanzlei hätte erst zum Zeitpunkt nach der erneuten Zusammenführung der beiden wettinischen Territorien

und des Übergangs der Kurfürstenwürde an die albertinische Linie, also nach den hier überlieferten Aussagen, in Frage kommen können.

(3) Was meint Luther mit der ‚gemeinen' deutschen Sprache? Hier ist zu konstatieren, dass die Aussage einerseits „die reflektierte Kenntnis der Brückenfunktion, die der ostmitteldeutschen Kanzleisprache seinerzeit zukam", zeigt, dass er aber andererseits „den Kommunikationsradius der von ihm rezipierten Sprachform weit überschätzt" hat (vgl. Beutel 2010, S. 251). Damit sind wir wieder bei der bereits reflektierten Frage angelangt, inwiefern Luther überhaupt einen angemessenen Überblick über die Differenzierung der Schreiblandschaften haben konnte.

Die Überlegungen zur eingeschränkten Zuverlässigkeit der Tischreden (siehe 5.1) fordern weitere kritische Einwände heraus:

(1) Die Einschätzung der sächsischen Kanzlei steht in keinem intensiven thematischen Zusammenhang mit sachlich verwandten Überlegungen. Wir konnten ja bereits feststellen (siehe 5.2), dass sämtliche Bemerkungen Luthers zu landschaftsbezogenen Sprachvarietäten nur peripher und marginal in die unzuverlässigen, assoziationsreichen Themenketten der abendlichen Tischgespräche eingebettet sind. Solche metasprachlichen Bewertungen erscheinen,
   - nie im Kontext von Diskussionen zu Erziehung und Bildung,
   - nie im Kontext von Diskussionen, welche Sprachform für die Verkündigung am besten sei,
   - nie im Kontext von Fragen der Übersetzungsarbeit oder Textgestaltung der Bibel
   - und auch nie im Kontext von weitreichenden areallinguistischen Überlegungen.

(2) Im obigen Zitat wird eine kondensierte assoziative Themenkette sichtbar: Sprache des Theologen, Sach- und Sprachwissen, individuelle vs. allgemeine Sprachform und schließlich die vorbildliche Kanzleisprache. Wieder erscheint es berechtigt, die Frage zu stellen, ob Luther in dieser gedrängen Abfolge gesprochen hat oder ob die Bearbeiter der Protokolle erst diese thematische Dichte geschaffen haben. Jede der beiden möglichen Antworten muss die Skepsis gegenüber den dargelegten Aussagen erhöhen. Es zeigt sich zum wiederholten Male, dass Luthers Interesse an sprachlandschaftlichen Ausprägungen, an Ausgleichsvorgängen und am empirischen Sprachenvergleich relativ gering ist. Man kann aber festhalten, dass ihm die Vielfalt der deutschen Sprachlandschaften in der Grundanlage deutlich bewusst war, aber keinesfalls in all ihren Details und Dimensionen.

Es gilt nochmals zu betonen: An keiner anderen Stelle der Tischreden, in keiner anderen programmatischen Schrift wird die vorbildhafte Kanzlei erwähnt. Allerdings tauchen die Kanzleischreiber in einem ganz anderen Zusammenhang in einem Text aus dem Jahre 1523 auf:

> Ich habe auch noch bisher kein Buch noch Brief gelesen, da rechte Art deutscher Sprache innen wäre. Es achtet auch niemand recht deutsch zu reden; sonderlich der Herren Kanzleien und die Lumpenprediger und Puppenschreiber, die sich lassen dünken, sie haben Macht, die deutsche Sprache zu ändern, und dichten uns täglich neue Wörter (Vorrede zum AT 1523; zit. nach Bornkamm 2005, S. 58)

Dieser Beleg hat in den Schriften Luthers eindeutig ein Alleinstellungsmerkmal, so wurde er auch zurecht von den Philologen weitgehend ignoriert (vgl. aber Wolf 1980, S. 19). Jedoch: Das Lob der sächsischen Kanzlei steht ebenfalls allein. Zudem hat es die deutlich problematischere Überlieferungsgeschichte als die kritische Äußerung aus dem Bibelvorwort des Jahres 1523, die zuverlässig dem Autor zugeschrieben werden kann. Man müsste somit für die germanistische Luther-Forschung eigentlich eine radikale Folgerung ziehen in der Bewertung dieser missverstandenen und überschätzten Aussage.

6. Bilanz

Die in früheren Zeiten recht einseitig-apologetische (oder auch protestantisch-preußische) Luther-Philologie hat Luther zum ‚Schöpfer der deutschen Sprache' überhöht. Mit guten Argumenten ist er inzwischen von diesem Denkmal heruntergeholt worden. Dagegen hat Werner Besch (2014) ihn als den wichtigsten ‚Katalysator' in der deutschen Sprachgeschichte bezeichnet. Das wiederum erscheint mir als ein zu radikaler Denkmalsturz.

Denn wie niemals zuvor und auch nicht danach hat Martin Luther als Einzelperson für fast drei Jahrzehnte die Formierung und Entwicklung der deutschen Sprache dominiert. Er war der erste ‚Medienstar' (Kaufmann 2014, S. 8) der neuen Schrift-, Druck- und Medienkultur. Die Gesamtauflage aller seiner Schriften wird für seine Lebenszeit mit ca. 4 Millionen Exemplaren angenommen. In dieser riesigen Gesamtmenge sind Schriften (Katechismen, Liederbücher, Bibelausgaben) enthalten, die eine für damalige Verhältnisse enorme Verbreitung erfuhren, vor allem wenn man bedenkt, dass nur ca. 5 % der Bevölkerung lesen konnten (vgl. zu den Zahlenangaben Kaufmann 2014, S. 42–50, Schwitalla 1999, S. 30 ff., 54 ff.).

Luther ist in quantitativer und qualitativer Hinsicht der absolute ‚Sprach-Dominator' und ‚Sprach-Präger' für die deutsche Sprache im 16. Jahrhundert. Er ist mehr als ein ‚Katalysator', denn jener – so die naturwissenschaftlich-technische Definition – beschleunigt nur einen Prozess, der ohne ihn auch – aber eben verzögert – ablaufen würde. Mit seinem Hauptwerk, der 23 Jahre währenden Arbeit an der Bibelübersetzung, setzt er sich „an die Spitze einer vom städtischen Bürgertum gestützten Bewegung für die Bibel in Volkssprache" (vgl. Kaufmann 2014, S. 68) und somit prägt er diese entscheidend und gibt die Entwicklungsrichtung für die neue Volkssprache vor.

Diese Diskussion gehört eigentlich nicht zum Hauptthema meines Beitrages. Sie sei aber deshalb nochmals so ausführlich referiert, weil Luther die Rolle des Sprachdominators zugewiesen wurde, ohne dass von ihm ein systematisch ausgearbeitetes Sprachprogramm vorliegt. Mein Anliegen war es zu zeigen, dass Luthers metasprachliche Kompetenz überbewertet wird.

Die objektsprachliche Kompetenz Luthers hat dazu verführt, seine wenigen und unsystematischen sprachprogrammatischen Aussagen zu überhöhen. Die Ursache ist in der Tradition der Luther-Philologie zu suchen: Bereits in der zweiten Hälfte des 16. Jahrhundert werden bei der Bewertung Luthers objektsprachliche Leistungen und die Qualität der metasprachliche Äußerungen vermengt. Auch die Luther-Forschung des 19. und 20. Jahrhunderts hat sich dazu verleiten lassen:

> Die Reflexion über die Übersetzungsprobleme paarte sich mit einem außerordentlichen Sprachempfinden. (Schwarz 2014, S. 137; Hervorhebung K.J.)

Schilling (2014, S. 16 ff.) hat deutlich darauf hingewiesen, dass der reale historische Luther und das in den Jahrhunderten entstandene Luther-Bild zu oft ineinander fließen. Zu den eher harmlosen Auswüchsen dieser Vereinigung gehören die im Volksmund überlieferten Sprüche Luthers, die allesamt keine Quellenbasis in Luthers Schriften haben (vgl. Joestel 2013).

Folgendes Exempel mag das Problem illustrieren: Luther unternahm in den Jahren 1510/11 im Auftrage seines Augustiner-Ordens eine Reise nach Rom. Auch in der neueren Forschung ist immer wieder zu lesen, dass der Mönch Luther „vom ungeistlichen Treiben in der Ewigen Stadt“ (Wolf 1980, S. 11) und vom Regime des Renaissance-Papsttums angewidert gewesen sei. Es gibt aber keinerlei Reiseberichte oder Aufzeichnungen aus Luthers Hand, die solches belegen könnten. Weder das Großstadtleben in Rom noch die durchwanderten Naturlandschaften haben ihn beeindruckt: „Zu einem Bildungserlebnis, das Charakter und Denken nachhaltig prägte, wurde die Reise nicht.“ (Schilling 2014, S. 103).

Eine dezidiert antipäpstliche Stoßrichtung kommt ja auch erst viel später in der reformatorischen Bewegung dazu. Noch 1517 klagen die 95 Thesen lediglich die Ablasspraxis deutscher Bischöfe an. Von deren finanzpolitischen Verbindungen nach Rom wissen in Deutschland nur wenige, keinesfalls weiß davon „ein Mönch aus einer entlegenen Provinzuniversität“ (ebd., S. 164).

Der spätere antipäpstliche Fanatismus, ein zentraler Baustein in der reformatorischen Publizistik, wird also zurückprojiziert. Eine falsche Kausalität und eine ‚Entstehungsgeschichte‘ des reformatorischen Gedankenguts werden konstruiert. Nur durch die Rückerinnerung Luthers und nur durch eine falsche Teleologisierung der Forschung wird die Romreise wichtig.

Ich habe versucht darzulegen, dass erst relativ spät (etwa ab 1530) die Überlegungen Luthers zur deutschen Sprache und zur Problematik der Übersetzung einsetzen. Sie sind retrospektiv und oft von einem rechtfertigenden, defensiven Gestus geprägt. Gleichwohl ist zu berücksichtigen, dass Luther hier bereits an seiner eigenen Reformationsmemoria schreibt. Die Berufung auf die bedeutende sächsische Kanzlei könnte auch als eine selbstherrliche, inszenierte Aufwertung der eigenen Sprache angesehen werden. Im Sendbrief vom Dolmetschen, der 1530 in einer Sondersituation geschrieben wurde, als Luther auf der Veste Coburg an den großen Konflikten des Augsburger Reichstags nur aus der Ferne teilnehmen konnte, kommt in den selbstherrlichen, egozentrischen Zitaten bereits der späte Luther zum Vorschein, der sein Lebenswerk in Gefahr sah.

Man sollte sich also bei der Beschäftigung mit Martin Luther vor einem mehrfach verfälschten Rückblick hüten: Die Sicht auf Luthers Werk muss sich freimachen von allen Einseitigkeiten, Verfälschungen und Parteilichkeiten, die ihm – wie kaum einer anderen historischen Person – in den Jahrhunderten widerfahren sind. Man muss sich aber auch davor hüten, Luthers eigene Rückblicke auf sein Leben (besonders den Rückblick aus der Zeit ab 1530 auf die Zeit zwischen 1517 und 1530) in seinen Schriften zu unkritisch zu übernehmen. Er schreibt in jener Zeit bereits selbst an seiner eigenen Legende und arbeitet damit auch einer betonten Überhöhung seines Sprachwissens und seiner Spracheinschätzungen in die Hände.

7. Quellen und Literatur

7.1 Quellen

Bornkamm, Heinrich (Hg.) (2005): Martin Luther. Vorreden zur Bibel. 4. Aufl. Göttingen.

Dietenberger-Bibel 1540 = Biblia, beider Allt vnnd Newen Testamenten. Von Johannes Dietenberger. 2. Aufl. Köln. (1. Aufl. Mainz 1534).

Koberger-Bibel 1483 = Bibel (ohne Titelblatt). Gedruckt von Anton Koberger. Nürnberg.

Luther-WA = Luther, Martin: Werke. Kritische Gesamtausgabe (Weimarer Ausgabe) 1883 ff. (Abteilung Schriften).

Luther-TR = Luther, Martin: Werke. Kritische Gesamtausgabe (Weimarer Ausgabe) 1883 ff. (Abteilung Tischreden).

Luther-Bibel 1534 = Biblia / das ist / die gantze Heilige Schrifft Deudsch. Von Martin Luther. Wittenberg.

Luther-Bibel 1545 = Biblia: das ist: Die gantze Heilige Schrifft: Deudsch. Von Martin Luther. Wittenberg.

Luther-Sendbrief 1530 = Ein Sendbrief vom Dolmetschen (Luther-WA 30,2, 632–646).

Luther-Summarien 1533 = Summarien über die Psalmen und Ursachen des Dolmetschens (Luther-WA 38, 9–69).

7.2 Literatur

Armbruster, Jörg (2005): Luthers Bibelvorreden. Studien zu ihrer Theologie. (= Arbeiten zur Geschichte und Wirkung der Bibel 5). Stuttgart.

Besch, Werner (2014): Luther und die deutsche Sprache. Berlin.

Beutel, Albrecht (1991): In dem Anfang war das Wort. Studien zu Luthers Sprachverständnis. (= Hermeneutische Untersuchungen zur Theologie 27). Tübingen.

Beutel, Albrecht (Hg.) (2010): Luther Handbuch. 2. Aufl. (= UTB 3416). Tübingen.

Beutel, Albrecht (2010): Sprache. In: Beutel (Hg.), S. 249–256.

Beyer, Michael (2010): Tischreden. In: Beutel (Hg.), S. 347–353.

Blanke, Heinz (2010): Bibelübersetzung. In: Beutel (Hg.), S. 258–265.

Debus, Friedhelm (2014): Über Martin Luthers Bedeutung in sprachlicher und literarischer Perspektive. In: Sprachwissenschaft 39, S. 425–443.

Joestel, Volkmar (2013): Tu's Maul auf! Was Luther wirklich gesagt hat. Leipzig.

Kaufmann, Thomas (2014): Martin Luther. 3. Aufl. (= Beck'sche Reihe 2388). München.

Polenz, Peter von (1986): Altes und Neues zum Streit über das Meißnische Deutsch. In: Schöne, Albrecht (Hg.): Kontroversen, alte und neue. Akten des VII. Internationalen Germanisten-Kongresses Göttingen 1985, Bd. 4, Tübingen, S. 183–202.

Schilling, Heinz (2014): Martin Luther. Rebell in einer Zeit des Umbruchs. 3. Aufl. München.

Schilling, Johannes (2010): Geschichtsbild und Selbstverständnis. In: Beutel (Hg.), S. 97–106.

Schwarz, Reinhard (2014): Luther. 4. Aufl. (= UTB 1926). Göttingen.

Schwitalla, Johannes (1999): Flugschrift. (= Grundlagen der Medienkommunikation 7). Tübingen.

Wolf, Herbert (1980): Martin Luther. Eine Einführung in germanistische Luther-Studien. (= Sammlung Metzler 193). Stuttgart.

Zschoch, Hellmut (2010): Streitschriften. In: Beutel (Hg.), S. 277–294.

Markus Hundt

Luther als Sprachnormvorbild – Ideal und Wirklichkeit

1. Einleitung und Erkenntnisinteresse

Eigentlich sollte man annehmen, dass die Schlacht um die Frage, welchen Einfluss Luther auf die Entstehung der neuhochdeutschen Standardsprache hatte, längst geschlagen ist. Eine ganze Reihe von verdienstvollen Studien widmet sich ihr. Verschiedene Beiträge sind in dem Sammelband von Wolf (Hg.) (1996) enthalten; daneben sind die Arbeiten von Besch (1967, 1999, 2003, 2014), Bergmann (1982, 1984), Josten (1976), Debus (2014), Reiffenstein (2003), Wolf (1980), aber auch die frühen Beiträge von Jellinek (1913, 1914) und von Socin (1888) hervorzuheben.

Als Ergebnis der langen und sicherlich nach wie vor nicht abgeschlossenen Diskussion zur Rolle Luthers in der deutschen Sprachgeschichte können folgende Punkte als unstrittig festgehalten werden:

1. Luther war nicht der Schöpfer und Erfinder der neuhochdeutschen Standardsprache, wie dies in der älteren Forschung noch angenommen wurde. Er ist in die allgemeinen Entwicklungen der deutschen Sprache seiner Zeit eingebunden. In manchen Punkten war er progressiv in dem Sinne, dass er Formen und/oder Schreibungen verwendete, die sich später durchsetzten. In manchen Punkten galt dies nicht.
2. Die ‚Wirkmächtigkeit' Luthers, wie dies Werner Besch (1999, S. 9 und 11) treffend fasste, hatte drei Gründe: Die sprachgeografische Herkunft Luthers, d. h. die Mittel- und Vermittlungslage im ostmitteldeutschen Sprachraum; die intensive Nutzung des Buchdrucks als neues Medium und selbstverständlich auch die Inhalte der Luthertexte, d. h. die Tatsache, dass die von Luther aufgegriffenen Themen in der damaligen Zeit von größtem Interesse und größter Relevanz waren.
3. Luthers Rolle bei der Ausbildung der neuhochdeutschen Standardsprache ist eher zu fassen als die des „Katalysators"[1]. Diese Funktion wird besonders deutlich, wenn man auf den Wortschatz blickt: „Der überregionale Wortschatzausgleich zu Beginn der Neuzeit erhält den entscheidenden Anstoß unmittelbar durch Luther." (Besch 1999, S. 18). Aber auch für die Syntax greift diese Metapher. Luther ist in diesem Bereich zwar sicherlich kein Erfinder oder Neuerer,

[1] Z. B. bei Besch (1967); Hartweg (1985, S. 20); Hartweg/Wegera (2005, S. 91).

aber er verbreitet und konsolidiert bestimmte (v. a. mitteldeutsche) Muster durch seine intensiv rezipierten Texte (vgl. ebd., S. 22).

4. Luther galt vom 16. bis 18. Jahrhundert als Sprachnormvorbild. Dies zeigt u. a. die Arbeit von Dirk Josten (1976).[2] Allerdings gibt es dabei noch immer einiges zu klären: In welcher konkreten Form und für welche Sprachnormbereiche genau hatten welche Texte von Luther (in welchen der jeweils überarbeiteten Fassungen) Vorbildcharakter? Unstrittig dürfte die enorme Wirkung bestimmter Luthertexte sein: die Luthersche Bibelübersetzung, der Katechismus, das von Luther geprägte Kirchenlied und Erbauungsschriften[3]. Nicht Luther als Person oder Modellschreiber, sondern seine Texte, die in den jeweiligen Neuauflagen auch immer wieder in einzelnen Punkten Überarbeitungen erfuhren, hatten diesen Vorbildcharakter, allen voran die Bibel:

> Die Bibel wird das Unterrichtsbuch der Nation, über Jahrhunderte vielfach das einzige Buch in Schule und Haus. An ihr lernt man buchstabieren, lesen, schreiben. (Besch 1999, S. 31)

2 Josten (1976) hebt für Luther v. a. das personale Autoritätsprinzip hervor, nach dem er eine Orientierungsfunktion durch seine Texte hatte. Daneben ist seine Rolle als Verstärker der Meißenthese (sprachlandschaftliche Priorität) relevant. Josten analysiert sprachbezogene (Grammatiken, Rechtschreibungen etc.) und nichtsprachbezogene Texte aus dem 16. und 17. Jahrhundert auf Äußerungen zu Sprachnormvorbildern. Dabei kann er folgende Gruppen von Vorbildern unterscheiden:
   1.) Sprachlandschaftliche Prioritäten (v. a. Meißnisch, daneben Schwäbisch, Alemannisch, Bairisch, Fränkisch, Schlesisch und den schillernden Begriff ‚gemeines Deutsch‘)
   2.) Personales Autoritätsprinzip (allen voran Luther, daneben Opitz)
   3.) Soziales Autoritätsprinzip (beste Autoren, Bücher, Drucker)
   4.) Institutionales Autoritätsprinzip (v. a. Kaiserliche Kanzlei, Reichsabschiede, Mainzer Kanzlei, höfische Sprache)
   5.) Sprachimmanente Argumentation (v. a. Analogismus im Gegensatz zum Anomalismus).

3 Vgl. dazu Merkel (1967, S. 11): „Ohne Übertreibung läßt sich sagen, daß es in Deutschland im 18. Jahrhundert keinen Schriftsteller und Dichter gegeben hat, der seine Erziehung in der deutschen Sprache und in ihrem Gebrauch nicht durch Luthers Bibel, Katechismus, das protestantische Gesangbuch und die Erbauungsbücher empfangen hätte. Diese Schriften wurden ja nicht nur fast täglich gelesen, sondern vorgesprochen, laut gelesen und auswendig gelernt. Luthers Bibelsprache lebte also nicht nur als Buchstabe in seinen und seiner Nachfolger Schriften, sondern als tönende Sprache im Munde der Protestanten.“; Paul (1916/1996, S. 55): „Die Verbreitung von Luthers Schriften übertraf bei weitem alles bisher Dagewesene. Seine Bibel, sein Katechismus, seine Kirchenlieder drangen in die tiefsten Schichten des Volkes, wurden die Grundlagen für Predigt und Volksschulunterricht.“; Wolf (1980, S. 69): „Lange blieb die L.-Bibel wichtiges Unterrichtsmittel (neben Katechismus und Gesangbuch), lange war sie als Hausbuch einprägsame Privatlektüre für breiteste Schichten, lange diente sie als Richtschnur für literarisches Schaffen.“

Ich möchte die genannten Studien zu Luther als Sprachnormvorbild in wenigen Punkten weiterführen. Es geht um folgende fünf Fragen:

1.) Was ist mit Sprachnorm überhaupt gemeint? Welche Bestimmungsfaktoren sind relevant?

Erstens: In der Sprachnormdiskussion der Gegenwart dürfte unstrittig sein, dass man nicht von der einen Sprachnorm ausgehen kann. Sprachnormen sind auf die verschiedenen Sprachsystemebenen, Sprachvarietäten und historischen Epochen zu beziehen. So lassen sich z. B. orthographische von syntaktischen, lexikalischen, stilistischen etc. Sprachnormen unterscheiden.

Zweitens: Bei der Frage, wodurch Sprachnormen bestimmt werden, hat sich das Sprachnormenmodell von Ulrich Ammon (1995, S. 73–88; 2015, S. 142–148) als hilfreich erwiesen. Ich habe dieses Modell in einem Beitrag von 2009 modifiziert, d. h. hier konkret: den Sprachsouverän als Normfaktor fokussiert. Allerdings ist dieses Modell nur bedingt in einem sprachhistorischen Kontext anwendbar. Die normbestimmende Kraft der Bevölkerungsmehrheit ist im 16. bis 18. Jahrhundert nicht in gleicher Weise greifbar wie in der Gegenwart. Modelltexte/Modellautoren, Sprachexperten (Grammatiker), Kodices (soweit überhaupt vorhanden) treten in den Vordergrund. Sprachnormautoritäten (Lehrer, die wiederum mit Modelltexten arbeiten) eigentlich ebenfalls, für diesen Aspekt der Sprachnormvermittlung liegen allerdings nach wie vor zu wenige Daten/Erkenntnisse vor.

2.) Was ist gemeint, wenn von Sprachnorm und Sprachnormvorbild im Zusammenhang mit Luther gesprochen wird?

Dies ist keineswegs immer klar: Bergmann (1982, 1984) fokussiert eher die Orthographie, Besch (1999, 2003, 2014) hebt v. a. die Bedeutung von Wortschatz, Syntax und Stil hervor. Deswegen sollte in einem ersten Schritt eine differenzierte Betrachtung auf die verschiedenen Sprachnormen erfolgen.

3.) Was ist gemeint, wenn man sagt, Luther sei vom 16. bis 18. Jahrhundert an ein wichtiges Sprachnormvorbild gewesen?

Erstens: Es war nicht die Person Luthers, sondern v. a. die Bibelübersetzung (daneben auch Katechismus, Predigten, Kirchenlieder und Erbauungstexte von Luther selbst, aber auch von seinen Nachfolgern, vgl. Merkel 1967), die als Sprachnormvorbild wirkte(n). Mit Blick auf das Modell von Ammon entspricht dies einer Verlagerung des Fokus vom Modellschreiber auf die Modelltexte.

Zweitens: Die Vorbildfunktion muss differenziert gesehen werden: In puncto Wortschatz, Syntax und Stil gilt sie sicher, in Sachen Orthographie nicht, da sich diejenigen im 16. bis 18. Jahrhundert, die Luther auch in diesem Bereich als Vorbild preisen, i. d. R. auf orthographisch modernisierte/angepasste Textausgaben beziehen.

Dieses Vorgehen gründet auf einer interessanten argumentativen Technik: Man kann die eigenen orthographischen Vorstellungen lancieren mit dem Autoritätsverweis auf Luther, ohne jedoch tatsächlich an die Luthersche Originalorthographie aus der ersten Hälfte des 16. Jahrhunderts gebunden zu sein. So kann der Vorteil eines *argumentum ex autoritate* genutzt werden, ohne sich wirklich auf die Autorität zu beziehen.

4.) Ist der Bezug auf Luther als Sprachnormvorbild ein Mythos?

Erstens: Die bereits angesprochene Entkoppelung zwischen der Berufung auf Luther einerseits und der faktischen Orientierung an den zeitgemäß angepassten Sprachgebrauch andererseits gilt vermutlich nicht nur für den Bereich der Orthographie, sondern auch für andere Bereiche, in denen die Luthertexte im Laufe der Zeit vorsichtig modernisiert wurden.[4]

Zweitens: Das führte dann zu einer Art von Idealisierung Luthers und der Lutherschriften, die vergleichbar ist mit dem heutigen Umgang mit Kodextexten, wie wir sie z. B. aus den Studien von Davies/Langer kennen (vgl. Davies/Langer 2006, S. 55, S. 210, S. 263; Hundt 2009, S. 126 f.).[5] Die Autoritätsverweise im Zusammenhang mit der Berufung auf Luther sind in den entsprechenden Texten häufig eher unspezifisch (s. z. B. in der Vorrede der Grammatik von Clajus 1578/1894) und keineswegs immer fundiert in konkreten Luthertextstellen.

5.) Aus dem historischen Rückblick eine eher rhetorische Frage: Woher kommt die Wirkmächtigkeit der Lutherschen Bibelübersetzung?

Erstens: Sie konnte so wirkmächtig sein, weil sie a) höchsten Verbreitungsgrad[6] erfuhr, b) im Laufe der Zeit orthographisch angepasst wurde, c) nur mäßig/vorsichtig in Sachen Lexik, Syntax, Stil modernisiert wurde (retardierender und stabilisierender Faktor).[7]

Zweitens: Auf die Bibelübersetzung konnte man sich dank der Verbreitung und der inhaltlichen Relevanz des Textes über mehrere Jahrhunderte hinweg berufen und zugleich allmählich auch weitere, neuere Modelltexte (‚beste Autoren‘) als Sprachnormvorbilder mit einführen.

[4] Vgl. mit Blick auf die Lexik dazu Lemmer (1988/1996).

[5] Lehrer (Sprachnormautoritäten) orientieren sich keineswegs immer am Kodex (Duden), wenn es um Sprachnormfragen geht, sondern sie greifen zuweilen auf eigene Sprachnormvorstellungen zurück, von denen sie allerdings glauben, dass sie durch den Kodex gedeckt sind. Deswegen kann man hier von einer idealisierten Sprachnorm sprechen.

[6] Dazu z. B. Bentzinger/Kettmann (1983/1996, S. 201 f.): „Zwischen 1522 und 1546 erschienen nicht weniger als etwa 430 Gesamt- oder Teildrucke seiner Bibelübersetzung, so daß bei den 12 bis 15 Millionen Deutschen etwa eine halbe Million Lutherbibeln im Umlauf waren, und auch seine Flugschriften erreichten rasch eine gewaltige Publizität.“

[7] Besch (1999, S. 33) hebt die orthographische Anpassung im 17. Jahrhundert hervor, während Wortschatz und Syntax nicht in gleicher Weise „disponibel“ gewesen seien.

2. Bestimmungsfaktoren von Sprachnormen

Was ist mit Sprachnorm gemeint?

Die umfängliche und z. T. unübersichtliche fachwissenschaftliche Diskussion zu Sprachnormen, deren Bestimmungsfaktoren und Anwendungsbereichen ist hinlänglich bekannt.[8] Auch wenn sich keine allseits anerkannte Definition dessen, was man unter dem Begriff Sprachnorm verstehen soll, bislang durchsetzen konnte, so sind doch einzelne Begriffsanteile unstrittig:

Sprachliche Normen sind soziale Normen im Sinne von „Erwartenserwartungen" (Luhmann 1987, S. 33), die einen verpflichtenden Charakter haben (Obligation), die mit Sanktionen bei Nichtbefolgung verbunden sind (Schule, Beruf), die wertebezogen sind und die explizit formuliert sein können, dies aber nicht immer sind. In der Regel handelt es sich bei Sprachnormen um subsistente (deskriptive) Normen, nur selten – wie im Bereich der Orthographie – finden sich hier explizit gesetzte/präskriptive Normen. So könnte man für die deutsche Gegenwartssprache Normen operational fassen als „aus dem tatsächlichen Sprachgebrauch rekonstruierte Regeln des systemgerechten Gebrauchs" (Hundt 2009, S. 121).

Dabei muss auch berücksichtigt werden, dass man von DER Sprachnorm wohl kaum sprechen kann. Der Geltungsbereich von Sprachnormen ist jeweils bezogen auf einzelne Sprachsystemebenen, auf einzelne Sprachvarietäten und natürlich auch auf historische Sprachstufen.

Genau genommen muss so für die neuhochdeutsche Standardsprache (unter Ausblendung der Varietäten, die die Menge der Sprachnormen noch erhöhen) von mindestens acht verschiedenen Normen ausgegangen werden:

1.) Aussprachenorm – Orthoepie
2.) Schreibnorm – Orthographie
3.) Flexionsnorm – Orthoflexie
4.) Wortbildungsnorm – Orthowortbildung
5.) Syntaktische Norm – Orthosyntax
6.) Lexikalische Norm – Ortholexie
7.) Textsortennormen – Orthotextualität
8.) Stilnormen – Orthostilistik (inkl. pragmatischer Normen)

Wenn man sich mit sprachhistorischen Aspekten der Sprachnormierung und der Frage nach Sprachnormkriterien beschäftigt, fällt auf, dass diese Normendifferenziertheit der Gegenwartssprache nicht in gleicher Weise in sprachreflexiven Texten des 16. bis 18. Jahrhunderts zu greifen ist. Dort wird – ähnlich wie in der heutigen nicht-fachwissenschaftlichen Sprachnormdiskussion – noch in einer eher holistischen Weise von der Sprachnorm (in unterschiedlichen Ausdrücken) gesprochen.

[8] Vgl. z. B. Hundt (2009, S. 118–123); Gloy (1997, 2004, 2012); Hartung (1987), zur philosophischen Grundlegung des Normenbegriffs vgl. von Wright (1979), zur Bestimmung von sozialen Normen als „Erwartenserwartungen" Luhmann (1987, S. 33).

Selbstverständlich werden auch in den historischen Texten verschiedene Aspekte sprachlicher Normen angesprochen, vornehmlich Aussprache und Schreibung. Allerdings geht es insgesamt eher um die übergreifende Frage, woran man sich orientieren solle in sprachlichen Fragen überhaupt.

Für die Diskussion um die Bedeutung Luthers als Sprachnormvorbild spielen dabei nicht alle Normen eine Rolle. V. a. in der Lexik, in der Syntax und im Stil ist seine Bibel (und weitere Luthertexte) faktisch normprägend. In den Bereichen der Orthoepie und der Orthographie finden sich zwar Berufungen auf Luther, diese sind jedoch mit zunehmendem zeitlichen Abstand auch inhaltlich entkoppelt, weil der Rückgriff z. B. im 17. Jahrhundert auf Bibelübersetzungen von Luther auch schon die orthographisch angepassten, und damit nicht mehr originalen, Lutherischen Schreibungen als Basis aufweist.

Auffällig ist dabei auch eine gewisse Zirkelhaftigkeit der Begründungen von Aussprache- und Schreibnormen. „Schreib wie du sprichst" wird dann am besten umgesetzt, wenn man „spricht wie man schreibt" (hier haben dann die ursprünglich niederdeutschen Gebiete einen Vorteil, die in der sprachlichen Primärsozialisation eine an der Schriftsprache orientierte Aussprache erwerben).

3. Sprachnormaspekte bei Luther: die Sprachnorm vs. Sprachnormen

In der gegenwärtigen Sprachnormdiskussion, die ohne Frage von einer Vielfalt an Definitionsversuchen geprägt ist, wird immer wieder auf das von Ulrich Ammon entwickelte Modell der Sprachnormfaktoren verwiesen.[9] In einem früheren Beitrag habe ich dieses Modell etwas modifiziert und dabei die Bevölkerungsmehrheit als Sprachsouverän über die verschiedenen Sprachnormen der deutschen Gegenwartssprache hervorgehoben (vgl. Abb. 1).

Bei dieser Modellierung wird davon ausgegangen, dass die zentrale Instanz für die Etablierung und Veränderung von Sprachnormen (auf allen sprachsystematischen Ebenen) der Sprachproduzent als Teil der sprechenden und schreibenden Bevölkerungsmehrheit ist, sozusagen der sprachliche Otto-Normalverbraucher. Seine sprachnormierende Wirkung ist i. d. R. weder bewusst noch direkt, d. h. sie emergiert aus dem aktuellen Sprachgebrauch, der sich allmählich durchsetzt. Der einfache Sprachproduzent möchte i. d. R. nicht die Sprache normieren, sondern kommunizieren, d. h. mit Hilfe der Sprache kommunikative Ziele erreichen.

Sprachnormen werden nach diesem Verständnis somit in erster Linie durch den Sprachgebrauch selbst etabliert und nicht durch bewusste sprachnormierende Akte bzw. durch direkt sprachnormierende Handlungen.

[9] Vgl. Ammon (1995, S. 80) und die Diskussion des Modells in Hundt (2009, S. 122 f.).

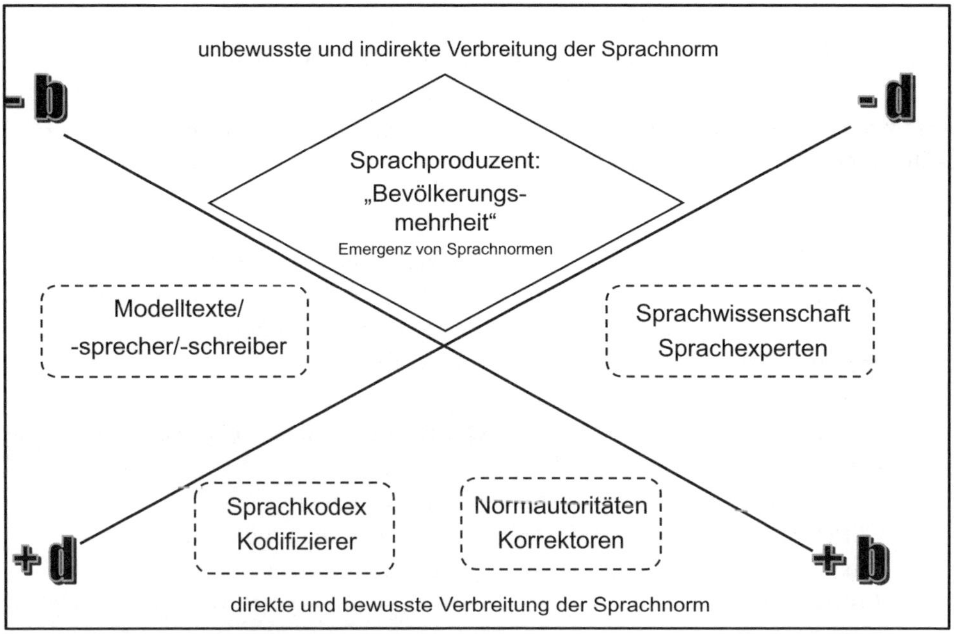

Abb. 1: Sprachnormfaktoren – Hundt (2009, S. 123)

Demgegenüber nehmen die in der Forschung genannten anderen Sprachnormfaktoren eine geringere Rolle ein: Modelltexte/Modellschreiber, Sprachexperten (Sprachwissenschaftler), Sprachkodizes/Kodifizierer, Normautoritäten und Korrektoren sind ohne Zweifel auch am Prozess der Etablierung und Veränderung von Sprachnormen beteiligt. Ihr Gewicht ist – mit Blick auf die neuhochdeutsche Standardsprache der Gegenwart – jedoch als geringer einzustufen als das des einfachen Sprachproduzenten als Teil der Bevölkerungsmehrheit (zu dem die Kodifzierer, Korrektoren, Modellsprecher/-schreiber, Sprachwissenschaftler ja ohnehin als Mitglieder der Sprachgemeinschaft auch gehören).

Dieses Modell mit insgesamt fünf Bestimmungsfaktoren lässt sich nicht einfach auf Zeitabschnitte transferieren, in denen es noch gar keine deutsche Standardsprache gab. Hier ist z. B. die Rolle der Bevölkerungsmehrheit gänzlich anders zu sehen. In einer Zeit, in der die meisten Deutsch Sprechenden weder lesen noch schreiben konnten (90 %)[10], kann deren Einfluss auf die Sprachnorm nicht in gleicher Weise veranschlagt werden wie heute. Zudem ist die Idee, dass die Bevölke-

[10] Vgl. zum Grad der Literalität und der Schätzung von max. 10 % an Lese- und Schreibkundigen Hartweg/Wegera (2005, S. 66). Sie gehen davon aus, dass in den Städten ein Alphabetisierungsgrad von 10–20 % erreicht wurde, während nur ca. 5 % der Gesamtbevölkerung alphabetisiert waren. Auch wenn es sich dabei um Schätzungen handelt, kann festgehalten werden, dass 90 % oder ein noch größerer Anteil der Bevölkerung weder lesen noch schreiben konnte.

rungsmehrheit als Sprachsouverän verändernden Einfluss auf die Normen der Standardsprache hat, nur dann sinnvoll, wenn es bereits eine Standardsprache gibt.

Deswegen möchte ich im Folgenden versuchen, das Modell für die Frühe Neuzeit nach Luther zu adaptieren. Dabei ergeben sich in nahezu allen Punkten Veränderungen:

1.) Nicht vorhandene bzw. nur in Ansätzen vorhandene Kodextexte.
Hier wäre allen voran die Grammatik von Johannes Clajus (1578/1894) zu nennen, die sich explizit auf Luther als Sprachnormvorbild beruft. Weitere kodexverdächtige Texte, die hier zu nennen wären, sind:

- Fabian Frangk (1531/1979): Orthographie Deutsch,[11]
- Valentin Ickelsamer (1527/1971): Die rechte weis aufs kürtzist lesen zu lernen,
- Stephan Ritter (1616): Grammatica Germanica Nova,
- Christian Gueintz (1641/1978): Deutscher Sprachlehre Entwurf,
- Johannes Girbert (1650): Teutsche Orthographi,
- Justus Georg Schottelius (1663): Ausführliche Arbeit von der Teutschen HaubtSprache,
- Isaac Pöhlmann (1671): Neuer hoochdeutscher Donat,
- Johann Bödiker (1746/1977): Grundsäze der deutschen Sprache (erste Auflage von 1690),
- Johann Christoph Gottsched (1758/1995): Beobachtungen über den Gebrauch und Missbrauch vieler deutscher Wörter und Redensarten[12]
- Johann Christoph Adelung (1782/1971): Umständliches Lehrgebäude der deutschen Sprache, zur Erläuterung der deutschen Sprachlehre für Schulen.[13]

Bei allen diesen möglichen Kodextexten stellt sich jedoch die Frage, inwieweit sie tatsächlich einen sprachnormierenden Einfluss hatten bzw. haben konnten.

[11] Die Ausbildung einer orthographischen Norm und Bezugnahmen auf Luther untersuchte Bergmann (1984) detailliert anhand unterschiedlicher Texte von Fabian Frangk, Johannes Clajus, Stephan Ritter, Christian Gueintz, Georg Philipp Harsdörffer, Justus Georg Schottelius, Johann Girbert, Johann Bellin, Christian Pudor, Johann Bödiker, Johann Leonhard Frisch, J. J. Wippel und Hieronymus Freyer.

[12] Nach Wolf (1980) rechnet Gottsched Luther noch zu den Autoren, die die deutsche Sprache maßgeblich gefördert haben. Allerdings ist auch schon eine Loslösung von dem Vorbild Luther zu erkennen: „Ohne die autoritative Wirkung der Sprache L.s zu übersehen, beurteilt er sie objektiver und zuweilen schon in historisch-kritischer Sicht, indem er an Sprachregeln prüfend inzwischen Veraltetes vom noch Gültigen unterscheidet. („Beobachtungen über den Gebrauch …“ 1758, Vorrede).“ (Wolf 1980, S. 75).

[13] Nach Wolf (1980, S. 75) erkennt Adelung zwar Luthers Verdienste um die deutsche Sprache in allgemeiner Weise an. Allerdings will er ihn nicht mehr als Normvorbild gelten lassen.

2.) Nicht vorhandene überregional geltende Standardsprache (in Schreibung und Lautung).

3.) Größere Bedeutung von Modelltexten/Modellschreibern.
Hier sind m. E. drei Textgruppen vorrangig zu nennen: die Bibelübersetzung von Luther, die in den Schulen häufig das einzige Lehrbuch zur deutschen Sprache überhaupt war und die auch außerhalb der Schule, dank der immensen Verbreitung durch den Buchdruck, für alle diejenigen greifbar war, die Deutsch lesen oder schreiben wollten. Dies gilt auch dann, wenn man katholische Gebiete mit einbezieht, da – dies zeigen die Studien von Gelhaus (1989, 1990) überdeutlich – auch die katholischen Bibelübersetzungen maßgeblich auf die Lutherübersetzung zurückgreifen. Neben den Bibeltexten sind die Katechismus-Texte Luthers und das Kirchenlied zu nennen, die mit Sicherheit als Modelltexte fungieren konnten.

4.) Größerer Einfluss der Sprachnormautoritäten (v. a. Lehrer), die sich an ganz bestimmten Modelltexten, hier der Bibelübersetzung nach Martin Luther, seinem großen und kleinen Katechismus und dem protestantischen Kirchenlied Lutherscher Prägung orientieren.

Dieser Befund fokussiert stark die Bedeutung der Luthertexte als Modelltexte. Nicht vergessen werden darf dabei jedoch – wie dies in der Arbeit von Josten (1976) überzeugend dargelegt wird –, dass Luthertexte und die Ausrichtung an Luther als Sprachnormvorbild vom 16. bis 18. Jahrhundert zwar die dominante Bezugsgröße in diesem Diskurs waren, dass daneben aber auch – und im 18. Jahrhundert immer mehr – andere Sprachnormvorbilder genannt wurden, z. B. die institutionensprachlichen Texte der Reichsabschiede bzw. der Kanzleien und sprachlandschaftliche Orientierungen.

Es zeigt sich also, dass die Frage der Sprachnormorientierung für das 16. Jahrhundert ungleich schwieriger zu modellieren ist als für die Gegenwart. Dies muss m. E. jedoch nicht dazu führen, das Ammonsche Faktorenmodell gänzlich für sprachhistorische Epochen abzulehnen. Allerdings ist eine deutliche Veränderung in der Gewichtung der jeweiligen Faktoren notwendig, da das Ammonsche Modell immer schon davon ausgeht, dass es eine Standardsprache gibt, an der sich die im Sprachnormdiskurs beteiligten Akteure orientieren können. Genau dies ist im Zeitraum vom 16. bis 18. Jahrhundert nicht der Fall (vgl. Abb. 2).

1.) Sprachsouverän/Bevölkerungsmehrheit: Während für die Gegenwart, in der es zudem eine voll ausgebildete Standardsprache gibt, davon ausgegangen werden kann, dass die Bevölkerungsmehrheit als Sprachsouverän einen erheblichen Einfluss auf die verschiedenen sprachlichen Teilnormen hat, ist dies für den Zeitraum vom 16. bis 18. Jahrhundert nicht in gleicher Weise der Fall. Dies ergibt sich aus dem unterschiedlichen Grad der Lese-Schreibfähigkeit, aus dem unterschiedlichen

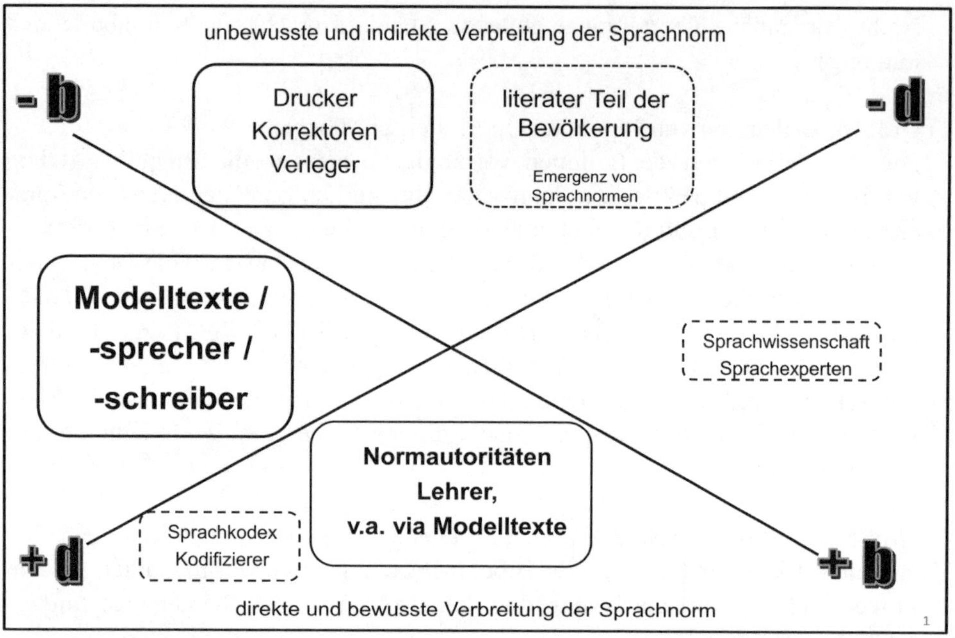

Abb. 2: Sprachnormfaktoren – Anpassung auf die Frühe Neuzeit

Zugang zu gedruckten Texten, aus den Unterschieden im muttersprachlichen Unterricht und insgesamt aus der gänzlich unterschiedlichen Bedeutung, die geschriebene Sprache für die Bevölkerungsmehrheit hatte. Deswegen muss m. E. die Rolle der Bevölkerungsmehrheit bei einer Modellierung des Kräftefeldes im Sprachnormierungsprozess für das 16. bis 18. Jahrhundert deutlich zurückgenommen werden. Man kann m. E. in diesem Zeitraum kaum davon sprechen, dass die Bevölkerungsmehrheit der Sprachsouverän gewesen sei.

2.) Kodextexte: Wie bereits erwähnt, sind die vorfindlichen kodexverdächtigen Texte des 16. bis 18. Jahrhunderts nicht vergleichbar mit den Kodextexten (Grammatiken, Wörterbüchern) der Gegenwart. Sie liegen nicht nur in deutlich geringerer Anzahl vor, sondern sie – wenn man diesen Vergleich benutzen möchte – sind auch von ihrer Marktdurchdringung her kaum vergleichbar mit heutigen Kodextexten. Auch wenn eine umfassende Untersuchung von deutschen Schulgrammatiken aus dem 16. bis 18. Jahrhundert m. W. noch aussteht, darf doch der Annahme eine gewisse Plausibilität zugesprochen werden, dass diese in ihrer sprachnormierenden Bedeutung hinter den immer und immer wieder in den Schulen verwendeten Modelltexten (Bibel, Katechismus, Kirchenlieder) deutlich zurückstehen.

3.) Modelltexte: Modelltexten kommt im Gegensatz zur Gegenwart in der Zeit der Ausbildung der neuhochdeutschen Standardsprache eine ungleich größere Bedeutung zu als heute, wo man sich eher die Frage stellen kann, welche Texte überhaupt noch wirklich als Modelltexte fungieren können. Wie bereits erwähnt, kann davon ausgegangen werden, dass bestimmte Texte, die auf Luther zurückgehen, aber in ihrer konkreten Ausformung nicht unbedingt von Luther stammen müssen (Stichwort: Überarbeitungen, Revisionen, Neuauflagen), hier eine sehr große Rolle spielten. Auf die Bedeutung der Bibeltexte, des kleinen und großen Katechismus, aber auch des evangelischen Kirchenliedgutes wurde in diesem Zusammenhang schon mehrfach hingewiesen.

> Lange blieb die L.-Bibel wichtiges Unterrichtsmittel (neben Katechismus und Gesangbuch), lange war sie als Hausbuch einprägsame Privatlektüre für breiteste Schichten, lange diente sie als Richtschnur für literarisches Schaffen. (Wolf 1980, S. 69)

Mit der auch in der sprachhistorischen Forschung mehrfach festgestellten allmählichen Loslösung von Luther als dominantem Sprachnormvorbild im 18. Jahrhundert war dann auch eine Ausweitung der Modelltexte verbunden: Die besten Autoren werden nun zu Sprachnormvorbildern, und damit wird der Kanon der Modelltexte entsprechend erweitert.

4.) Sprachnormautoritäten: Eine ungleich größere Bedeutung als heute kann den Sprachnormautoritäten, d. h. genauer den Lehrern bzw. auch den Pfarrern als Predigern zugewiesen werden. Gerade wenn der Schulunterricht maßgeblich auf Modelltexte gestützt ist und Kodextexte nicht in dem Maße verbreitet und zugänglich waren wie heute, kann davon ausgegangen werden, dass ihre Autorität in Sprachfragen höher anzusetzen ist. Da sich jedoch die damaligen Sprachnormautoritäten selbst nicht an einem etablierten Sprachkodex orientieren konnten, immerhin ist von mehreren überregional gültigen Schreibsprachen auszugehen (z. B. gemeines Deutsch vs. meißnisches Deutsch), ist auch anzunehmen, dass die Wirkung der Sprachnormautoritäten keineswegs einsträngig in Richtung einer einheitlichen Standardsprache ging. Als einigendes Band sind hier wiederum die Modelltexte zu sehen, an denen sich auch die Sprachnormautoritäten orientierten bzw. orientieren mussten.

5.) Als weiterer sprachnormierender Faktor in der Frühen Neuzeit im Unterschied zur Gegenwart muss selbstverständlich der Bereich Druck/Verlag genannt werden. Die sprachliche Form, die die gedruckten Texte annahmen, war stark beeinflusst von den Druckern und den Korrektoren. Dies ist bereits von Luther bekannt, der diesen Einfluss jeweils kontrollieren wollte und sich über Eigenmächtigkeiten der Drucker ärgerte. Da auch die Drucker und Korrektoren nicht auf weitverbreitete und allseits akzeptierte Kodextexte zurückgreifen konnten, ist davon auszugehen, dass sie sich an dem für sie plausiblen Sprachgebrauch orientierten, d. h. ebenfalls an Modelltexten und/oder an Texten, die bereits gedruckt vorlagen. Dieses Verfahren kann als indirekt und unbewusst sprachnormbildend verstanden werden, da davon ausgegangen werden kann, dass die Drucker nicht als primäres Ziel die Etablierung einer verbindlichen Sprachnorm hatten, sondern einen möglichst überregionalen und großen Absatz.

6.) Schließlich müssen die Sprachexperten bzw. die Sprachwissenschaft erwähnt werden. Deren Einfluss kann für den Zeitraum insofern als gering angesetzt werden, als es erst im 17. Jahrhundert, z. B. im Rahmen der Diskussionen in der Fruchtbringenden Gesellschaft und den damit verbundenen grammatischen Schriften, zu einer nennenswerten wissenschaftlichen Diskussion und Auseinandersetzung mit der deutschen Sprache kam. Der Einfluss der Sprachexperten nahm dann sicherlich zu, er dürfte aber – wie dies heute auch der Fall ist – insgesamt als eher gering veranschlagt werden.

4. Luther als Sprachnormvorbild vom 16. bis 18. Jahrhundert

Mit den im vorigen Kapitel dargestellten Modifikationen des Sprachnormmodells werden zum einen die Unterschiede zur heutigen Situation deutlich, zum anderen wird aber auch klar, weshalb es zugleich richtig und falsch ist, von Luther als Sprachnormvorbild zu sprechen. Seine Texte waren mit Sicherheit Sprachnormvorbild über mehrere Jahrhunderte hinweg. Dies ergibt sich schon allein daraus, dass die relevanten Sprachnormautoritäten (Lehrer) im Schulunterricht immer wieder sowohl auf die Bibel als auch auf den Katechismus oder auf Luthersche Kirchenlieder zurückgegriffen haben bzw. – anders formuliert – zurückgreifen mussten, schlichtweg in Ermangelung verbindlich geltender Kodextexte.

Eine weitere Multiplikatorenfunktion, die m. W. bislang noch nicht umfänglich erforscht worden ist, dürfte den Predigten und Erbauungsschriften Luthers zukommen. In den bekannten „Postillen" Luthers wurden jeweils Musterpredigten gedruckt, die im Gebiet der Reformation weite Verbreitung und damit auch Anwendung durch die Pfarrer fanden; auch dies dürfte zur sprachlichen Stabilisierung und zum Ausgleich beigetragen haben.

Die Lutherbibel war ein faktisches Sprachnormvorbild; verstärkt wurde dieser Effekt sicherlich auch noch durch die große Textstabilität; es wurde am sakrosankten Luthertext im Laufe der Zeit nur vergleichsweise wenig in Sachen Lexik oder Syntax modernisiert/verändert (vgl. Günther 2017, S. 39).[14] Auch Sonderegger (1998,

[14] Günther (2017, S. 39) hebt die Textstabilität dezidiert heraus: „Der Text dieses ‚besten deutschen Buchs' blieb seit der letzten Auflage von 1545, die Luther selbst noch revidiert hatte, über 300 Jahre praktisch unverändert. Luther hatte seine Bibelübersetzung zu Lebzeiten ständig korrigiert und verändert. Nach seinem Tode aber wurde Luthers Wortlaut für die evangelischen Christen so sakrosankt wie für die katholischen die Vulgata. Dazu kam in der ersten Hälfte des 18. Jahrhunderts ein eher technischer Faktor. Der Freiherr von Canstein gründete zusammen mit August Hermann Francke in Halle 1710 eine Bibeldruckanstalt mit der neuen Technik des Stehsatzes. […] Die Technik des Steh-

S. 239), der die Geschichte der Bibelübersetzungen vor und nach Luther detailliert beschreibt, kommt zu dem Schluss, dass die lexikalische Stabilität der Lutherbibel maßgeblich dazu beigetragen hat, dass Texte des 16. Jahrhunderts auch heute noch vergleichsweise gut verstehbar sind.[15]

Hinzu kommt, dass auch die ersten Ansätze zur Kodifizierung der deutschen Sprache in Grammatiken und Wörterbüchern wie selbstverständlich auf Luther zurückgegriffen haben. Dirk Josten sammelt in seiner Studie insgesamt 76 Hinweise auf die Vorbildfunktion der Luthertexte, womit Luther respektive seine Texte für das 16. und 17. Jahrhundert mit Abstand zum wichtigsten Orientierungspunkt in Sachen Sprachnorm werden:[16]

> Mit 76 Hinweisen auf ihre normative Relevanz steht das Vorbild der Luthersprache an der Spitze aller Normthesen. Schon zu Lebzeiten des Reformators finden sich Hinweise auf seine qualifizierte Sprache. Nicht nur im ostmitteldeutschen Raum und bei den Protestanten werden die Äußerungen zu Luthers Sprachvorbild im Laufe des 16. und 17. Jahrhunderts immer zahlreicher. Selbst bei den Katholiken gibt es Hinweise auf die ‚süße', ‚zierliche' und ‚verführerische' Sprache des ‚ketzerischen Mönchs'. (Josten 1976, S. 104)

Dazu nur zwei prominente Beispiele, eines zu Lebzeiten Luthers und eines aus der für das 16. Jahrhundert wichtigsten Grammatik der deutschen Sprache (Clajus):

Schon zu Luthers Lebzeiten findet sich z. B. bei Fabian Frangk[17] ein Hinweis auf die Vorbildlichkeit der Luthertexte. Fabian Frangk (1531/1979) schreibt dazu in seiner „Orthographia Deutsch":

> Wer aber sölche missbreuch meidenn / vnd rechtförmig deutsch schreiben / odder reden will / der mus deutscher sprachen auff eins lannds art vnd brauch allenthalben /

satzes forderte jedoch ihren Tribut: Größere Veränderungen des Textes waren nicht ohne große Kosten möglich. Auch wenn die Drucktechniken sich später weiter entwickelten, blieb Luthers Bibel bis zur zweiten Hälfte des 19. Jahrhunderts im Wortlaut nahezu unverändert, es wurden lediglich einige altertümliche Wörter und syntaktische Fügungen dem neueren Sprachgebrauch angepasst."

15 Sonderegger (1998, S. 239): „Jedenfalls ist die vergleichsweise langandauernde, relativ gute historische Verstehbarkeit der dt. Sprache vom 16. Jh. bis zur Gegenwart der Nachwirkung und lexikalischen Ausstrahlung der Lutherbibel zuzuschreiben […]." Sonderegger (ebd., S. 242): „[…] jedenfalls ist es selbst im 20. Jh. noch möglich, Luthers Sprachform fast Wort für Wort, wenn auch nicht mehr Form für Form, in gehobener Gegenwartssprache nachzubilden, während man dies von der vorlutherischen Sprache keineswegs sagen kann."

16 Vgl. zu expliziten Verweisen von Grammatikern auf Luther als Vorbild in der Zeit vom 16.–19. Jahrhundert Sonderegger (1998, S. 240–242).

17 Vgl. dazu Debus (2014, S. 434); Bergmann (1984, S. 173); Besch (1984/1996, S. 254); Bentzinger/Kettmann (1983/1996, S. 202 f.); von Polenz (1990/1996, S. 230); Wolf (1980, S. 32); Jellinek (1913, S. 45 f.); Josten (1976, S. 105 f.).

nicht nachuolgen. Nützlich vnd gut ists einem jdlichen / vieler Landsprachen mit jren missbreuchen zewissen / damit man das vnrecht mög meiden / Aber das fürnemlichst / so zu dieser sach förderlich vnd dienstlich / ist / das man gutter Exemplar warnehme / das ist / gutter deutscher bücher vnd verbriefungen / schriefftlich oder im druck verfast vnd ausgangen / die mit vleisse lese / vnd jnen in dem das anzunehmen vnd recht ist / nachuolge.
Unnder welchen mir ettwan / des tewern (hochlöblicher gedechtnus) Keiser Maximilians Cantzlej / vnd dieser zeit / D. Luthers schreiben / neben des Johann Schönnsbergers von Augsburg druck / die emendirtsten vnd reinsten zuhannden komen sein / Besonnder / wenn sie mit vleiss ingrossirt / vbersehen und Corrigirt befunden werden / Darzu / aus jren Cantzleyen odder wercksteten / Erstlich new ausganngen / Von anndern vnvleissigen vnnd vnuerstenndigen nicht annderwert vmbgeschrieben odder nach gedruckt sein. Damit aber / wil ich niemands (der es villeicht so gutt / odder auch besser denn die obuermeldten wieste zemachen odder gemacht hett / (drumb das er mir vnbekannt) veracht haben / noch zunahen komen sein. (Frangk 1531/1979, S. A iij)

Am bekanntesten dürfte der Hinweis von Johannes Clajus[18] in seiner „Grammatica Germanicæ Linguæ" von 1578 sein. Im Vorwort zu seiner Grammatik legt er seinen Bezug auf Luther, der einem Bekenntnis gleichkommt, offen. Luther war für Clajus nicht nur in sprachlicher Hinsicht ein Vorbild, aus Luther spricht der Heilige Geist selbst.

Außer der Kenntnis der göttlichen, unser Heil betreffenden Dinge, welche in Luthers Büchern so klar und vollkommen wie nur möglich erklärt werden, kann man aus eben diesen Büchern auch eine vollkommene und vollständige Kenntnis der deutschen Sprache gewinnen, nützlich und notwendig sowohl für unsere eigenen Landsleute als auch für die fremden Nationen. Diese Sprache habe ich mit grammatischen Regeln in diesem Buch dargestellt, mit Regeln, welche ich gewonnen habe aus der Bibel und den anderen Schriften Luthers. Ich halte seine Bücher nicht für die Schriften eines Menschen, sondern des Heiligen Geistes selbst, der hier durch den Mund eines Menschen gesprochen hat. Und ich bin der festen Meinung, daß der Heilige Geist, der durch Moses und die übrigen Propheten in reinem Hebräisch, durch die Apostel Griechisch gesprochen hat, auch in guter deutscher Sprache gesprochen hat durch Luther, den er dazu als sein Werkzeug auserwählt hat. Wenn dem nicht so wäre, dann hätte es nicht geschehen können, daß ein einziger Mensch so rein, so tref-

18 Jellinek (1913, S. 75–79); Gelhaus (1989, S. 191); Debus (2014, S. 434); Bergmann (1984, S. 174 f.); Josten (1976, S. 107 f.); Kluge (1904/05/1996, S. 51). Wolf (1980, S. 74) fasst die Vorbildfunktion prägnant zusammen: „Wenn auch von der zweiten Auflage an der Name des Reformators nicht mehr im Titel erscheint, bleibt dessen Sprache – im Zusammenwirken mit der ostmdt. Schreibe – doch für *Clajus* absolute Autorität, was die bis zur fünften Auflage beigefügte ‚Widmungsschrift' betont. Der Verfasser geht vornehmlich vom Sprachstand der 1545 erschienenen L.-Bibel aus, schematisiert vorgefundene Schwankungen teils schlechthin zugunsten des Überwiegenden, teils zwischen Normalform und Varianten differenzierend."

> fend, so fein auf Deutsch spräche ohne irgendeine Anleitung und Hilfe, zumal da unsere deutsche Sprache immer für sehr schwer gehalten worden ist und nicht geeignet, mit grammatischen Regeln eingefangen zu werden. Daß dies falsch ist, werden die erkennen, welche diese kurzen Lehren, von uns verfaßt in größtmöglicher Anlehnung an die lateinische Grammatik, zur Kenntnis genommen haben. (Übersetzung von Gelhaus 1989, S. 191)[19]

Im 16. und 17. Jahrhundert sind dann solche Bezüge auf Luther zahlreich[20], z. B. bei Gueintz, Schottelius, Harsdörffer[21] oder Bödiker.

Christian Gueintz (1641/1978 „Deutscher Sprachlehre Entwurf“) sieht Luther als Epochengrenze:

> Die Scribenten daraus die Deutsche sprache zu erforschen und zu lernen / sind entweder Alte oder Neüe.
> Alte Scribenten sind die vor Luthero gelebt [...]. (Gueintz 1641/1978, S. 4)

> Neüe Scribenten in der Deutschen sprache sind die zur zeit Lutheri gewesen / und hernach gelebet / und geschrieben haben. Als Lutherus / unter dessen schriften in seiner Bibel das beste Deutsch zu finden / so noch zur zeit in dergleichen verdolmetschung ausgegangen. Dazu Paracelsus, Reichsabschiede Teürdanck. (Gueintz 1641/1978, S. 6)

19 Der lateinische Text lautet: „Quòd videlicet præter cognitionem rerum Sacrarum et ad salutem nostram pertinentium, quæ in libris Lutheri planissimè et plenissimè explicantur, disci potest ex ijsdem libris etiam perfecta et absoluta linguæ Germanicæ cognitio, tàm indigenis quàm exteris nationibus vtilis et necessaria. Quam quidem ego Grammticis regulis hoc libro complexus sú, ex Biblijs aliisque [Praefatio A4 –M.H.] scriptis Lutheri collectis, cuius ego libros non tàm hominis, quàm Spiritus Sancti per hominem locuti agnosco, et planè in hac sum sententia Spiritum Sanctum, qui per Mosen caetherosq; Prophetas purè Ebraice, et per Apostolos Graecè locutus est, etiam benè Germanicè locutum esse per electum suum organon Lutherum. Absq; hoc enim esset, fieri non potuisset, et unus homo tàm purè, tàm propriè, tàm eleganter Germanicè loqueretur, sine cuiusquam ductu et adminiculo, cum praesertim lingua nostra Germanica habita sit semper difficilima, et nullis Grammaticorum regulis comprehendenda. Quod falsum esse cognoscent, qui has breues nostras præceptiunculas, ad methodum Latinæ Grammatices, quoad eius fieri potuit, accommodatas perlegerint [...]“ (Clajus 1578/1894, Bl.)(4[r] f.).

20 Vgl. z. B. Josten (1976, S. 104–126); Wolf (1980, S. 74–89); Bergmann (1982, 1984); Besch (1999); Stolt (1989/1996; 2000, S. 32 f.); Sonderegger (1998, S. 240–242).

21 Harsdörffer verweist im „Specimen Philologiae Germanicae“ von 1646 an 15 verschiedenen Stellen auf Luther. Wichtig ist ihm dabei, dass er Luther nicht als Vorbild/Instanz in Sachen Sprachsystem/Grammatik/Orthographie sehen möchte (Varro), sondern dass er ihn als rhetorisch-praktischen Förderer der deutschen Sprache (Cicero) anerkennt („*Cicero* fuit *B. Lutherus* et Eloquentie Germanicae Parens, non Varro, Grammaticus vel Criticus“) (vgl. Harsdörffer 1646, S. 211). Luther ringt – wie die Spracharbeiter im Umkreis um Harsdörffer selbst – um die deutsche Sprache, z. B. in seiner Übersetzungstätigkeit (vgl. ebd., S. 97 f.).

Justus Georg Schottelius (1663/1995 „Ausführliche Arbeit von der Teutschen HaubtSprache") lässt mit Luther ebenfalls eine neue Sprachepoche beginnen, die letzte vor seiner eigenen Gegenwart (5. Denkzeit):

> Die vierdte Denkzeit wird mit Herrn *Luthero* einfallen / der zugleich alle Lieblichkeit Zier / Ungestüm und bewegenden Donner in die Teutsche Sprach gepflantzet / die rauhe Bürde in vielen jhr abgenommen / und den Teutschen gezeiget / was jhre Sprache / wenn sie wolten / vermögen könte: Und dieses Zeugniß ist *Luthero* von denen die jhm geneigt und sonst ungeneigt gewesen / gegeben / muß jhm auch noch jtzo von jederman / er hasse oder liebe jhn / in diesem Stücke / nemlich in Vorzeigung der Teutschen Sprache beygemässen werden [...]. (Schottelius 1663/1995, S. 49)

Johannes Bödiker (1690 „Grundsäze der Teutschen Sprache"):

> Es ist kein besser Buch, das die Teutschen haben, als die heilige teutsche Bibel aus der Uebersetzung des Mannes Gottes, Luthers. (Bödiker 1746/1977, S. 113 f.)[22]

Dabei fällt jedoch auf, dass die Verweise mit zunehmendem zeitlichem Abstand von Luther mehr und mehr nur noch Luther als vermeintliche oder tatsächliche Sprachnormautorität ins Feld führen, die konkreten Einzelbelege jedoch ausbleiben. D. h. es findet eine zunehmende Entkoppelung von den Luthertexten selbst statt: Man konnte sich in genereller Weise auf Luther berufen, ohne tatsächlich seine eigenen Texte aus der Zeit bis 1546 zu meinen. Die Berufung auf Luther wird zum Platzhalter: Man beruft sich auf die Modelltexte, die selbst wiederum einem Veränderungs- und Aktualisierungsprozess durch Verleger, Drucker, Korrektoren unterworfen waren. So konnte einerseits Stabilität in der Sprachnormenfrage gewährleistet werden, war doch Luther sowohl inhaltlich (Bibelübersetzung etc.) sakrosankt als auch von der Textverbreitung her unangreifbar (keine anderen Texte verfügten über eine solche Marktdurchdringung wie seine Bibel, sein großer und kleiner Katechismus und die Kirchenlieder). Andererseits erlaubte dieser entkoppelte Bezug auf Luther es auch, die tatsächliche Gestaltung der Sprachnormen und hier v. a. die orthographischen und morphologischen Normen jeweils immer wieder stillschweigend den neuen Gegebenheiten der Zeit anzupassen, ohne dies als Bruch mit der Tradition erscheinen zu lassen. Man konnte sich ja immer auf Luther beziehen!

Somit könnte man – in etwas überspitzter Form – sagen: Die Rolle, die heute Kodextexte wie der Duden (Orthographie, Grammatik) einnehmen, oblag vom 16. bis 18. Jahrhundert über weite Strecken den Verlegern, Druckern und Korrektoren. Sie konnten über allmähliche Textveränderungen und -anpassungen kanonischer Texte die Gestaltung der Sprachnorm in ähnlich stillschweigender Weise steuern wie der Duden (vor der Orthographiereform). Die Dudengrammatik versteht sich ja als deskriptive Grammatik, die die jeweils aktuellen Veränderungen im Sprachge-

22 Die erste Auflage der Grammatik stammt von 1690. Zitiert wird hier nach der Ausgabe Bödiker-Frisch, vermehret von Johann Jacob Wippel.

brauch dokumentiert. Bis zur Orthographiereform war dies auch das Anliegen des Duden für die Orthographie (und wird es wohl in Zukunft auch wieder verstärkt werden). Diese deskriptive Intention wird bekanntlich von den Rezipienten nicht in gleicher Weise verstanden. Die deskriptiv gemeinten Texte werden als präskriptiv normierend verstanden.

Einschränkend zu diesem Vergleich müssen allerdings zwei Punkte festgehalten werden.

1.) Die Luthertexte wurden nicht auf allen sprachsystematischen Ebenen gleichermaßen allmählich dem sich stets verändernden Sprachusus angepasst. Nur in den Bereichen Graphematik/Interpunktion und Morphologie fanden stärkere Anpassungen statt.[23] Die Bereiche Lexik und Syntax sind dagegen sehr stabil (s. auch die nachfolgende kleine Studie zu 10 Bibelausgaben nach der Ausgabe von 1546).

2.) Die Lutherbibel selbst war nicht ein Text wie jeder andere. Dieser Text erhielt schnell selbst den Status eines sakrosankten Textes, der offenkundig nur in den Bereichen angepasst werden durfte, die für die Drucker/Verleger weniger relevant schienen (Orthographie, Morphologie).

Dies führte bereits Lemmer (1988/1996) aus:

> Angesichts der verbreiteten Erkenntnis, daß Luthers Bibelwortschatz Verständnisschwierigkeiten bereitete, wäre es das Einfachste gewesen, die unverständlichen Wörter durch zeitgemäße zu ersetzen. Aber Luthers Bibeltext war nicht irgendein Text. Was der Reformator gesagt und geschrieben hatte, stand für die Zeit unverbrüchlich fest, hatte gleichsam kanonische Geltung und sollte in der von Luther geprägten Form tradiert werden.
>
> Wohl gab es seit dem Anfang des 17. Jahrhunderts in den Bibeldrucken eine kontinuierliche Abweichung von Luthers Sprachstand und eine vorsichtige Anpassung an den der jeweiligen Zeit, wie es etwa – um nur zwei Beispiele zu nennen – Jakob Weller für die Lüneburger Bibel (1663) oder Johann Pretten für die Schleusinger (1684) praktiziert haben. Das berührte jedoch nur die Orthographie und den Laut- und Formenbestand, und gegen ein solches Verfahren hegte wohl selbst die Wittenberger Theologenkommission, die in landesherrlichem Auftrag seit dem beginnenden 17. Jahrhundert die Wittenberger Bibeldrucke zu überwachen hatte, keine Bedenken. (Lemmer 1988/1996, S. 273 f.)

Zur Verständnissicherung wurden den jeweiligen Neuausgaben daher Glossare beigegeben:

> Meist aber verfuhr man so, daß selbständige Glossare oder Wörterbücher zur Lutherbibel verfaßt wurden – zeitgenössische Gegenstücke zu den Glossaren, die in den 20er und 30er Jahren des 16. Jahrhunderts von oberdeutschen Druckern herausgebracht worden sind.

[23] Das gilt auch bereits für die frühen Nachdrucker, vgl. dazu z. B. Haas (2008) und für die Zeit nach Luther ohnehin vgl. Besch (2000, S. 1734 f.).

> Ging es damals um Überbrückung landschaftlicher Sprachunterschiede, vor allem um die Erläuterung ostmitteldeutscher Lexik Luthers für süd(west)deutsche Leser, so jetzt um Verstehenshilfen im Blick auf veraltete oder veraltende Lutherwörter. (Ebd., S. 276)

Dennoch können auch für den Bereich der Lexik vorsichtige Anpassungen festgestellt werden (vgl. ebd., S. 273 f.). Spätestens ab dem Ende des 17. Jahrhunderts kann man daher auch hier feststellen, dass sich der Bibeltext veränderte, d. h. an den zeitgenössischen Gebrauch angepasst wurde. Das geht dann einher mit dem entkoppelten Bezug auf Luther als Sprachnormvorbild. Dazu Lemmer:

> Dies [allmähliche Anpassung der Bibeltexte an den zeitgenössischen Sprachgebrauch – M.H.] fände eine Parallele im Verhalten von Grammatikern und Poetikern dieser Sprachperiode, die zwar Luthers Sprache als vorbildhaft loben, in praxi jedoch ganz anderen Vorbildern folgen, nämlich den besten Schriftstellern der Nation. Denen wird Luther natürlich auch zugezählt, aber für die Breite literatursprachlicher Kommunikation der frühen Neuzeit verlor seine Bibelsprache offenbar in zunehmendem Maße an Gewicht für die Herausbildung einer literatursprachlichen Norm des Deutschen. (Ebd., S. 289)

Man kann also festhalten: Auch wenn sicherlich unstrittig ist, dass der Luthersche Bibeltext (in der Fassung der Ausgabe letzter Hand) für sehr lange Zeit als sakrosankter Text in Lexik und Syntax nur sehr wenig modernisiert wurde, d. h. dass sich diese Bereiche der Texte einer Anpassung an den jeweiligen zeitgenössischen Sprachgebrauch eher sperrten, gilt eben andererseits auch: In der Orthographie deutlich und in der Lexik maßvoll wurden die Bibeltexte angepasst (vgl. Besch 1999, S. 33; Bergmann 1984, S. 180).

Beide Maßnahmen zeigen, dass es sich beim Verweis auf Luther als Sprachnormvorbild im Laufe der Zeit mehr und mehr um einen stereotypischen Hinweis auf eine allseits anerkannte Sprachnormautorität handelte, bei der man nicht in jedem Einzelfall tatsächlich prüfen musste, ob das Vorbild dem entsprach, was für die Sprachnorm der jeweiligen Zeit relevant war.

Insofern kann – wenn man diese Hypothese akzeptieren möchte – auch die Einschätzung von Stefan Sonderegger zur Lutherbibel ergänzt werden. Sonderegger schreibt die Tatsache, dass die deutsche Sprache vom 16. Jahrhundert bis zur Gegenwart vergleichsweise gut verständlich geblieben ist, der Textstabilität der Lutherbibel und letztlich der Leistung Luthers als Schriftsteller zu:

> […] jedenfalls ist es selbst im 20. Jh. noch möglich, Luthers Sprachform fast Wort für Wort, wenn auch nicht mehr Form für Form, in gehobener Gegenwartssprache nachzubilden, während man dies von der vorlutherischen Sprache keineswegs sagen kann. Dies beruht wesentlich auf Luthers Leistung als Schriftsteller, der stark der mündlichen Tradition von gesprochenem Wort und packendem Dialog verpflichtet bleibt und nicht dem latinisierenden Stil vieler Humanisten folgte. (Sonderegger 1998, S. 242)

Dem ist dann hinzuzufügen, dass diese Wirkung letztlich nur dadurch erzielt werden konnte, dass der Luthertext (in den vielen, immer wieder vorsichtig modernisierten Neuauflagen) kontinuierlich rezipiert und somit Luther, genauer seine Bibelübersetzung, zum Modelltext über mehrere Jahrhunderte erhoben wurde. Die schriftstellerische Leistung allein hätte dazu wohl nicht genügt.[24]

Eine ähnliche Funktion wie beim heutigen Duden (deskriptiv gemeint, aber präskriptiv rezipiert) könnte man nun bei Druckern, Korrektoren, Verlegern von maßgeblichen Modelltexten wie den jeweils neu aufgelegten Bibelübersetzungen vermuten. Diese hatten sicherlich nicht die Absicht, die deutsche Sprache normieren zu wollen, sondern eine jeweils optimale, dem in der Zeit üblichen Gebrauch angepasste (und damit nicht nur optimal verständliche, sondern auch gut verkäufliche) Textgrundlage zu bieten. Dadurch jedoch, dass sie hier Texte modernisierten, die als Modelltexte in den Schulen dienten, veränderten sie auch die jeweils geltenden bzw. durch Sprachnormautoritäten vermittelten Normen.

5. Ist Luther als Sprachnormvorbild ein Mythos?

Ja und nein: Nicht die Person, sondern seine jeweils aktualisierten Texte wirkten als Sprachnormvorbilder: hier v. a. Bibel, kleiner und großer Katechismus und Kirchenlieder. Die beschriebene Entkoppelung des Bezugs auf Luther in Sachen Sprachnorm lässt sich auch durch eine kleine exemplarische Untersuchung bestätigen. Verglichen wurden 10 Bibelausgaben nach 1545 mit der Ausgabe letzter Hand (1545).[25]

24 In diese Richtung geht auch die Argumentation von Besch (2000, S. 1740): „Der Lutherbibel verdankt das große und dialektal extrem untergliederte dt. Sprachgebiet letztlich die Einheit der Schriftsprache. Kein anderer Text hätte dies bewirken können. Kein anderer Text hat zudem mit seiner Sprache so intensiv auf die Literatur eingewirkt wie Luthers Bibeldeutsch. Dies bezeugen Dichter und Denker unserer Geistesgeschichte in vielen Äußerungen. Das ist das große Erbe bis heute.“

25 Folgende Ausgaben gingen in den Vergleich ein:
1. (1545) Biblia: das ist: | | Die gantze Heilige | | Schrifft: Deudsch | | Auffs new zugericht. | | D. Mart. Luth. | | Begnadet mit | | Kurfürstlicher zu Sachsen Freiheit. | | Gedruckt zu Wittemberg | | Durch Hanns Lufft | | M.D.XLV. (= Ausgabe letzter Hand)
2. (1562) Biblia | | das ist: Die gantze | | heilige Schrifft: | | Deudsch. | | D. Mart. Luth. | | Wittemberg. | | Gedruckt durch Hans Lufft. | | 1562.
3. (1585) Das Neuw | | Testament | | Teutsch/ | | D. Mart. Luther. | | Auß sonderlichem fleiß | | auffs neuw mit schœnen Fi= | | guren/ Argumenten oder jñ= | | halt eines jeden Capitels/ | | sampt einem Register vber | | alle Sontags Euangelia vnd | | Episteln/ gezieret vnd | | zugericht. | | M D LXXXV. | | Franckfurt.
4. (1599) Biblia | | Das ist/ | | Die gantze Heili= | | ge Schrifft/ Deudsch. | | D. Mart. Luther. | | Cum Gratia & Privilegio | | Gedruckt durch Lorentz Seuberlich. | | Wittemberg. | | Anno Dñi 1599.

Als Textgrundlage dienten die ersten 26 Verse aus dem 5. Kapitel des Matthäusevangeliums (Bergpredigt). Dieser vergleichsweise kurze Text besteht aus 535 Wörtern (2570 Zeichen); damit ist die Vergleichsbasis insgesamt ca. 5885 Wörter (gesamt: 28.671 Zeichen).

Dabei handelt es sich sicherlich um einen Kerntext, für den in besonderem Maße gelten dürfte, dass er nicht leicht verändert werden konnte. Wenn aber auch in solchen Kerntexten moderate bis größere Veränderungen vorgenommen worden sind, d. h. wenn in den jeweils neueren Bibelausgaben Anpassungen an den zeitüblichen Sprachusus vollzogen wurden, dann kann angenommen werden, dass diese Anpassungsprozesse in vermutlich noch größerem Maße auch in anderen Textteilen der Bibel zu finden sind.

Verglichen wurden die 10 Bibelausgaben im Hinblick auf die Graphematik (hier: Groß-/Kleinschreibung, Wortschreibung, Getrennt- und Zusammenschreibung), die Interpunktion (Virgel, Komma, Punkt, Doppelpunkt, Fragezeichen), die Morpholo-

5. (1607) Biblia: Das ist/ Die gantze Heilige Schrifft/ Deudsch. D. M. Luth.: Itzt von newen/ nach dem letzten/ Von D. Luthero uberlesenem Exemplare/ mit vleiß corrigirt/ Neben den Summarien Viti Dietrichs/ uber jede Capitel/ nützliche Zeit/ Historien/ und Lehr Register etc. Wittemberg/ In verlegung Zachariae Schürers/ Und seiner Consorten. Anno 1607. – Im Kolophon: Wittemberg/ Gedruckt durch Wolffgang Meißner/ Jm Jahr/ Anno 1607. 6.
6. (1664) Das Neue | | Testament | | Unsers HErrn Jesu | | Christi/ | | Verdeutschet durch | | D. Mart. Luther. | | Mit churfürstl. Sächs. Durchl. Befreyung. | | Wittenberg/ | | In Verlegung Balthasar=Christoph Wusts/ | | Druckers und Buchhändlers in Franckfurt | | M. DC. LXIV.
7. (1672) BIBLIA, | | Das ist: | | DIe gantze H. Schrifft | | Alten und Newen Testaments/ | | Deutsch/ | | D. MARTIN LUTHER. | | [...] Lüneburg/ | | Gedruckt und verlegt durch die Sterne. | | Im Jahr Christi/ M DC LXXII [Verleger/Drucker: Heinrich Stern Erben].
8. (1690) BIBLIA, | | Das ist: | | Die ganzte Schrifft, | | Altes und Neues Testaments/ | | Teutsch/ | | Herrn Doctor Martin Luthers S. | | mit den Summarien Herrn Johann Sauberti S.[...] Samt einer Vorrede | | Herrn | | Johann Michael Dilherrns. | | Mit Chur=Fürstlichem Sächsischem Privilegio. | | Nürnberg | | In Verlegung Johann Andreä Endters Seel. Söhne. | | M DC XC.
9. (1716) BIBLIA, | | Das ist, | | Die gantze | | Heilige Schrifft | | Alten und Neuen Testaments, | | Teutsch übersetzet von | | D. Martin Luther, | | [...] Dreßden und Leipzig, | | Gedruckt und verlegt von Andreas Zeidlern, | | Anno 1716.
10. (1770) BIBLIA, | | Das ist: | | Die ganze | | H. Schrift | | Altes und Neues | | Testaments, | | Nach der teutschen Uebersetzung | | D. Martin Luthers; | | Mit eines ieden Capitels kurzen Summarien, | | auch beygefügten vielen aufs neue berichtigten | | Parallelen; | | Nebst der Vorrede | | des sel. Herrn Consistorialraths | | D. Gotthilf August Francken. | | Andere Auflage. | | Halle, zu finden im Waysenhause. 1770.
11. (1912) Die Bibel | | oder | | die ganze Heilige Schrift | | des Alten und Neuen Testaments | | Revidierte Fassung | | der deutschen Übersetzung | | Martin Luthers | |.

gie (hier war lediglich die Flexionsmorphologie in den Beispieltexten relevant), die Syntax und die Lexik.

Die Ergebnisse dieses Vergleichs sind eindeutig (vgl. Abb. 3). In der Graphematik und der Interpunktion finden sich bereits in den ersten Ausgaben nach 1545 zahlreiche Änderungen. Weniger geändert wurde im Bereich der Morphologie. Als gänzlich stabil – bezogen auf dieses Textbeispiel – können die Bereiche Syntax und Lexik angesehen werden. Dieser Befund gilt für den gesamten Untersuchungszeitraum (bis 1770).[26]

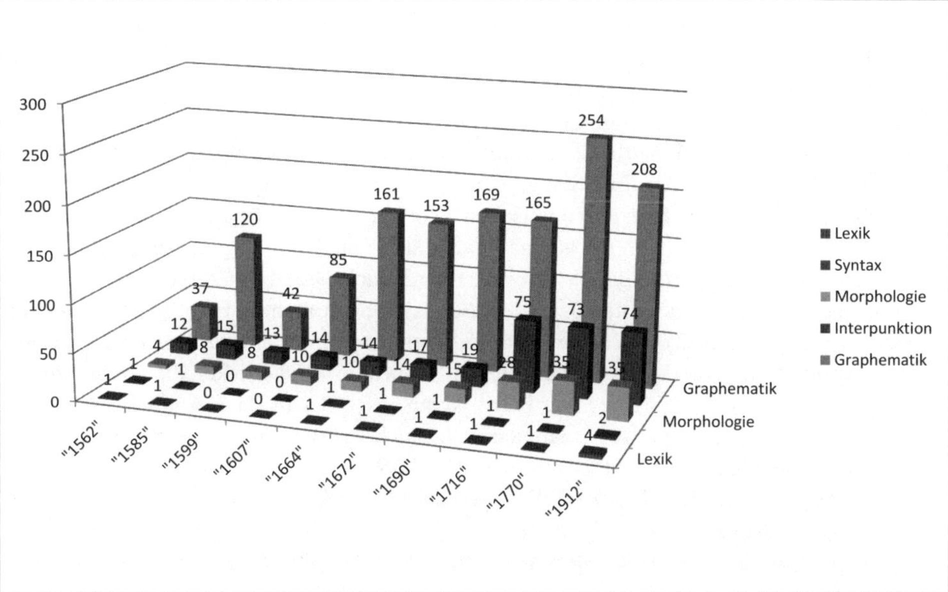

Abb. 3: Vergleich von 10 Lutherbibeln (1562–1912) mit der Ausgabe letzter Hand

Mit Blick auf die oben genannten acht Teilnormen von der Aussprache bis zu den Stilnormen kann aus der kleinen exemplarischen Untersuchung ein vorsichtiger Schluss gezogen werden. Offenkundig waren die Luthertexte in Bezug auf die orthographische Norm jeweils den zeitgenössischen Veränderungen unterworfen. Gleiches gilt – wenn auch in geringerem Maße – für die Flexionsnormen. Diese beiden Bereiche lagen offenkundig für diejenigen, die jeweils neue Ausgaben der Lutherbibel druckten, verlegten, korrigierten unterhalb der Wahrnehmungsschwelle, d. h. die Anpassung des eigentlich sakrosankten Luthertextes in diesen Bereichen war unproblematisch.

[26] Die Ausgabe von 1912 wurde lediglich als Referenzausgabe herangezogen. Aber auch dort zeigt sich dieselbe Tendenz wie in den Ausgaben zwischen 1564 und 1770.

Bestätigt wird diese Auffassung auch durch andere Studien, die Veränderungen in den Lutherbibeldrucken vor[27] und nach[28] 1545 in den Blick genommen haben: So zeigt z. B. die Studie von Meiß (1993), der eine sehr detaillierte Untersuchung zu den graphematischen Unterschieden zwischen den Wittenberger und den Frankfurter Lutherbibelausgaben im 16. Jahrhundert vorgelegt hat,[29] dass orthographische Veränderungen auch in dieser Zeit kein Problem darstellten.[30]

[27] Vgl. z. B. Simmler (2008), Tummuseit (2009) oder Haas (2008). Eine beispielhafte Studie zu den Veränderungen in den Drucken zwischen 1522 (Septembertestament) und 1561 ist die Studie von Haas (2008), der 17 Nachdrucke mit dem Septembertestament vergleicht und ebenfalls zu dem Schluss kommt, dass Veränderungen auf der bloßen Ausdrucksseite von Anfang an unproblematisch waren, nicht jedoch Veränderungen, die von den Druckern als inhaltliche Änderungen wahrgenommen wurden: „‚Verwandelbar' ist also alles, was die Ausdrucksebene betrifft, prinzipiell unantastbar ist alles, was die Zeichenebene betrifft. Die grammatischen Morpheme nehmen eine Zwischenstellung ein: Offenbar aufgrund ihrer Systematizität dürfen auch sie gegebenenfalls verändert werden. In Bezug auf das Inhaltliche war die Sprache des Luthertextes für Petri also durchaus Leitvarietät; aber der Begriff bezieht sich dann nicht auf ein Sprachsystem als Ganzes." (Ebd., S. 122). „Der Treue auf der Zeichenebene steht ein freier Umgang mit der Ausdrucksseite gegenüber. Dabei legten nicht alle Nachdrucker die Treue auf der Zeichenebene gleich rigide aus wie Petri [Adam Petri, der in Basel 1522 das NT nachdruckte – M.H.]. Die meisten erlaubten sich, auch Wörter zu *verwandlen* (statt sie in Glossaren oder Marginalien zu *erläutern*)." (Ebd., S. 123).

[28] Vgl. z. B. Prell (1990); Meiß (1993); Wells (1993); Simmler (2011, 2012a, 2012b); Tummuseit (2011).

[29] Verglichen wurden Ausgaben, die zwischen 1545 (Ausgabe letzter Hand) und 1570 erschienen sind.

[30] Meiß analysiert sowohl die Streitschrift von Walther (dem Korrektor in der Lufft-Offizin) und die Gegenstreitschrift aus Frankfurt als auch verschiedene Bibeln aus Wittenberg und Frankfurt.

„Der Rückgang der Wittenberger Buchproduktion und ihre Zunahme in Frankfurt spiegeln sich auch im Streit um die Lutherbibel wider […]. Wittenberg geht in eine Phase der Traditionalität und Orthodoxie über, das Vermächtnis Luthers gilt als scheinbar unveränderbar, obwohl gerade Luthers Schaffen eine ungeheuere Dynamik kennzeichnet, die immer wieder optimierende Wandlungen angestrebt hatte […]. Nach Luthers Tod nähern sich einerseits Wittenberger Theologen wie Melanchthon Lehranschauungen Calvins an, konservative Lutheraner reagieren andererseits immer skeptischer auf kleinste Veränderungen im Textbestand von Luthers Bibelübersetzung und anderer seiner Werke, auch wenn diese in Wahrheit auf den Reformator selbst zurückgehen […]." (Meiß 1993, S. 171 f.).

„Walther [Korrektor in der Lufft-Offizin – M.H.] wird nicht müde, die Autorität der Wittenberger Graphematik, die auf Luther und Cruciger zurückgehen soll, zu propagieren. Es geht ihm sowohl um feste Schreibweisen einzelner Wörter als auch um das Vermeiden „unnötiger" Buchstabenhäufungen; er fordert nicht nur wortgetreuen, sondern auch buchstabengetreuen Nachdruck der Bibel." (Ebd., S. 172).

Die auch in der hier vorgestellten kleinen Vergleichsstudie festzustellende Stabilität in den Bereichen Lexik und Syntax – immerhin über einen Zeitraum von mehr als 200 Jahren – spricht einerseits dafür, dass hier die Lutherschen Texte durchaus eine große Rolle als Sprachnormvorbild für lexikalische und syntaktische Normen spielten, aber auch dafür, dass sich mit zunehmendem zeitlichem Abstand die Sprache der Lutherbibel in stilistischer Hinsicht mehr und mehr vom tatsächlichen Sprachgebrauch entkoppelte und so zu einem mehr und mehr als bibelspezifisch empfundenen altertümlichen Stil der Lutherbibel wurde.

Geht man davon aus, dass die Lutherbibel als DER Schultext im 16. bis 18. Jahrhundert dominant war, kann man dann auch davon ausgehen, dass die normierende Kraft der Lutherbibel (Syntax, Wortschatz) ungebrochen und nahezu unverändert blieb. Das passt auch mit dem Diktum von Sonderegger zusammen, der diesen Umstand dafür verantwortlich macht, dass Texte aus der ersten Hälfte des 16. Jahrhunderts auch heute noch weitgehend verständlich sind.

6. Die Wirkmächtigkeit der Luthertexte

Die „Wirkmächtigkeit“ (Besch 1999) der Lutherschen Modelltexte (Bibel, Katechismus, Kirchenlied) dürfte unstrittig sein. Ihr permanenter und dominanter Einsatz im muttersprachlichen Unterricht belegt dies hinreichend.

Die Frage ist jedoch, wie man diesen Befund mit der Ausbildung der Teilnormen der neuhochdeutschen Standardsprache verbinden kann.

Bezogen auf die oben erwähnten Teilnormen der deutschen Sprache kann – natürlich mit aller gebotenen Vorsicht – die These gewagt werden, dass Luther in seinem Bibeltext doch etwas mehr war als der „Katalysator“ (Besch) bei der Ausbildung der neuhochdeutschen Standardsprache. In den orthographischen Teilnormen (Graphie, Getrennt- und Zusammenschreibung, Interpunktion) wurden die neuen Bibelausgaben laufend angepasst. Gleiches gilt für die Morphologie, wenngleich weniger deutlich. Allerdings ist die Rolle des Modelltextes Lutherbibel für die Teilnormen der Lexik und der Syntax eventuell doch höher anzusetzen.

Um diese These zu prüfen, müssten allerdings noch eine Reihe weiterer Vergleiche von Bibeldrucken, aber auch von den in den Schulen verwendeten Texten (Katechismus, Kirchenlied, Bibeltexte) für die Zeit nach 1545 bis zum Ende des 18. Jahrhunderts vorgenommen werden. Bislang ruhte der Fokus der philologischen

Die Frankfurter Bibeln sind in Sachen Orthographie „progressiver“, das heißt, sie weisen in den Schreibungen eher den kommenden Stand auf: „Insgesamt verfahren somit die Feyerabendschen Bibeln [= Frankfurter Bibeln – M.H.] in bezug auf die Bezeichnung von Vokalen und ihrer Quantität in vielen Fällen progressiv, in einigen Fällen aber auch konservativ. Ein ähnliches Fazit läßt sich auch für die untersuchten Konsonantenzeichen ziehen.“ (Ebd., S. 174). „Ein besonders zukunftsweisendes Bild ergibt sich aus der Analyse des Majuskelgebrauchs in Frankfurt.“ (Ebd., S. 174).

Lutherforschung eher auf der Zeit zwischen dem Septembertestament (1522/1929) und der Ausgabe letzter Hand (1545). Hier wurde immer wieder hervorgehoben, wie intensiv sich Luther selbst an den jeweiligen Neudrucken beteiligte und Einfluss auf die Druckfassungen nahm. Umfassendere und genauere Untersuchungen dazu, wie sich die Bibeldrucke in der Zeit nach Luthers Tod veränderten, stehen noch weitgehend aus.

7. Fazit

1. Die Rolle Martin Luthers als Sprachnormvorbild vom 16. bis 18. Jahrhundert ist bislang insgesamt nur wenig erforscht worden. Einzelne Arbeiten (z. B. Josten 1976) zeigen, dass Luther, genauer Texte von Martin Luther in diesem Zeitraum die wichtigste Bezugsgröße waren, wenn es darum ging, Überlegungen zur Normierung der deutschen Sprache anzustellen. Dabei ist es selbstverständlich nicht Luther selbst, sondern es sind seine Texte, v. a. die Bibelübersetzung, der Katechismus und das Kirchenlied, die hier eine Rolle spielen.
2. Blickt man auf die Teilnormen der Lexik und der Syntax, kann eventuell doch von einer etwas größeren Rolle der Luthertexte gesprochen werden, als dies – nach der Entthronung Luthers als „Schöpfer der deutschen Sprache" und seiner Einordnung als Katalysator – bislang getan wurde. Die bemerkenswerte Konstanz in den Bereichen Lexik und Syntax spricht dafür. Der zweite Grund ist die Entkoppelung in den Bereichen Orthographie und Morphologie: Die Luthertexte konnten gerade dadurch weiterwirken, dass sie in den Bereichen, die für die Drucker und Verleger unterhalb der Wahrnehmungsschwelle lagen (Orthographie, Morphologie), immer wieder dem sich jeweils ändernden Sprachgebrauch angepasst wurden. Dadurch war es möglich, sich jeweils auf die Lutherbibel zu beziehen, ohne tatsächlich den originalen Text (z. B. von 1545) zu meinen. Die Tatsache, dass Bibel, Katechismus und Kirchenlied vom 16. bis 18. Jahrhundert die maßgebliche Schullektüre war, unterstützt diese Hypothese zusätzlich.
3. Die Lutherbibel (für den Katechismus und das Kirchenlied müssten diese Untersuchungen erst noch durchgeführt werden) konnte so wirken, wie es der Rechtschreibduden in der Gegenwart tut. Auch er verändert sich jeweils, bleibt aber als Instanz, auf die man sich berufen kann, stabil.
4. Wie sich die Lutherbibeln, aber auch die Drucke des Katechismus im Laufe der Zeit verändert haben, ist nach wie vor ein Forschungsdesiderat der deutschen Sprachgeschichte. Wenn die Hypothese plausibel ist, dass diese Luthertexte über ihren Einsatz in der Schule und über die außerschulische Lektüre (oftmals war die Bibel das einzige Buch in einem Haushalt) für die Entwicklung der deutschen Sprache hochgradig relevant waren, dann sollten die textlichen Veränderungen zwischen dem 16. und 18. Jahrhundert genauer untersucht werden.

8. Literatur

8.1 Quellen

Adelung, Johann Christoph (1782/1971): Umständliches Lehrgebäude der deutschen Sprache, zur Erläuterung der deutschen Sprachlehre für Schulen. 2 Teile. Neudruck. Hildesheim/New York.

Bödiker, Johann (1746/1977): Grundsäze der Teutschen Sprache. Mit dessen eigenen und Johann Leonhard Frischens vollständigen Anmerkungen; durch neue Zusäze vermehret von Johann Jacob Wippel. Fotomechanischer Neudruck der Orig.-Ausgabe, Berlin, Nicolai 1746. Leipzig: Zentralantiquariat der Deutschen Demokratischen Republik.

Clajus, Johannes (1578/1894): Grammatica Germanicæ Linguæ [...] 1578. In: Weidling, Friedrich (Hg.): Die Deutsche Grammatik des Johannes Clajus. Nach dem Ältesten Druck von 1578 mit den Varianten der übrigen Ausgaben. Straßburg, S. 1–179.

Frangk, Fabian (1531/1979): Orthographia Deutsch/ Lernt/ recht buchstäbig deutsch schreiben. Durch M. Fabian Frangken. Wittemberg. Nachdruck der Ausg. Wittenberg 1531. Hildesheim u. a.

Girbert, Johann (1650): Teutsche Orthographi. Auß der H. Bibel den Knaben zum Nachricht auffgesetzt. Mulhusi: Hüter.

Gottsched, Johann Christoph (1758/1995): Beobachtungen über den Gebrauch und Missbrauch vieler deutscher Wörter und Redensarten. Reprint der Ausgabe Strassburg, Leipzig, Königen 1758. London.

Gueintz, Christian (1641/1978): Deutscher Sprachlehre Entwurf. Nachdruck der Ausgabe Köthen 1641. Hildesheim/New York.

Harsdörffer, Georg Philipp (1646): Specimen Philologiae Germanicae. [...]. Nürnberg.

Ickelsamer, Valentin (1527/1971): Die rechte weis aufs kürtzist lesen zu lernen; Ain teütsche Grammatica. In: Pohl, Karl (Hg.): Neudruck der Ausgabe Erfurt 1527. Stuttgart.

Luther, Martin (1522/1929): NT 1522 (= Septembertestament): Das Newe Testament Deutzsch. Wittemberg. In: Ders.: D. Martin Luthers Werke. Kritische Gesamtausgabe. Die Deutsche Bibel. Mit acht Tafeln. 6. Band. Weimar. [Abdruck des Septembertestaments jeweils auf der linken Seite].

Luther, Martin (1534): Vollbibel 1534: Biblia / das ist / Die gantze Heilige Schrifft Deudsch. Mart. Luth. Wittemberg. Begnadet mit Kürfurstlicher zu Sachsen freiheit. Gedruckt durch Hans Lufft. [Reprint der Ausgabe 1534, Köln].

Luther, Martin (1546/1929): NT 1546: Das newe Testament auffs new zugericht. Witeberg. Gedruckt durch Hans Lufft. In: Ders.: D. Martin Luthers Werke. Kritische Gesamtausgabe. Die Deutsche Bibel. Mit acht Tafeln. 6. Band. Weimar. [Abdruck der Auflage von 1546 jeweils auf der rechten Seite].

Pöhlmann, Isaak (1671): Neuer hoochdeutscher Donat. Zu Gottes und der hochdeutschen Spraache [...] Ehren. Berlin.

Ritter, Stephan (1616): Grammatica Germanica Nova. Usui Omnium Aliarum Nationum [...]. Marburg.

Schottelius, Justus Georg (1663/1995): Ausführliche Arbeit von der Teutschen HaubtSprache. 2 Bände. Neudruck. Tübingen.

8.2 Sekundärliteratur

Ammon, Ulrich (1995): Die deutsche Sprache in Deutschland, Österreich und der Schweiz. Das Problem der nationalen Varietäten. Berlin/New York.

Ammon, Ulrich (2015): Die Stellung der deutschen Sprache in der Welt. Berlin/München/Boston.

Bentzinger, Rudolf/Kettmann, Gerhard (1983/1996): Zu Luthers Stellung im Sprachschaffen seiner Zeit (Anmerkungen zur Sprachverwendung in der Reformationszeit). In: Wolf, Herbert (Hg.), S. 201–214.

Bergmann, Rolf (1982): Zum Anteil der Grammatiker an der Normierung der neuhochdeutschen Schriftsprache. In: Sprachwissenschaft 7, S. 261–281.

Bergmann, Rolf (1984): „Der rechte teutsche Cicero oder Varro": Luther als Vorbild in den Grammatiken des 16. bis 18. Jahrhunderts. In: Linguistische Studien. Reihe A. Arbeitsberichte 119, 2. Berlin, S. 172–189.

Besch, Werner (1967): Sprachlandschaften und Sprachausgleich im 15. Jahrhundert. Studien zur Erforschung der spätmittelalterlichen Schreibdialekte und zur Entstehung der neuhochdeutschen Schriftsprache. München.

Besch, Werner (1984/1996): Sprachliche Änderungen in Lutherbibel-Drucken des 16.–18. Jahrhunderts. In: Wolf, Herbert (Hg.), S. 250–269.

Besch, Werner (1999): Die Rolle Luthers in der deutschen Sprachgeschichte. Vorgetragen am 7. November 1998. Heidelberg.

Besch, Werner (2000): Die Rolle Luthers für die deutsche Sprachgeschichte. In: Besch, Werner et al. (Hg.): Sprachgeschichte. Ein Handbuch zur Geschichte der deutschen Sprache und ihrer Erforschung. Teilbd. 2., vollst. neu bearb. und erw. Auflage. Berlin/New York, S. 1713–1745.

Besch, Werner (2003): Die Entstehung und Ausformung der neuhochdeutschen Schriftsprache/Standardsprache. In: Besch, Werner et al. (Hg.): Sprachgeschichte. Ein Handbuch zur Geschichte der deutschen Sprache und ihrer Erforschung. 3. Teilbd. 2., vollst. neu bearb. und erw. Auflage. Berlin/New York, S. 2252–2297.

Besch, Werner (2014): Luther und die deutsche Sprache. 500 Jahre deutsche Sprachgeschichte im Lichte der neueren Forschung. Berlin.

Davies, Winifred V./Langer, Nils (2006): The making of bad language. Lay linguistic stigmatisations in German. Past and present. Frankfurt a. M. u. a.

Debus, Friedhelm (2014): Über Martin Luthers Bedeutung in sprachlicher und literarischer Perspektive. In: Sprachwissenschaft 39, S. 425–443.

Gelhaus, Hermann (1989): Der Streit um Luthers Bibelverdeutschung im 16. und 17. Jahrhundert. Mit der Identifizierung Friedrich Traubs. Teil 1. Tübingen.

Gelhaus, Hermann (1990): Der Streit um Luthers Bibelverdeutschung im 16. und 17. Jahrhundert. Mit der Identifizierung Friedrich Traubs. Teil 2. Textband. Tübingen.

Gloy, Klaus (1997): Sprachnormen als ‚Institutionen im Reich der Gedanken' und die Rolle des Individuums in Sprachnormierungsprozessen. In: Mattheier, Klaus J. (Hg.): Norm und Variation. Frankfurt a. M. u. a., S. 27–36.

Gloy, Klaus (2004): Norm. In: Ammon, Ulrich et al. (Hg.): Soziolinguistik. Ein internationales Handbuch zur Wissenschaft von Sprache und Gesellschaft. 1. Teilbd. 2., vollst. neu bearb. und erw. Aufl. Berlin/New York, S. 392–399.

Gloy, Klaus (2012): Empirie des Nichtempirischen. Sprachnormen im Dreieck von Beschreibung, Konstitution und Evaluation. In: Günthner, Susanne/Imo, Wolfgang/Meer, Dorothee (Hg.): Kommunikation und Öffentlichkeit. Sprachwissenschaftliche Potenziale zwischen Empirie und Norm. (= Germanistische Linguistik 296). Berlin/New York, S. 23–40.

Günther, Hartmut (2017): Mit Feuereifer und Herzenslust. Wie Luther unsere Sprache prägte. Berlin.

Haas, Walter (2008): „on schaden verwandlet". Über den Umgang der frühen Nachdrucker mit Luthers Verdeutschung des Neuen Testaments. In: Besch, Werner/Klein, Thomas (Hg.): Der Schreiber als Dolmetsch. Sprachliche Umsetzungstechniken beim binnensprachlichen Texttransfer in Mittelalter und Früher Neuzeit. Berlin, S. 119–149.

Hartung, Wolfdietrich (1987): Sprachnormen – ihr sozialer Charakter und die linguistische Begrifflichkeit. In: Zeitschrift für Phonetik, Sprachwissenschaft und Kommunikationsforschung 40, S. 317–335.

Hartweg, Frédéric (1985): Luthers Stellung in der sprachlichen Entwicklung. Versuch einer Bilanz. In: Etudes Germaniques 40/1, S. 1–20.

Hartweg, Frédéric/Wegera, Klaus-Peter (2005): Frühneuhochdeutsch. Eine Einführung in die deutsche Sprache des Spätmittelalters und der frühen Neuzeit. 2., neu bearb. Aufl. Tübingen.

Hundt, Markus (2009): Normverletzungen und neue Normen. In: Konopka, Marek/Strecker, Bruno (Hg.): Deutsche Grammatik – Regeln, Normen, Sprachgebrauch. (= Jahrbuch des Instituts für Deutsche Sprache 2008). Berlin/New York, S. 117–140.

Jellinek, Max Hermann (1913): Geschichte der neuhochdeutschen Grammatik von den Anfängen bis auf Adelung. 1. Halbbd. Heidelberg.

Jellinek, Max Hermann (1914): Geschichte der neuhochdeutschen Grammatik von den Anfängen bis auf Adelung. 2. Halbbd. Heidelberg.

Josten, Dirk (1976): Sprachvorbild und Sprachnorm im Urteil des 16. und 17. Jahrhunderts. Sprachlandschaftliche Prioritäten, Sprachautoritäten, sprachimmanente Argumentation. Bern u. a.

Kluge, Friedrich (1904/05/1996): Luthers sprachgeschichtliche Stellung. In: Wolf (Hg.), S. 47–52.

Lemmer, Manfred (1988/1996): Zur Bewertung von Luthers Bibelwortschatz im 17./18. Jahrhundert. In: Wolf (Hg.), S. 270–290.

Luhmann, Niklas (1987): Rechtssoziologie. 3. Aufl. Opladen.

Meiß, Klaus (1993): Streit um die Lutherbibel. Sprachwissenschaftliche Untersuchungen zur neuhochdeutschen Standardisierung (Schwerpunkt Graphematik) anhand Wittenberger und Frankfurter Drucke. Frankfurt a. M. u. a.

Merkel, Gottfried Felix (1967): Vom Fortleben der Lutherischen Bibelsprache im 16. und 17. Jahrhundert. In: Zeitschrift für Deutsche Sprache 23, S. 3–12.

Paul, Hermann (1916/1996): Die Entstehung der Gemeinsprache. In: Wolf (Hg.), S. 53–57.

Polenz, Peter von (1990/1996): Martin Luther und die Anfänge der deutschen Schriftlautung. In: Wolf (Hg.), S. 221–235.

Prell, Heinz-Peter (1990): Luthers Übersetzung des NT in protestantischer und katholischer Tradition im 17. Jahrhundert. Zu Wortbildung und Syntax der frnhd. Bibelsprache. In: Besch, Werner (Hg.): Deutsche Sprachgeschichte. Grundlagen, Methoden, Perspektiven. Festschrift für Johannes Erben zum 65. Geburtstag. Frankfurt a. M. u. a., S. 217–225.

Reiffenstein, Ingo (2003): Metasprachliche Äußerungen über das Deutsche und seine Subsysteme bis 1800 in historischer Sicht. In: Besch, Werner u. a. (Hg.): Sprachgeschichte. Ein Handbuch zur Geschichte der deutschen Sprache und ihrer Erforschung. 3. Teilbd. 2., vollst. neu bearb. und erw. Auflage. Berlin/New York, S. 2205–2229.

Simmler, Franz (2008): Synchrone lexikalische, syntaktische und makrostrukturelle Variabilität in Luthers Septembertestament 1522 und der deutschsprachigen Zürcher Bibeltradition von 1524 bis 1534. In: Besch, Werner/Klein, Thomas (Hg.): Der Schreiber als Dolmetsch. Sprachliche Umsetzungstechniken beim binnensprachlichen Texttransfer in Mittelalter und Früher Neuzeit. Berlin, S. 151–192.

Simmler, Franz (2011): Gesamtsatzstrukturen und Teilsatzstrukturen in biblischen Textsorten und ihr Verhältnis zur in der 2. Hälfte des 16. Jahrhunderts eingeführten Verszählung. In: Simmler, Franz/Wich-Reif, Claudia (Hg.): Geschichte der Gesamtsatzstrukturen vom Althochdeutschen bis zum Frühneuhochdeutschen. (= Jahrbuch für Internationale Germanistik Reihe A. Kongressberichte 104). Bern u. a., S. 215–282.

Simmler, Franz (2012a): Entwicklungstendenzen und syntaktische Variabilität in den Bibelübersetzungen der Zürcher Prädikanden in der zweiten Hälfte des 16. Jahrhunderts im Vergleich zur Luther- und Emser-Tradition. In: Daphnis 41, S. 453–563.

Simmler, Franz (2012b): Syntaktische Variabilität und syntaktischer Wandel in deutschsprachigen Bibeltraditionen (Luther- und Emser-Tradition) in der zweiten Hälfte des 16. Jahrhunderts. In: Lefèvre, Michel (Hg.): Syntaktischer Wandel in Gegenwart und Geschichte. Akten des Kolloquiums in Montpellier vom 9. bis 11. Juni 2011. (= Berliner Sprachwissenschaftliche Studien 28). Berlin, S. 113–226.

Socin, Adolf (1888): Schriftsprache und Dialekte im Deutschen nach Zeugnissen alter und neuer Zeit. Beiträge zur Geschichte der deutschen Sprache. Heilbronn.

Sonderegger, Stefan (1998): Geschichte deutschsprachiger Bibelübersetzungen in Grundzügen. In: Besch, Werner et al. (Hg.): Sprachgeschichte. Ein Handbuch zur Geschichte der deutschen Sprache und ihrer Erforschung. 1. Teilbd. 2., vollst. neu bearb. und erw. Auflage. Berlin/New York, S. 229–284.

Stolt, Birgit (1989/1996): Lieblichkeit und Zier, Ungestüm und Donner. Martin Luther im Spiegel seiner Sprache. In: Zeitschrift für Theologie und Kirche 86, S. 282–305. [Neudruck in: Herbert Wolf (Hg.) (1996): Luthers Deutsch. Sprachliche Leistung und Wirkung. Frankfurt a. M. u.a., S. 317–339].

Stolt, Birgit (2000): Martin Luthers Rhetorik des Herzens. Tübingen.

Tummuseit, Katharina (2009): Gesamtsatzstrukturen, ihre Aufbauprinzipien und Textfunktionen in der Offenbarung des Johannes von anno 1522 bis anno 1545 in den Übersetzungen von Luther, Emser, Zwingli, Dietenberger und Eck. Berlin.

Tummuseit, Katharina (2011): Zur Entwicklung der Gesamtsatzstrukturen in revidierten Fassungen der Luthertradition: Die Offenbarung des Johannes in zwei Frankfurter Bibelausgaben der 1560er Jahre und in der Revisionsausgabe der Wittenberger Fakultät (1661). In: Simmler, Franz/Wich-Reif, Claudia (Hg.): Geschichte der Gesamtsatzstrukturen vom Althochdeutschen bis zum Frühneuhochdeutschen. (= Jahrbuch für Internationale Germanistik Reihe A. Kongressberichte 104). Bern u. a., S. 283–328.

Wells, Christopher J. (1993): Orthography as legitimation. 'Luther's' Bible orthography and Frankfurt Bibles of the 1560s and 70s. In: Flood, John L. (Hg.): 'Das unsichtbare Band der Sprache'. Studies in German Language and Linguistic History in Memory of Leslie Seiffert. Stuttgart, S. 149–188.

Wolf, Herbert (1980): Martin Luther. Eine Einführung in germanistische Luther-Studien. Stuttgart.

Wolf, Herbert (Hg.) (1996): Luthers Deutsch. Sprachliche Leistung und Wirkung. (= Sammlung Metzler 193). Frankfurt a. M. u. a.

von Wright, Georg Henrik (1979): Norm und Handlung. Eine logische Untersuchung. Aus dem Englischen von Georg Meggle und Maria Ulkan. Königstein/Ts. [Englischsprachige Originalausgabe: von Wright, Georg Henrik (1963): Norm and Action. A Logical Enquiry. London].

Hans-Werner Eroms

Martin Luthers grammatische Erben

1. Der Mythos ‚Luther als Vorbild'

Gegen das populäre Vorurteil von Luther als dem Schöpfer der neuhochdeutschen Schriftsprache haben sich seit etwa zweihundert Jahren ganze Generationen von Sprachwissenschaftlern und Sprachwissenschaftlerinnen abgearbeitet.[1] Das war nicht einfach, denn seit Justus Jonas in seiner Leichenrede auf Luther gesagt hatte: „Er hat die Deutsche sprach wider recht herfür gebracht, das man nu wider kann recht deudsch reden und schreiben und wie das viel hoher leut mussen zeugen und bekennen." (Justus Jonas, zitiert bei von Polenz 1994, S. 147) gilt Luther als Vorbild für das Schreiben und Sprechen im Deutschen schlechthin. Das bezog sich auf Luthers Sprache insgesamt, aber sein Vorbild wurde auch für grammatische Dinge in Anspruch genommen, so vor allem für die Orthographie. Denn die äußere Gestalt, vor allem der Bibel, ist natürlich ein sehr wichtiges, vor allem sichtbares Zeichen der Kontinuität. Aber hier klaffen Ideologie und Wirklichkeit ziemlich weit auseinander (vgl. Bergmann 1983). Während sich die Grammatiker des 17. und 18. Jahrhunderts auf Luther als Vorbild einfach berufen, folgen sie in ihren praktischen Empfehlungen vielfach dem jeweiligen Sprachgebrauch ihrer Zeit. Schon bald nach Luthers Tod wird in den Grammatiken auch gesehen, dass Luther sehr wohl inhaltliches, nicht aber äußerlich-manifestes Vorbild für die Sprachgestalt ist. So schreibt Georg Philipp Harsdörffer 1646 in einem Brief an Christian Gueintz: „Seine wort sind unwidersprechlich für angenehm zu halten, aber derselben schreibung ist deswegen nicht richtig." (Georg Philipp Harsdörffer 1646, zitiert bei Bergmann 1983, S. 271). In diesem Diktum wird die in den folgenden Jahrhunderten bis in unsere Zeit fassbare Gegensätzlichkeit der Ansichten über das sprachliche Erbe Martin Luthers formuliert. Zugespitzt ließe sich sagen, dass die innere Form des Deutschen maßgeblich von der Wirkung seiner Werke beeinflusst ist, die äußere Gestalt aber einen Weg gegangen ist, auf dem Luther allenfalls eine wichtige Einflussgröße, nicht aber ein entscheidender Anstoßgeber gewesen ist. So kann man in den vielfäl-

[1] So heißt es bei Luserke-Jaqui (2016, S. 16): „Dass Luther der Schöpfer einer deutschen Schriftsprache gewesen sei, hält sich außerhalb akademischer Kreise als ein hartnäckiger Mythos. Luther hat keine Normierung des Neuhochdeutschen geschaffen. Vielmehr war es ein langer historischer Prozess, in dem Luthers Bibelübersetzung freilich eine entscheidende Rolle spielte."

tigen Publikationen, die zum Reformationsjubiläumsjahr erschienen sind, etwa Folgendes lesen:

(1) Luther strebte nach dieser „Allgemeinverständlichkeit“ zur Verbreitung seiner Botschaft in sämtlichen deutschen Gegenden mit Selbstbewusstsein, Energie und Ausdauer. Nicht nur metaphorisch lässt sich sagen, dass er und seine Mitarbeiter jenes Deutsch erfunden haben, das unserer heutigen Sprache zugrunde liegt. Seine Bibelübersetzung konnte deshalb sprachnormierende Kraft entfalten, weil regionale und dialektale Wendungen im Interesse überregionaler Verständlichkeit vermieden wurden. Der „gemeine Mann“, der sich in jedem Kirchspiel, auf jedem Marktplatz anders ausdrückte und dessen Äußerungen immer lokal gefärbt waren, kann zwar als Adressat, aber eben gerade nicht als Normgeber für Luthers Spracharbeit gelten. (Preisendörfer 2016, S. 44 f.)

Damit ist für die Frage des „grammatischen Erbes“ in Bezug auf die funktionalstilistischen Bedingungen bereits Wichtiges festgelegt. Denn es ist grundsätzlich überhaupt nicht zu erwarten, dass die Sprachhaltung Luthers auf alle sprachlichen Register durchschlagen sollte. Auch die Sprache Goethes gilt ja nicht für alle Sprachmöglichkeiten, sondern bezieht sich auf ausgewählte, ‚hoch angesiedelte‘ Register. So ist die neuere linguistische Forschung zu Recht bemüht, die Totalität des Anspruchs, Luther habe die neuhochdeutsche Schriftsprache geschaffen, zurechtzurücken. Das muss aber nicht heißen, dass die Ansichten über die Leistung Martin Luthers für die Entwicklung der deutschen Sprache, auch in grammatischer Hinsicht, im Kern nicht doch Richtiges träfen. Wenn die pauschalen Urteile auch sicher übertrieben oder gar verfehlt sind, so sind es doch bestimmte Linien des Sprachgebrauchs, die von Luther entscheidend beeinflusst worden sind und in denen sich auch Nutzungen grammatischer Regularitäten finden, die wiederum auf die Beurteilung der deutschen Sprache insgesamt durchschlagen.

Mustern wir dazu die verschiedenen Bereiche grammatischer Bedingungen.

2. Lexikalische und grammatische Bedingungen

2.1 Wortschatz

Werfen wir zunächst einen Blick auf den Wortschatz, der zwar für die Grammatik nur mittelbar von Belang ist, aber für die Beurteilung allgemeiner Bedingungen der Sprachentwicklung herangezogen werden kann und zudem einfacher zu bewerten ist. Martin Luthers Bedeutung für die Festigung eines die Regionen übergreifenden Wortschatzes ist gut untersucht und unbestritten. Der Grund, dass Luther die Möglichkeit bekam, als Einzelpersönlichkeit einen derart überragenden Einfluss auf die Entwicklung des Deutschen auszuüben, liegt, wie vielfach hervorgehoben wurde, darin, dass hier drei Wirkungsfaktoren zusammenkamen, ein geografischer, ein zeitlicher und ein kultureller.

Zum ersten Punkt ist zu sagen, dass die Sprachlandschaft, in der Luther aufgewachsen und „sozialisiert“ worden ist, das Ostmitteldeutsche, als sprachliches Neuland für Einflüsse aus dem Altland zwangsläufig offen war und eine Ausgleichssprache darstellte, die anders als manche Regionen des Altlandes Einflüsse nicht abschottete, sondern aufnahm. Vor allem aber war Luther selber offenbar, was seine Gebrauchssprache betrifft, zweisprachig aufgewachsen: In Eisleben und Mansfeld wurde Niederdeutsch gesprochen[2], in Erfurt aber Mitteldeutsch (vgl. Erben 1974, S. 516). Bekanntlich ist die Verdrängung des Niederdeutschen durch das ostmitteldeutsch geprägte Hochdeutsch stark, vielleicht entscheidend durch die lutherische Sprachform bedingt. Dies ist ein untrügliches Zeichen für die Beeinflussung einer großen Sprachlandschaft durch die Auswirkungen der Reformation. Der Blick der Sprachwissenschaft und auch der Öffentlichkeit allgemein geht bei der Entwicklung des Deutschen seit der Lutherzeit gewöhnlich dahin, das Mittel- und Oberdeutsche in den Blick zu nehmen, zur Lutherzeit ist aber das Niederdeutsche in seinem Verbreitungsgebiet noch voll lebendig, wenn auch seine Verdrängung durch das Hochdeutsche schon begonnen hat, wie etwa die Ratsprotokolle belegen, die von Süden nach Norden zunehmend in Hochdeutsch abgefasst werden.[3] Die augenfällige Verdrängung des Niederdeutschen kann heute noch in Resten daran abgelesen werden, wie die an den Fachwerkhäusern der norddeutschen Städte befindlichen Bibelsprüche, ebenfalls von Süden nach Norden, im Laufe der Zeit ins Hochdeutsche übergehen. Diese Verdrängung einer zu ihrer Blütezeit dem Hochdeutschen gleichberechtigten und gleich verbreiteten Sprachversion ist ein folgenschweres Ergebnis der Sprachentwicklung im Deutschen, an der die Reformation einen nicht unerheblichen Anteil gehabt hat.

Das Oberdeutsche konnte Luther erst wesentlich später rezipieren. Hier ist es besonders Georg Rörer, der aus Deggendorf stammende „Obercorrector“ der Bibelübersetzung, der für diesen Strang verantwortlich ist.[4] In Luthers Umgebung befanden sich allerdings Theologen und Gelehrte aus so gut wie allen deutschen Sprachgebieten. Außer acht gelassen werden darf auch nicht, dass Luthers Schreibtätigkeit in Deutsch erst mit seinem dreißigsten Lebensjahr einsetzt, bis dahin hatte er Latein geschrieben (vgl. Besch 2000, S. 1728).

Das Zweite ist die zeitliche Schnittstelle in der Entwicklung des Deutschen, die für das Wirken Luthers einen immensen Glücksfall darstellt: Die die spätere Gesamtentwicklung der Standardsprache bestimmenden Lautgesetze, ein Großteil der morphologischen Gesetzmäßigkeiten und, worauf ich später exemplarisch genauer eingehen werde, auch der syntaktischen sind so gut wie ausnahmslos alle abge-

2 Spangenberg (1984, S. 61 f.) beschreibt das Sprachgemisch, das in der Umgebung des jungen Martin Luther gesprochen wurde, sich aber nicht genau rekonstruieren lässt.

3 Vgl. dazu die Arbeit von Peters (2012).

4 Inwieweit Georg Rörers Einfluss auch die genaue sprachliche Form der Bibelübersetzung betrifft, ist bislang allerdings ungeklärt. Vgl. die Beiträge in dem Sammelband Michel/Speer (Hg.) (2012).

schlossen, wenn sie auch noch keineswegs überregionale Geltung aufweisen. Aber sie liegen sozusagen bereit und können in dem Augenblick zentriert werden, in dem sie durch massenhafte schriftliche Verbreitung in vereinheitlichender Absicht benötigt werden. Dies ist der dritte zu nennende Faktor, der so häufig benannt worden ist, dass hier darauf nicht weiter eingegangen werden muss. Es darf allerdings nicht vergessen werden, dass die Verleger nicht unbedingt auf eine – heute, aber damals eben nicht – selbstverständliche Verbreitung ihrer Erzeugnisse über den gesamten deutschen Sprachraum aus waren, so dass sich der Ausgleichsprozess nicht linear vollzog, sondern regionale Eigenheiten sich halten konnten. Dennoch ist die Durchsetzung einer einheitlichen grammatischen Norm ein Prozess, der über die Jahrhunderte hinweg alle Regionen erfasste.

Der endgültige Anstoß dazu ist durch den Beginn der Ausbreitung der Bibel und der reformatorischen Schriften gekommen, wenn auch hier nicht vergessen werden darf, dass auch das Schrifttum der Kanzleien überregionale Geltung aufwies. Was die Kanzleisprachen betrifft, so verschiebt sich in dieser Zeit „die schreibsprachliche Basis des künftigen Deutschen vom Süden in die Mitte des großen deutschen Sprachgebietes und da stärker in den östlichen Teil. […] Luther mit seiner Bibelübersetzung bewegt sich auf dieser Bahn und ist damit entscheidend an dem großen überregionalen Durchbruch beteiligt“ (Besch 2104, S. 30). Hier ließe sich in Bezug auf Luther ein viertes bestimmendes Moment anführen: die soziologische und/oder registerbezogene Sprachhaltung. Johannes Erben weist darauf hin, dass Luther, als Sohn eines Bergmanns, mit den verschiedensten sozialen Kreisen in Berührung gekommen ist (vgl. Erben 1974, S. 519). Sein bekannter Ausspruch von „dem Volke aufs Maul zu schauen“ wird in dieser Hinsicht gemeinhin so verstanden. Dass das in Bezug auf die Stilhöhe seiner Schriften insgesamt nicht als unreflektierter Zugriff auf die Umgangssprache verstanden werden darf, muss eigens betont werden. Es schlägt sich hier „Luthers deutliches Bemühen um eine situationsgerechte, stilschichtenneutrale Sprache“ (Debus 1997 [1983], S. 41) nieder. Und schließlich ist sein ebenfalls allgemein bekannter Ausspruch: „Ich rede nach der sächsischen Canzeley“ analog zu verstehen. Die auf Deutsch vorliegenden schriftlichen Register, die Luther vor allem beeinflussen, sind theologische Werke, etwa die Schriften Taulers und anderer Mystiker, aber auch Chroniken und Volksbücher (vgl. Erben 1974, S. 521).

Der Wortschatz wird durch Luther auf vielerlei Weise beeinflusst, von der Stabilisierung einzelner Formen, etwa durch die Festlegung mancher Ausdrücke in der Verwendung als Konjunktionen, z. B. *doch* in adversativem Gebrauch (vgl. Franke 1973 [1922], S. 285) über die Heraushebung einer (neuen) Hauptbedeutung eines vorhandenen Wortes (*sich begeben* ‚sich ereignen‘ (Erben 1974, S. 527)), eine vor allem theologisch bestimmte inhaltliche Festlegung (*Glaube*, *Sünde*, *Buße*) und durch Schaffung neuer Wörter (*die fridfertigen*, *gegenbild*, *yhr kleyn glewbigen*, (Erben 1974, S. 539)). Es sind aber nicht nur Luthers Eigenschöpfungen, die den deutschen Wortschatz bereichert haben, sondern die Verwendung praktisch des gesamten Wortschatzes der Zeit durch ihn, seine Mitstreiter und auch seine Gegner, die damit das bereitliegende Potenzial nutzen und weiter verbreiten. Dies führt zu einem hohen Prestige der Luthersprache, das nun auch auf andere Bereiche übertragen wird. Seit der Reformationszeit ist die öffentliche Debatte durch ein erhöhtes Echo und vor allem auch durch ein erhöhtes, anspruchsvolles Niveau gekennzeichnet, was die Verwendung eines derben und grobianischen Wortschatzes nicht ausschließt.

2.2 Lautstand, Graphematik und Morphologie

Das eigentliche Thema meiner Überlegungen zum grammatischen Erbe Luthers bezieht sich auf eher konkrete Bereiche, auf den Lautstand und die Orthographie seiner Schriften, die Morphologie und deren Auswirkungen, vor allem aber auf syntaktische Phänomene, und zwar solche, die mit stilistischen in engem Zusammenhang stehen.

2.2.1 Lautstand

Luther folgt im Wesentlichen der ostmitteldeutschen Literatursprache (vgl. Bach 1934; Arndt/Brandt 1983, S. 145). Diese weist die neuhochdeutschen Diphthonge, *ei*, *au*, *eu* auf, die aus mhd. *î*, *û* und *iu* hervorgegangen sind. Auch die anderen Lautgesetze, die das Neuhochdeutsche kennzeichnen, sind hier vorhanden, wenn auch nicht durchgängig. So sind die Vokallängungen bei *oder* oder *wieder* offenbar nicht eingetreten, es wird zunächst *odder* und *widder* geschrieben, was später aber geändert wird. Z. B:[5]

(2) 1522: vnd zogen durch eynen andern weg wydder ynn yhr land; 1546: wider (Mt. 2,12)

1522: Yhr sollt nit wehnen, das ich komen byn das gesetz odder die profeten auff zu losen; 1546: IR solt nicht wehnen, das ich komen bin, das Gesetz oder die Propheten auffzuloͤsen (Mt. 5,17)

Aus diesem kurzen Zitat ist zudem zu erkennen, dass auch die Großschreibung der Substantive und die Zusammenschreibung bei Partikelverben in der Version von 1546 schon dem Stand entspricht, wie er in der Gegenwartssprache vorliegt. Überhaupt lässt vor allem der Vergleich der Bibelversionen von 1522 und 1546 erkennen, dass Luther sich den herrschenden Strömungen anpasst. Hier wird man also keine Eigenständigkeit Luthers erwarten dürfen, jedenfalls nicht, was die generelle oder systematische Regelung betrifft. Wohl aber sind einige lautliche Eigenschaften

[5] Mit „1522“ wird im Folgenden stets auf das Neue Testament von 1522 und mit „1546“ auf die Ausgabe letzter Hand verwiesen; die Zitate nach der Weimarer Ausgabe (Luther 1929).

der Lutherischen Sprache über die von ihm gebildeten oder favorisierten Wörter bis heute mit seiner Sprachhaltung verbunden. Dies gilt etwa für das *-pp-* in *Lippe*, *plappern* oder das *-tt-* in *Flattergeister*. Für die Einträge aus dem Glossar von Adam Petri gilt dies etwa für die Lautform von Wörtern wie *geborsten*, *Getreide*, *Kluft*, *Lappen*, *Splitter* oder *tauchen*[6], die in anderen Regionen teilweise anders hätten lauten können. Doch sind dies nur sekundäre Erscheinungen, die noch dazu schlecht beweisbar sind. Die Wörter selber allerdings sind, wie viele andere, in den Gemeinwortschatz des Deutschen eingegangen (vgl. Erben 1974).

2.2.2 Graphematik und Morphologie

Wie zu Anfang schon betont worden ist, in der Orthographie dürfen wir kein spezifisches lutherisches Erbe erwarten. Die Entwicklungsgeschichte der Rechtschreibung im Deutschen ist ein Musterbeispiel für die Herausbildung eines sozial determinierten Ausgleichssystem, d. h. für die Verarbeitung und Integration divergierender Wege, die insgesamt zu einem Konsens führen. „Sprachgewohnheiten" – im Deutschen sind das die orthographischen Regelungen der so weit auseinanderliegenden Regionen –, Normsetzungen durch Grammatiker und zuletzt staatliche Eingriffe führen im Laufe der Zeit zu Kompromissen, die insgesamt den orthographischen Willen der Gesellschaft nachvollziehbar abbilden.[7] Darauf kann ich hier nicht eingehen, aber die daraus ableitbare Konsequenz für die morphologische Entwicklung des Deutschen möchte ich benennen: Auch sie ist kaum durch Normsetzungen, etwa durch ständiges Persistieren in den Grammatiken durchsetzbar, sondern kanalisiert im Laufe der Zeit die Fülle divergierender Richtungen. Schon gar nicht kann der Sprachgebrauch eines einzelnen oder einer dominanten Gruppe sich letztlich durchsetzen, wenn er nicht dem „Trend" entspricht.

In Bezug auf die Lutherbibel und ihre Revisionen ist festgestellt worden, dass der hinter den orthographischen Konventionen liegende Lautstand sich so entwickelt hat, dass die Vokale eher oberdeutsche, die Konsonanten stärker mitteldeutsche Versionen aufweisen. Gleiches gilt auch für die Morphologie (vgl. Besch 2000, S. 1720).

2.2.3 Das „lutherische -e"

Allerdings kann dies auch zum Nebeneinanderbestehen von zwei oder mehr Normausprägungen führen, von denen die eine sich als Prestigeform durchsetzt, die an-

6 Die Wörter aus dem Glossar von Adam Petri werden zitiert nach: www.e-rara.ch/bau_1/content/pageview/726724 [13.7.2017].

7 Das gilt selbst für die Auswirkungen der letzten Rechtschreibreform, die seit ihrer administrativ durchgesetzten Einführung wegen der unterschwelligen Wirkung längerfristiger, durch verordnete Normsetzung nicht aufhaltbarer Tendenzen teilweise wieder zurückgenommen wird.

dere aber durchaus weiterbesteht. Hier verweise ich auf das Beispiel des sogenannten „lutherischen -e“ und auf die Abfolgeregeln für periphrastische Verbformen. Das erstere ist ein Fall, der zu zwiespältigen Ergebnissen geführt hat. Während die in dieser Hinsicht im Vergleich mit den ostmitteldeutschen Mundarten progressiveren oberdeutschen Regionalsprachen das *-e* vielfach verloren hatten, wird es von den Druckern weitgehend restituiert, nicht zuletzt mit dem Verweis auf den Sprachgebrauch Martin Luthers. „Die ‚oͤftere Anhenkung des e‘ sei, so der Pfälzer Jakob Hemmer im Jahre 1769, ‚wie man von vielen katholiken hoͤret, lutherische Art zu reden‘.“ (Habermann 1997, S. 436). Was, wie Mechthild Habermann genauer ausführt, weder für den Gebrauch von Luther selber zutrifft, der vielfach apokopierte Formen verwendet, noch auf den „katholischen Süden“, wo es in den Drucken auch nichtapokopierte Formen gibt. Doch das Klischee hat auch reale Grundlagen. Aber die „überkorrekte“ Anfügung des *-e* an starke Verben im Indikativ des Präteritums *er sahe, flohe, ritte*, die sich etwa auch bei Goethe in seinen frühen Schriften findet, wird im 18. Jahrhundert wieder aufgegeben (vgl. ebd., S. 463), während der Streit um das Dativ *-e* sich bis ins 20. Jahrhundert hinzieht. So beklagt noch Gustav Wustmann Formen wie *vor dem König*, *in dem Buch*, die „von Süddeutschland ausgingen“ (Habermann 1997, S. 469).

Bei diesem Phänomen setzt sich damit langfristig eine Sprachgewohnheit durch, die oberdeutsch und nicht mitteldeutsch geprägt ist. Sie ist ein progressives Moment in der Entwicklung, wie auch selbst die nördlicheren Mundarten zeigen. Luthers eigener Sprachgebrauch ist hier also eher konservativ (vgl. Wolf 1980, S. 33) und wird im Laufe der Zeit allmählich gegenüber den progressiven Formen aufgegeben.

Auch wenn also die e-Anhängung den „lutherischen“ Regionen oder gar Luther selber unterstellt wird, die Verhältnisse sind komplexer und zeigen sehr deutlich, dass die Ausbildung einer grammatischen Norm im Wesentlichen längerfristigen Trends gehorcht.

2.3 Syntax

2.3.1 Verbformen

Kommen wir nun zum letzten Kerngebiet herkömmlicher Grammatik, der Syntax. Auf den ersten Blick entspricht Luthers Sprachgebrauch auch hier in vielen Bereichen dem seiner Zeitgenossen. So ist festgestellt worden, dass er die Tempora wie der Fabel-Autor Steinhöwel verwendet (vgl. Erben 1955, S. 166). Dies gilt auch für das System der Verbformen. Meine Untersuchung des verbalen Systems in dem umfangreichen Traktat von 1528 „Vom Abendmahl Christi, Bekenntnis“ (Eroms 2006) hat zum Fazit, dass Luthers Sprache, sowohl was die einfachen finiten Verbformen, als auch was die sehr vielfältigen periphrastischen Konstruktionen betrifft, keine großen Abweichungen vom zeitgenössischen Gebrauch aufweist. Allerdings lässt sich hier etwas feststellen, das für die Wirkung von Luthers Sprachgebrauch in allgemeiner Hinsicht wichtig ist, worauf ich gleich mit weiteren Beispielen eingehen werde: die retardierenden Momente, die für die Gesamtbewertung einer Sprachgemeinschaft wichtig sind. Es finden sich nämlich bei ihm einige Archaismen, wie die Verwendung des Partizips I in prädikativen Konstruktionen mit dem Auxiliar *werden* zur Bezeichnung der eintretenden Handlung, einer Konstruktionsweise, die im paradigmatischen Zusammenhang mit entsprechenden *sein*-Konstruktionen zur Wiedergabe „stataler“ Verhältnisse steht. Letztere sind bei Luther ebenfalls noch nachzuweisen. (vgl. Franke 1973 [1922], S. 235–237). Der folgende Beleg ist ein Beispiel für diese Konstruktion: *Wo bistu nu S(ankt) Paule? das du auch hettest vom kelch gesagt / wie Christo die hende weren zittern gewest.* (Luther 1986, S. 144, 13 f.)

Hier ist das *-d* bei *zitternd* bereits entfallen. Es entspricht einer Textstelle wie *Moses aber ward zittern*, die bei Luther zunächst noch mit *Moses aber ward zitternd* formuliert wird (Franke 1973 [1922], S. 213). Progressiv ist dagegen die Verwendung von *werden* + Infinitiv in modalisierten Zusammenhängen, wie *Aber hie wird villeicht die ander rotte sich bru(e)sten und sagen / Hie mit wirstu bestettigen des Ecolampads zeicheley.* (Luther 1986, S. 44, 6 f.).

In den von Erben (1954) untersuchten Texten konnten solche Gebrauchsweisen nicht nachgewiesen werden.

2.3.2 Die Abfolge mehrgliedriger Verbformen und die Klammerkonstruktionen

Was die Abfolge von mehrgliedrigen Verbformen betrifft, so bestehen bekanntlich heute (u. a., auf alle Formen braucht hier nicht eingegangen zu werden) nebeneinander

(3) a *dass sie hier arbeiten können* ***hat****.*

b *dass sie hier arbeiten* ***hat*** *können.*

c *dass sie hier* ***hat*** *können arbeiten.*

d *dass sie hier* ***hat*** *arbeiten können.*

Auch dieses verwickelte grammatische Kapitel kann ich hier nicht weiter ausbreiten. Nur so viel: Die erste Version (a) entspricht der theoretisch-virtuellen Zielform im Nebensatz. Es finden sich real aber vor allem die Versionen mit der „Versetzung“ des Auxiliars in die vorletzte Position, und zwar im Oberdeutschen (b), und die an der drittletzten Stelle (d), dies wird in den Grammatiken als Standard ausgegeben. Was hat nun Luther? Bei ihm finden sich die Versionen (d), also die heutige Norm (so sehen es auch Arndt/Brandt 1983, S. 186), aber auch die Version (c): *vnd hetten mich solchs die Papisten nicht dürffen leren* (Arndt/Brandt 1983, S. 186)

Es wird angenommen, dass die Wortstellung (im Nebensatz) sich nicht vom allgemeinen Stand der Zeit unterscheide. Bei den *zweigliedrigen* wird meist das finite Verb nicht ans Ende gestellt, jedoch wird das des Öfteren vom Septembertestament bis zur Ausgabe von 1546 geändert:

(4) das yhm ein mulsteyn wurd an seynen hals gehengt (1522) – an seynen Hals gehengt wůrde (1546) (Mark. 9,42)

ehe denn er empfangen wart ynn mutter leibe (1522) – in Mutterleibe empfangen ward (1546) (Luk. 2,21) (nach Franke 1973 [1922], S. 294)

(Vgl. auch Maurer 1926 und Erben 1955, S. 169 f.). Es gibt aber auch Fälle, bei denen nicht geändert wird: *Es kompt die zeyt, das yhr widder auff disem berge, noch zu Jerusalem werdet den vater anbeten.* (Joh. 4, 21, 1522, 1546, und so bis heute). Drei- (und mehr)gliedrige Formen sind unterschiedlich:

(5) Das ich sol den text nicht recht verdeudscht haben (Vom Abendm.) (Franke 1973 [1922], S. 294)

(6) das keyn eußerlich ding mag yhn, frey noch frum machen, wie es mag ymmer genennet werden (Von der Fr. eines chr.)

(7) mussen wir sie lassen priesster vnd Bischoff sein (Chr. Adel)

(8) Dieses wasser hette mocht tewer verkaufft, vnd den Armen gegeben werden (Mt. 26,9; so noch in den gegenwärtigen Ausgaben der Luther-Bibel)

Die Position des Verbs muss im Zusammenhang mit den verbalen Klammerkonstruktionen gesehen werden. D.h. die Erfassung der verbalen Wortstellung im Nebensatz ist mit der im Hauptsatz zu vergleichen. Hier ist nun besonders auffällig, dass vor allem in der Bibelübersetzung außerordentlich oft die in der Gegenwartssprache im Hauptsatz eingeklammerten Syntagmen „ausgeklammert" werden. Ich setze das in Anführungszeichen; denn „Ausklammerung" ist historisch nicht die treffende Bezeichnung. Es handelt sich um Zwischenstufen der Ausbildung des Satzrahmens. Das kann grammatische, aber auch im weitesten Sinne stilistische Gründe haben. Auf letztere werde ich weiter unten genauer eingehen. Was die „rein grammatische" Seite betrifft, so hat Johannes Erben festgestellt: „Alle syntaktischen Erscheinungen der Luthersprache sind auch im Sprachgebrauch der Vor- und Mitzeit Luthers nachweisbar, einige anscheinend nur md." (Erben 1955, S. 170). Die merkliche Freiheit in der Wortstellung ist z. T. durch Aufnahme sprechsprachlicher Eigenheiten bedingt, womit Luther ebenfalls wieder nicht allein steht (vgl. Wolf 1980, S. 51–53). Soweit zu diesen Stellungsregularitäten zunächst unter grammatischer Perspektive. Im Abschnitt 4 wird unter grammatisch-stilistischer Perspektive die Wortstellungsproblematik noch einmal aufgerollt.

2.3.3 Attribute

Ein wesentlicher Schritt im Ausbau der Nominalphrase im Deutschen ist die Umordnung der Attribute. Abgesehen vom im Frühneuhochdeutschen stark zunehmenden Umfang der nominalen Gruppe ist es die „Arbeitsteilung" zwischen adjektivischen Attributen einschließlich der partizipialen Attribute und den präpositionalen

Attributen, die sich in dieser Zeit neu konstituiert (vgl. Eroms 2016). Die ersteren stehen zunehmend vor dem Substantiv, während letztere von Anfang an nachgestellt waren. Hier weicht Luther ebenfalls nicht von der Norm seiner Zeit und insbesondere von seiner Region ab, was Admoni genauer untersucht hat (vgl. Admoni 1984, S. 212), der jedoch schreibt: „Aber er hätte sich ja auch andere mundartliche Formen zum Vorbild nehmen können.“ D.h., er hält es für eine bewusste Entscheidung Luthers. Interessant ist der Gebrauch der Genitivattribute, bei denen generell beobachtet werden kann, dass sich auch in dieser Zeit die Verteilung, wie wir sie im Neuhochdeutschen finden, herausbildet. Luthers Sprachgebrauch unterscheidet sich auch hier nicht von dem seiner Zeitgenossen (vgl. Erben 1955, S. 169). Aber auch hier findet sich eine Auffälligkeit, die wiederum im Zusammenhang mit der Tatsache steht, auf die ich schon hingewiesen habe: Es wird eine Konstruktion favorisiert, die damals und heute erst recht archaisch wirkt: Luther bevorzugt den pränominalen Genitiv in Verwendungen wie *der Juden König* (Mt. 27,37), *der Welt Sünde* (Joh. 1,29) oder *in meines Vaters Hause* (Joh. 14,2). Besonders diese Formulierung ist es, die bis heute die Luthersche Version tradiert, während so gut wie alle anderen Bibelübersetzungen *im Hause meines Vaters* aufweisen (vgl. Folsom 1984, S. 69). *In meines Vaters Hause sind viele Wohnungen* lässt sich als geflügeltes Wort in dieser Version bei der Googlesuche tausendfach in allen möglichen Zusammenhängen, auch in säkularisierten, belegen.

Unter den Besonderheiten der Lutherschen Syntax wären einige weitere zu nennen. Ich verweise hier nur auf seinen extensiven Partikelgebrauch (vgl. Masařik 1984). Luther verwendet Partikeln auch in der Bibel, ja, er ändert auch Partikeln, die besser zu passen scheinen, wie in der folgenden Stelle, die die Partikel *ja* enthält. Diese ist seit Luther als Modalpartikel im Deutschen gebräuchlich (vgl. Hentschel 1986, S. 85 f.):

(9) 1522: Nu ynn der aufferstehung, wilchs weyb wirtt sie seyn vnter den sieben? Sie haben sie yhe alle gehabt?
1546: Sie haben sie ja alle gehabt. (Mt. 22,28)

Zusammenfassend lässt sich jedoch soweit sagen, dass Luthers Syntax im Großen und Ganzen dem Gebrauch seiner Zeit entspricht.

3. Das „eigentliche“ Erbe

3.1 Die Gestaltung der Bibelsprache

Damit ist aber nicht zum Ausdruck gebracht, dass dennoch und gerade wegen dieser Einpassung in die Tendenzen der Zeit Luthers Bedeutung für die Entwicklung des Deutschen, von der Grammatik her gesehen, mehr oder weniger zu vernachlässigen wäre. Das ist nicht der Fall. Der kurze Überblick hat den grammatikalischen *Aus-*

gangsbestand ins Auge gefasst, das System, nicht aber dessen Anwendung. Über die *Nutzung* einzelner syntaktischer Erscheinungen und die damit verbundenen textuellen und diskursgrammatischen Strategien ist damit noch wenig gesagt. Vor allem aber, das sei an dieser Stelle schon hervorgehoben, ist damit überhaupt noch nicht zum Ausdruck gebracht, dass es die Nutzung und Stabilisierung des um 1520 erreichten Standes des Frühneuhochdeutschen ist, die wir durch die enorme Verbreitung der Werke Luthers, nicht nur der Bibel, sondern seiner Traktate, seines Katechismus, seiner Predigten und Lieder zu verzeichnen haben. Dieser und *gerade dieser* Stand des Frühneuhochdeutschen war es, der sich durchgesetzt hat und die weitere Entwicklung des Deutschen geprägt hat. Es ist dabei vor allem auch zu bedenken, dass Texte wie der Lutherische Katechismus, Lieder und Bibelzitate auswendig gelernt wurden. Auswendiglernen und Rekapitulieren sind als pädagogisch-didaktische Lernstrategien erst in jüngster Zeit verlorengegangen. Die Aufnahme aller dieser Texttypen, vor allem der Bibel in die Schöne Literatur, aber auch in Sachtexte und deren Verbuchung in den Wörterbüchern kommt noch hinzu. Letzteres ist seit langem bekannt (vgl. jüngst Luserke-Jaqui 2016).

Wenn wir also in Bezug auf die phonologischen, graphematischen, syntaktischen und lexikalischen Gebrauchsweisen Luthers nur seine indirekten Erben sind, so steht es mit den funktionalstilistischen Bedingungen anders. Luthers Diktion prägt bis heute die sakrale Sprache, zumindest im protestantischen Bereich. Gleiches gilt für die theologische Argumentation, auch wenn gerade davon abgewichen wird. Luthers direkte, rhetorisch ausgefeilte, Ausdrucksweisen anderer als der sakralen Register einbeziehende Argumentationsweise prägt in vielerlei Hinsicht die theologische Fachliteratur, die populäre allemal. Was die Bibelsprache betrifft, so ist das Wechselspiel von behutsamer und rigoroser Modernisierung das beste Zeichen dafür, dass mit dem „Lutherdeutsch" ein konstanter Faktor in die – jeweilige – Gegenwartssprache hineingebracht wird. Die Bibelsprache muss einerseits die Verstehbarkeit in der jeweiligen Gegenwartssprache sicherstellen, andererseits muss sie den Ausgangstext so getreu wie möglich wiedergeben. „Zugleich jedoch darf weder in zentralen theologischen Punkten von Luthers Auslegung abgewichen werden noch von dem, was allgemein als Lutherdeutsch oder Bibelsprache gilt, auch wenn es sich dabei schlicht um auf uns gekommenes eingefrorenes Frühneuhochdeutsch handelt." (Passet 2015, S. 194).

Hier sind zwei Dinge angesprochen, die für die Bewertung des grammatischen Erbes wichtig sind: Einmal ist es die theologische Zwickmühle, die den Spagat zwischen Tradition und Modernität erzwingt. Selbstverständlich müssen Ausdrucksweisen, die den ursprünglichen Sinn der Bibel nicht treffen würden, revidiert werden, das muss jede Übersetzung. Aber da alle volkssprachlichen Bibelübersetzungen in bestimmten und zwar unterschiedlichen Traditionen stehen, kann es keine automatischen Lösungen geben, sondern nur solche, die jeweils wieder in Formulierungstraditionen stehen. Dies hat zweifellos zu einer Auseinanderentwicklung der verschiedenen Stränge der Übersetzungskonventionen geführt, worauf ich hier nicht näher einzugehen brauche. Die letzten beiden Rückrevisionen der Lutherbibel zeigen nun, dass es nicht nur ein konfessionelles Bedürfnis des Festhaltens an den reformatorischen Quellentexten – und das ist neben den Traktaten von Luther vor allem eben seine Bibelübersetzung – gibt, sondern auch ein allgemeines Sprachbedürfnis, Herkömmliches, Gewohntes in der Sprache nicht aufzugeben. Dies ist die Gegenbewegung zur ständigen Änderung und Anpassung der Sprache an veränderte kommunikative Bedürfnisse. Es ist vor allem die sakrale Sprache, die die sprachliche Tradition manifestiert und auch von religiös weniger Gebundenen vehement verteidigt wird. Texte wie das Vaterunser und das Glaubensbekenntnis sind trotz behutsamer Modernisierungen altertümlich, sogar altertümlicher als die Version, die Luther im Matthäusevangelium gewählt hat, wo das Gebet mit den Worten *Unser Vater in dem Himmel* (Mt. 6, 9) beginnt. Insgesamt sind die sakralen Kommunikationsformen und ganz besonders die Bibel Bollwerke gegen die Veränderung der Sprache überhaupt, auch wenn es sich dabei um funktionalstilstisch begrenzte Bereiche handelt. Die Begrenzung ist dabei rein formal gemeint, denn bei einer hierarchischen Bewertung der funktionalstilistischen Register würde kaum jemand den hohen, ja den höchsten Rang der Sakralsprache bezweifeln.

Die Bibelsprache ist mithin der Hauptzeuge für die herkömmliche, die „alte“ Sprache, die in ihren Wurzeln sicher nicht exakt festgemacht wird, aber deren Geltung, deren Verbindlichkeit Folie für alle Veränderungen darstellt. An der herkömmlichen Sprache wird bekanntlich auf vielerlei Weise festgehalten. Anlässlich der Diskussion um die Rechtschreibreform oder bei der Bewertung der Anglizismen wird deutlich, dass die überkommenen Formen heftig verteidigt werden. Handelt es sich bei diesen beiden Gebieten um eingegrenzte Bereiche, ist die Bewahrung des herkömmlichen Bibeltextes ein umfassendes, ja globales Phänomen. Dabei soll nicht außer acht gelassen werden, dass auch andere Texte sich im Kampf gegen eine Modernisierung, die z. B. in einer naiven didaktischen Absicht vorgenommen wird, verteidigt werden müssen. In den Schulen machte sich vor einiger Zeit eine Welle bemerkbar, die Texte klassischer Autoren in vermeintlich leichter verständliche Formen übertragen zu müssen. Solche Versuche werden unweigerlich Gegenbewegungen hervorrufen, die Revisionen der Lutherbibel können zeigen, dass von den Bewahrern Widerspruch kommen wird.

Das „eingefrorene Frühneuhochdeutsch“ ist somit der Ankerpunkt für die Bewahrung des sprachgeschichtlichen Erbes, das wie jedes erworbene Erbe erst in den Besitz übergehen muss. Dabei darf allerdings die begrenzte Reichweite einer solchen Besitznahme nicht übersehen werden. Wenn ich auch gerade für die Allgemeingültigkeit der Bewahrungsfunktion in der Sprache plädiert habe, so darf nicht übersehen werden, dass die Sakralsprache trotz ihres Ranges bei weitem nicht alle anderen Sprachregister tangiert.

Gewissermaßen als Gegenbild zur Übernahme aus alltagssprachlichen Registern steht Luthers sorgfältig komponierter Textbau, bei dem so gut wie alle stilistischen Mittel genutzt werden. Birgit Stolt hat in vielen Arbeiten den Einsatz rhetorischer Bauprinzipien bei Luther nachgewiesen (vgl. insbesondere Stolt 1983/84). Rhetorische Strategien zwingen den Satzbau in bestimmte Bahnen und überlagern die

„natürlichen“ Regeln, auch und gerade, wenn sie syntaktische Regeln verstärken und als rekurrente Stilmittel die Aussage unterstützen. In einer jüngst erschienenen Studie geht Susanne Lange der „entfesselten Syntax“ Luthers nach und zeigt, wie „Luthers komponierte Satzgefüge“ zur poetischen Form seiner Texte, insbesondere seiner Bibelübersetzung beitragen (vgl. Lange 2015). Die Prosa der Bibelverse werde dadurch in rhythmisch arrangierte Perioden überführt, die ihre Wirkung für den zeitgenössischen Leser nicht verfehlt habe und auch heute in ihrer Wirkung zu greifen sei, wenn damit auch ein archaisierender Anstrich verbunden sei. Hier nun lässt sich an den „rein grammatikalischen Strang“, der in Bezug auf die Verbstellung oben angesprochen wurde, anknüpfen und für die Frage des grammatischen Erbes unter weiter ausgreifender Perspektive behandeln: Die Rhythmisierung von Luthers Prosa, insbesondere der Bibelübersetzung, zeigt sich vor allem in der Wortstellung, die heute als Ausklammerung bezeichnet wird. Lange schreibt dazu: „Das vorgezogene Verb im Nebensatz, das man heute vor allem mit einem biblischen Ton in Verbindung bringt, war zu Luthers Zeit noch kein grammatikalischer Bruch, allerdings rutschte es auch damals schon verstärkt ans Satzende.“ (Ebd., S. 137). Was heute als markierte Anordnung empfunden wird, ist im Frühneuhochdeutschen bis zum gewissen Grade unmarkiert. Darauf werde ich noch eingehen. Unbestreitbar ist, was die Verfasserin als stilistische Leistung Luthers herausarbeitet. Sie zeigt das an der Gestaltung der Schöpfungsgeschichte. Sie gilt aber durchgängig für die ganze Bibel.

Abgesehen von den erkennbaren stilistischen Mechanismen wie Vokalbindung, rhythmischer Führung der Syntagmen und Sätze, Chiasmen und Parallelismen, sind es die Wortstellungsregularitäten, die den Sätzen eine rhythmisierte Kontur geben. Die Frage ist nun, ob es sich dabei um zeittypische Konstruktionen handelt, die im 16. Jahrhundert unmarkiert gewesen sind, oder ob es sich bereits damals um markierte Konstruktionen gehandelt hat, die dann aus der heutigen Rezeptionsperspektive umso stärker den Eindruck sakraler Sprache hervorrufen.

Zunächst möchte ich kurz darauf eingehen, in welcher Weise die funktionalstilistische Bestimmung sakraler Sprache in der Bibellektüre überhaupt eine Rolle spielt. Die Auseinandersetzungen um die Bibelrevisionen der Lutherbibel, aber auch der Vergleich mit der Einheitsübersetzung, die in viel stärkerem Maße gebrauchssprachliche Stilzüge aufweist, zeigt, dass dies keineswegs marginal ist. In den siebziger Jahren war gerade die Abkehr von prononciert kirchlich geprägten Ausdrucksweisen im Schwange. Aber unterschwellig lebte das Bedürfnis, sakrale Sprache und insbesondere die Sprache der Bibel nicht nur im Wortschatz, sondern auch im Satzbau als herausgehoben zu markieren, fort und brach sich in mehrfachen Schüben Bahn, die für die Lutherbibel in der jüngsten Revision in vieler Hinsicht in die Rückkehr zu alten Ausdrucksweisen, die in späteren Auflagen ersetzt worden waren, mündete.[8]

[8] Zur Kritik an modernisierenden Versionen der Lutherbibel vgl. exemplarisch den Artikel von Walter Jens „Mord an Luther“ in zeit online vom 17.12.1976 (www.zeit.de/1976/52 [Stand: 13.7.2017]).

3.2 Beispiel: Psalmenübersetzung

Als Beispiele für die Fortwirkung der rhythmisierten, rhetorisch gestalteten und effektiven Formulierungen der Lutherbibel greife ich die Psalmenübersetzungen heraus. Sie sind deswegen in dieser Hinsicht von Bedeutung, als sie einerseits mit die bekanntesten Einzeltexte der Bibel darstellen, andererseits darüber hinaus durch die Fülle der Vertonungen im öffentlichen Bewusstsein stark verankert sind.

Der 42. Psalm beginnt in der Lutherversion mit den Worten: *Wie der Hirsch schreit nach frischem Wasser, so schreit meine Seele, Gott zu dir.* (Lutherbibel[9]). Diese Verse sind in einem deutlich erkennbaren Rhythmus abgefasst. Das haben auch viele andere Bibelübersetzungen, was eine Warnung darstellt, alle positiv fortwirkenden Eigenheiten der Lutherbibel-Tradition zuzuschreiben. Mir kommt es in diesem Zusammenhang auf das Wort *schreit* an. Die Lutherversion wirkt, abgesehen von der Lektüre der Bibel und den Lesungen im Gottesdienst vor allem durch die Vertonungen. Hier sind es besonders die Vertonungen von Felix Mendelssohn und Hugo Distler, die den alten Wortlaut tradieren. Dagegen haben die Zwingli-Bibel, die Einheitsübersetzung und das neue evangelische Gesangbuch *Wie der Hirsch lechzt* (Evangelisches Gesangbuch, Lied 278; Text von Dieter Trautwein 1983). Letzteres hat die Version *Wie der Hirsch lechzt nach frischem Wasser, so schreit meine Seele, Gott zu dir.* Damit geht die anaphorische Bindung der beiden Verben verloren. Derartige Bindungen aber verklammern dieses Mikrotextstück.

Ein weiteres Beispiel: Um den Rhythmus der Psalmverse zu unterstreichen, haben sowohl die Lutherübersetzung als auch die Einheitsübersetzung im Psalm 98 nicht *singt dem Herrn ein neues Lied*, sondern, wie alle alten Versionen *Singet dem Herrn ein neues Lied.* Solche Formen lassen sich als „archaische", „veraltete", verstehen, sie sind aber mehr. Einerseits betonen sie die funktionalstilstische Ebene, indem die sakrale Sprache durch archaische Formen akzentuiert wird, andererseits sind sie wieder generell Faktoren der Bewahrung. Vergleichbares gilt für die Konjunktivformen, die in der Gebrauchssprache nicht mehr vorkommen, hier aber absolut natürlich wirken: *Der Herr ist König; des freue sich das Erdreich und seien fröhlich die Inseln, so viel ihrer sind.* (Lutherbibel, Psalm 97,1). Konsequenterweise weisen in Psalm 100 alle Imperative der 2. Pers. Plural die -*e*-Version auf: *Jauchzet dem Herrn alle Welt, dienet – erkennet – gehet – danket – lobet.* In den Schlusszeilen wird auch der Indikativ mit dieser Form verwendet: *und seine Gnade währet ewig.* Dadurch bekommt der ganze Psalm ein einheitliches, feierliches Gepräge. Die Einheitsübersetzung mit ihren anderen Übersetzungsprinzipien hat die Formen *jauchzt*, *dient*, *erkennt* usw. Auch dieser Psalm liegt in einer großen Zahl von Vertonungen vor (Heinrich Schütz, Johann Pachelbel, Johann Sebastian Bach, Georg Philipp Telemann, Felix Mendelssohn und anderer Komponisten) und transportiert damit den Wortlaut der Lutherversion auch in den säkularisierten Kulturbereich.

9 Im Literaturverzeichnis unter Luther (2017).

3.3 Beispiel: Oratorien

Diese Transposition biblischer Texte in die allgemeine Kulturtradition lässt sich noch klarer an den großen Bachschen Oratorien ablesen. Das Weihnachtsoratorium etwa hat den Text des Lukasevangeliums in der Version des 18. Jahrhunderts der lutherischen Bibelübersetzung. Diese entspricht im Wesentlichen dem Wortlaut von 1546 und bewahrt damit die ursprünglichen Formulierungen bis heute – gegen sämtliche anderen Übersetzungen, deren Qualitäten keineswegs geschmälert werden sollen. So enthält etwa die ‚Gute Nachricht', gerade was diese Episode betrifft, eine stärker narrative Version als die meisten anderen Übersetzungen und trifft damit die Vertextungsstrategie des Erzählens sehr gut:

(10) Zu jener Zeit ordnete Kaiser Augustus an, daß alle Bewohner des römischen Reiches in Steuerlisten erfaßt werden sollten. Es war das erste Mal, daß so etwas geschah. Damals war Quirinius Statthalter der Provinz Syrien. So zog jeder in die Heimat seiner Vorfahren, um sich dort eintragen zu lassen. (Lk. 2,1–3; Die Gute Nachricht)

Bei Erzähltexten, bei chronikalischen Berichten erwartet man kaum rhythmisierte Prosa. Die aber wählt Luther:

(11) Es begab sich aber zu der zeit, das ein Gebot von dem Keiser Augusto ausgieng, das alle Welt geschetzt wuͤrde. Vnd diese Schatzung war die allererste, vnd geschach zur zeit, da Cyrenius Landpfleger in Syrien war. Vnd jederman gieng, das er sich schetzen liesse, ein jglicher in seine Stad. Da machet sich sich auff auch Joseph, aus Galilea, aus der stad Nazareth, in das Juͤdischeland, zur stad Dauid, die da heisst Bethlehem, darumb das er von dem hause vnd geschlechte Dauid war, Auff das er sich schetzen liesse mit Maria seinem vertraweten Weibe, die war schwanger. (Luther 1546)

Fast genau diesen Text mit seiner rhythmisierten Prosa hat, mit einigen Auslassungen, das Bachsche Oratorium.[10] Aber hier ist ein weiteres Faktum zu registrieren, das für die Traditionsbildung bemerkenswert ist: Während die Version von 1546 die Formen *das alle Welt geschetzt wuͤrde* und *in das Jüdische land / zur stad Dauid / die da heisst Bethehem* aufweist, heißt es bei Bach: *daß alle Welt geschätzet würde* und *in das jüdische Land, zur Stadt David, die da heißet Bethlehem*. Zu sehen ist, dass die Tradition hier, wie an vielen weiteren Stellen des Bibeltextes, den archaischen Formklang verstärkt hat. Solche Konturen dürfen nicht vergessen werden; es ist dies eine bewusste Stilisierung der Traditionsstränge, die sich gegen die organische Weiterentwicklung der Sprache stellt.

[10] Textabdruck in Dürr (1985, S. 131).

3.4 Beispiel: Katechismus

Unter den in der evangelischen Tradition sich findenden Texten, die bis in die Mitte des 20. Jahrhunderts auswendig zu lernen waren, ist es besonders der Kleine Katechismus Martin Luthers. Von den nachwirkenden sprachlich-stilistischen Charakteristika seien einige hier angeführt: Erstens: Die anaphorische Bindung ganzer Absätze: Die „Erklärungen" der Zehn Gebote beginnen stets mit den Worten: *Wir sollen Gott fürchten und lieben, dass ...* Zweitens: Die einzelnen Erklärungen sind immer antithetisch aufgebaut.[11] Sie benennen zuerst die negative Haltung, und setzen dann die positive dagegen:

(12) Wir sollen Gott fürchten und lieben, dass wir unsere Eltern und Herren nicht verachten noch erzürnen, sondern sie in Ehren halten, ihnen dienen, gehorchen, sie lieb und wert halten. (www.velkd.de/theologie/kleiner-katechismus.php [Stand: 13.7.2017])

Drittens: Hier ist gleich noch ein weiteres Stilgesetz zu erkennen: das der Variation. Viertens: Neben vielen weiteren Stilistika findet sich auch hier die Ausklammerung: *Gott droht zu strafen alle, die diese Gebote übertreten; darum sollen wir uns fürchten vor seinem Zorn und nicht gegen seine Gebote handeln.*

Es ist zu sehen, dass auch in der Version um die letzte Jahrtausendwende der lutherische Sprachduktus voll erhalten bleibt. Die Vereinigte Evangelisch-Lutherische Kirche Deutschlands (VELKD) schreibt dazu auf ihrer Homepage: „Die rhythmische Sprache der Stücke des Kleinen Katechismus trägt insbesondere zu ihrer Einprägsamkeit bei." (www.velkd.de/theologie/kleiner-katechismus.php [Stand: 13.7.2017])

4. Ausklammerungen

Wie oben angegeben, soll der Frage der Ausklammerung eigens nachgegangen werden, um zu bestimmen, ob es sich dabei um stilistische Maßnahmen im Sinne der Rhythmisierung der biblischen Verse handelt oder ob es mehr oder weniger frühneuhochdeutsche Normalanordnungen sind, die uns nur heute als bewusst eingesetzte Formmerkmale erscheinen. Sehen wir uns zunächst einige Beispiele aus der jüngsten Auflage der Lutherbibel (Luther 2017) im Vergleich mit der Einheitsübersetzung (Katholische Bibelanstalt 1980) an:

(13) Da Jesus geboren war zu Bethlehem in Judäa zur Zeit des Königs Herodes, siehe, da kamen Weise aus dem Morgenland nach Jerusalem. (Mt. 2,1)

[11] Die antithetische Argumentation gehört zu Luthers rhetorischen Strategien. Vor allem seine Traktate bedienen sich dieses Verfahrens (vgl. Stolt 1983/84 und Eroms 1988).

Als Jesus zur Zeit des Königs Herodes in Bethlehem in Judäa geboren worden war, kamen Sterndeuter aus dem Osten nach Jerusalem. (Einheitsübersetzung)

(14) Als das der König Herodes hörte, erschrak er und mit ihm ganz Jerusalem und er ließ zusammenkommen alle Hohenpriester und Schriftgelehrten des Volkes. (Mt. 2,3)

[...] Er ließ alle Hohenpriester und Schriftgelehrten des Volkes zusammenkommen. (Einheitsübersetzung)

(15) Und du, Bethlehem im Lande Juda, bist mitnichten die kleinste unter den Fürsten Judas; denn aus dir wird kommen der Fürst, der mein Volk Israel weiden soll. (Mt. 2,6)

[...] denn aus dir wird ein Fürst hervorgehen ... (Einheitsübersetzung)

(16) Wer aber nicht glaubt, der ist schon gerichtet, denn er hat nicht geglaubt an den Namen des eingeborenen Sohnes Gottes. (Joh. 3,18)

[...] weil er an den Namen des einzigen Sohnes Gottes nicht geglaubt hat (Einheitsübersetzung)

(17) Jesus [...] sprach zu ihr: Wenn du erkenntest die Gabe Gottes (Joh. 4,10)

[...] worin die Gabe Gottes besteht (Einheitsübersetzung)

(18) Wenn ihr bleiben werdet an meinem Wort, so seid ihr wahrhaftig meine Jünger. (Joh. 8,31)

[...] Wenn ihr in meinem Wort bleibt (Einheitsübersetzung)

Diese Befunde sind deutlich. Die Lutherbibel hat im Gegensatz zur Einheitsübersetzung an diesen Stellen Ausklammerungen, die dem Text ein feierliches Gepräge geben. Sie sind umso bemerkenswerter, als nach Schildt (1976, S. 272) Luther im Vergleich mit anderen Autoren seiner Zeit in seinen Schriften insgesamt eher Klammerungen bevorzugt. Nach Schildt weisen die Einfachsätze im Zeitraum 1470–1530 bereits zu 68,1 % einen voll ausgebildeten Satzrahmen auf (ebd., S. 271), allerdings sind die Klammerkonstruktionen bei Luther selber zunächst noch selten, nehmen später aber zu, wie Korhonen ermittelt hat (Korhonen 1984, S. 51). Es ist also nicht auszuschließen, dass die Abweichung von dieser schon weitgehend durchgesetzten Norm durch Luther zunächst noch weniger aus stilistischen Gründen erfolgt, sondern seinem eigenen Sprachgebrauch und damit der ostmdt. Norm entsprach. Weil er dies an den zitierten Stellen aber in späteren Auflagen der Bibel gerade *nicht* änderte, muss man doch von einer bewussten Wahl eines syntaktischen Archaismus oder eben der stilistisch motivierten Wahl der Positionierung der rhematischen Gipfelelemente ans Ende des Satzes sprechen, wobei letzteres wahrscheinlicher ist. Dass Luther bei den Umarbeitungen seiner Bibelübersetzungen die Rahmenkonstruktionen verstärkt habe, wie auch Arndt/Brandt (1983, S. 185) und Admoni (1984, S. 213) sagen, gilt in dieser Pauschalität so nicht. Die Änderungen müssen unter grammatischer und stilistischer Perspektive genauer ins Auge gefasst werden.

Dazu soll das Matthäus-Evangelium in den Fassungen von 1522 und 1546 im einzelnen verglichen werden. Es zeigen sich dabei wichtige Einsichten, die nicht nur diese grammatische Frage betreffen, sondern auch die Prägung der Bibelsprache insgesamt und ihre Nachwirkungen.

Fassen wir zunächst die Änderungen ins Auge. In Bezug auf die Stellung der verbalen Glieder finden sich im Matthäus-Evangelium 41 Änderungen, die in der Ausgabe von 1546 die modernere Form aufweisen. Nur eine einzige Änderung setzt eine ältere Form ein. Die Veränderungen betreffen die unterschiedlichsten Konstruktionen. Sie sind immer auf dem Hintergrund der Nichtänderungen zu beurteilen, die weiter unten in einem zweiten Schritt gemustert werden. Denn eine große Zahl von möglichen Wortstellungsvarianten wird in der Version von 1546 so belassen wie sie 1522 formuliert worden waren. Zum Vergleich wird außerdem an einigen Stellen die Eck-Bibel von 1537 herangezogen. Sie beruht bekanntlich in vielen Zügen auf der Lutherbibel. In unserem Zusammenhang wird dies daran deutlich, dass sie im Wesentlichen die Wortstellung der Lutherversion von 1522 aufweist und in der Auflage von 1550 auch bewahrt.

Geändert wird bei folgenden Konstruktionen:

Finites Verb, absolut:

(19) 1522: aber das volck bedrawet sie, das sie sollten schweygen
1546: das sie schweigen solten (Mt. 20,31)
Eck 1537 und 1550: Das sie soltē schweigen

Finites Verb + Akkusativergänzung im Nebensatz:

(20) 1522: Denn so yhr vergebt den menschen yhre feyle
1546: Denn so jr den Menschen jre feile vergebet (Mt. 6,14)

Finites Verb + Dativergänzung im Hauptsatz:

(21) 1522: Er wirt die boßwicht vbel vmbringen vnd seynen weynberg aus thun andern weyngartenern
1546: andern Weingartnern aus thun (Mt. 21,41)

Finites Verb, Direktionalergänzung im Nebensatz:

(22) 1522: vnnd da sie kamen an die stett mit namen golgata
1546: Vnd da sie an die Stet kamen, mit namen Golgatha (Mt. 27,33)
Eck 1537 und 1550: Vnd da sie kamen an die statt mit namen Golgata

Finites Verb, trennbares Verb + Akkusativergänzung im Hauptsatz:

(23) 1522: vnnd sie reychten yhm dar eynen pfennig
1546: Vnd sie reichten jm einen Grosschen dar (Mt. 22,19)

Mit komplexen Verbformen im Nebensatz:

(24) 1522: Unnd es begab sich, da Jhesus vollendet hatt solche gepott zu seynen tzwelfff iungernn
1546: da Jhesus solch Gebot zu seinen zwelff Juͤngern vollendet hatte (Mt. 11,1)

1522: bis das sie sehen komen des menschen son ynn seynem reych.
1546: Bis das sie des menschen Son komen sehen in seinem Reich (Mt. 16,28)

1522: seyn eygen new grab, wilchs er hatte lassen hawen ynn eynen felß
1546: welches er hatte lassen in einen Fels hawen (Mt. 27,60)

Komplexe Verbformen im Hauptsatz:

(25) 1522: nach der tzeytt, die er mit vleyß erlernet hatte vonn den weysen
1546: von den Weisen erlernet hatte (Mt. 2,16)

(26) 1522: wenn yhr aber wisstet, was das sey [...] hettet yhr nicht verdampt die vnschuldigen
1546: hettet jr die Vnschůldigen nicht verdampt (Mt. 12,7)

(27) 1522: wie offt habe ich wollen deyne kinder versamlen
1546: Wie offt habe ich deine Kinder versamlen wǒllen (Mt. 23,37)

Im Fragesatz:

(28) 1522: wolltet yhr sehen eynen menschen ynn weychen kleydern?
1546: Woltet jr einen Menschen in weichen Kleidern sehen? (Mt. 11,8)

Futur:

(29) 1522: vnnd sie wirt geperen eynen son, des namen solltu heyssen Jhesus, denn er wirt seyn volck selig machen von yhren sunden.
1546: Vnd sie wird einen Son geberen, Des namen soltu Jhesus heissen, Denn er wird sein Volck selig machen von jren Sůnden. (Mt. 1,21)

Futur Passiv:

(30) 1522: vnnd werden fur yhm versamlet werden alle volcker
1546: vnd werden fur jm alle Vǒlcker versamlet werden (Mt. 25,32)

Sein + Adjektiv:

(31) 1522: der aber nach myr komet, ist stercker denn ich, dem ich auch nit byn gnugsam, seyne schuch zu tragen
1546: Dem ich auch nicht gnugsam bin (Mt. 3,11)

Von besonderer Bedeutung sind die Fälle, in denen die Ausgabe von 1546 im Gegensatz zur Version von 1522 eine Ausklammerung enthält. Es sind nur wenige Stellen, sie zeigen aber, dass es nicht allein grammatische Gründe waren, die zur Änderung geführt haben.

(32) 1522: Bereyttet dem hernn den weg, vnnd macht seyne steyge richtig.
1546: vnd machet richtig seine steige. (Mt. 3,3)
Eck 1537: Beraitet den weg des Herren und machet richtig seine weg.
Eck 1550: Beraittet den weg des herren / machet richtig seine weg.

Hier ergibt sich durch die Wortstellungsänderung eine Parallelisierung der Akkusativobjekte. Ein weiterer Fall sind ausgeklammerte Infinitivkonstruktionen, die 1546 in die Klammer eingefügt werden (*zu horen die weyßheit Salomonis*, Mt. 12, 42).

Es ist deutlich, dass, bis auf die zuletzt angeführten Fälle, alle diese Änderungen im Einklang mit der Sprachentwicklung stehen, denn es sind ausnahmslos die Gesetzlichkeiten, die noch heute für die unmarkierte Anordnung der verbalen Glieder und ihrer Komplemente gelten. Das betrifft sowohl die Haupt- als auch die Nebensätze. Die Weiterentwicklung der Serialisierungsregularitäten in den Sätzen des Deutschen, gerade in dieser Zeit, lässt sich an den Änderungen der Bibelversionen deutlich erkennen. Sie geht einerseits in die Richtung der Polarisierung der Wortstellung für das finite Verb, indem im Nebensatz die Endstellung angezielt, aber, wie die Verhältnisse in der Gegenwartssprache zeigen, keineswegs generell auch erreicht wird, andererseits zur Ausbildung des Satzrahmens im Hauptsatz, wobei sich dann die „Ausklammerung“ von Komplementen – in unseren Beispielen sind es hauptsächlich Akkusativergänzungen, aber auch Dativ- und Direktionalkomplemente – als markierte Formen ergeben. Die Nutzung und Registrierung solcher markierten Formen bei der Rezeption ist mithin erst im Zuge und nach der allmählichen Festwerdung der Wortstellungsregularitäten zu bemerken.

Um diesen Eindruck gleichsam von der anderen Seite her zu prüfen, d. h. die markierten Formen, die also stilistisch genutzt werden, sollen die Belege, bei denen in der Bibel von 1546 die Anordnungen von 1522 bestehen bleiben, betrachtet werden. Es handelt sich im Wesentlichen dabei einerseits um die grammatischen Typen, die den Weg in die Verhältnisse, wie sie in der Gegenwartssprache bestehen, schon gegangen sind, und andererseits um solche, die den spezifischen sakralen Stil zeigen. Zu den ersteren gehören, wie schon gesagt, die Passivformen und die Futurformen, von denen solche, die 1522 noch nicht den modernen Stand aufweisen, 1546 geändert wurden. Dazu gehören ferner die *haben*- und *sein*-Perfektformen, z. B.:

(33) die yhr myr seyd nachgefolget (Mt. 19,28)[12]

(34) Als sie nu den konig gehort hatten, zogen sie hyn, vnnd, sihe der stern, den sie ym morgen land gesehen hatten, gieng fur yhn hyn, biß das er kam, vnd stund oben vber, da das kyndlin war. (Mt. 2,9).

Ferner die Anordnung der Modalverben:

(35) vnd erforschete von yhn, wo Christus solt geporn werden (Mt. 2,4)
das yhr bey euch wolt sagen (Mt. 3,9)
vnd die sele nit mugen todten (Mt. 10,28)
wie er muste gen Jherusalem gehen (Mt. 16,21)
das ich nit kunde meynen vatter bitten (Mt. 26,53)

[12] Alle Belege ab hier nach dem Druck von 1522.

So auch mit *lassen* (Mt. 23,10), auch im Hauptsatz: *den will ich verleugnen fur meynem vater ym hymel* (Mt. 10,33).

Die Mehrzahl dieser Belege lässt im Vergleich mit den geänderten Formen erkennen, dass die Ausbildung des Satzrahmens, der ja bis zur Gegenwartssprache nicht ausnahmslos gebildet wurde und dann die unmarkierte Wortstellung darstellen würde, im 16. Jahrhundert weit fortgeschritten war, und dass Luther genau diesen Stand aufnimmt. Am folgenden Beleg kann man erkennen, wie das Hilfsverb nach hinten wandert und sozusagen ein Protokoll der Entwicklung dieses Zwischenstandes abgibt:

(36) 1522: vnd so euch yemand wirt etwas sagen, so sprecht der herr bedarff yhr
1546: Vnd so euch jemand etwas wirt sagen (Mt. 21,3) (Mit dieser Wortstellung bis in die Ausgaben der Lutherbibel in den fünfziger Jahren)

Die andere Gruppe, bei der nicht geändert wird, betrifft solche Stellen, bei denen die Anordnung entweder den organischen Anschluss von Fortführungen, etwa von Relativsätzen, ermöglicht wie in (37) oder in denen der gesamte Satzbau rhythmisiert erscheint (38) und dadurch ein feierlich-gehobener Ton resultiert, was im zweiten Teil dieses Beleges der Fall ist:

(37) wer aber ergert diser geringsten eynen, die an mich glawben (Mt. 18,6)

(38) vnnd sie sagten yhm, zu Bethlehem yhm Judischen land. Denn also ist geschrieben durch den propheten. Vnd du Bethlehem ym Judischen land bist mit nichte die kleynist vnter den fursten Juda, denn auß dyr soll myr komen, der hertzog, der vber meyn volck von Israel eyn herr sey. (Mt. 2,6; vgl. Beleg (15))

Auch in diesem Fall hat die Eck-Bibel von 1537 und auch von 1550 die gleiche Wortstellung: „Vñ du Bethleē/ du land Juda / bist mit nichte die wenigst vnter dñ Fürsten Juda / dañ von dir wirt außgeen der Hertzog / der regiere mein volck Israel.“

Besonders auffällig ist der folgende Beleg, weil die Futurformen sonst fast durchweg die Nachstellung des Finitums aufweisen:

(39) Bald aber nach dem trubsall der selbigen tzeyt, werden sonn vnd mond den scheyn vorlieren, vnnd die sternn werden vom hymel fallen, vnd die krefft der hymel werden sich bewegen, vnd denn wirt erscheynen das zeychen des menschen sons ym hymel, vnnd denn werden heulen alle geschlecht auff erden, vnd werden sehen komen des menschen son ynn den wolcken des hymels, mitt grosser krafft vnnd herlickeyt, vnnd er wirt senden seyne Engele mit hellen pasaunen, vnd sie werden samlen seyne außerwelten von den vier winden, von eynem ende des hymels zu dem andern (Mt. 24, 29–31)

Schließlich sei der Vers Mt. 28,18 angeführt, der mit dieser Wortstellung auch in der Einheitsübersetzung erscheint: *Myr ist geben aller gewallt ynn hymel vnnd erden.* (Mt. 28,18). So auch in der Eck-Bibel 1537 und 1550: *Mir ist geben aller ge-*

walt in Himel vnd auf erden, die Lutherbibel von 1546 hat: *Mir ist gegeben alle gewalt im Himel vnd Erden.*

Derartige rhythmisierte Passagen, in denen dann entsprechende Anordnungen der syntaktischen Glieder zu verzeichnen sind, finden sich an Kernstellen des Matthäusevangeliums, wie auch in den anderen Evangelien, vielfach, z. B.:

(40) vnnd ym trawm entpfieng er eyn bevehl von gott, vnd zog ynn die ortter des Galileischen lands, vnd kam, vnnd wonet ynn der stat die do heyst, Nazareth, auff das erfullet wurd, das gesagt ist durch die propheten, Er sol Nazarenus heyssen. (Mt. 2,22 f.)

Auf diese Weise ergeben sich Parallelismen, etwa in den Seligpreisungen oder in den Gleichnissen:

(41) Selig sind die senfftmutigen, denn sie werden das erdreych besitzen, Selig sind die da hungert und durstet nach der gerechtickeyt, denn sie sollen satt werden. (Mt. 5,5 f.)

(42) Was sihestu aber den spreyssen ynn deyns bruders auge, vnd wirst nit gewar des balckenn ynn deynem auge? (Mt. 7,3)

Inwieweit gehen nun diese Änderungen und Belassungen bei der Wortstellung solcher Passagen auf Luther selber zurück? Hier dürfen wir vermuten, dass auch für sie gilt, was die Weimarer Ausgabe generell annimmt: Luther habe sorgfältig alle Drucke überwacht. Dazu wird als Beleg die Mitteilung des Korrektors Christophorus Walther von 1566 zitiert:

(43) Denn ich bin nu dreissig jar zu Wittemberg bey meinem lieben Herrn Hansen Lufft gewesen, Vnd nach dem der Ehrnwirdiger Herr Doctor Martinus Luther seine meiste Buͤcher in solcher Druckerey hat lassen drucken, vnd alle Druͤcke vnd Boͤgen selber gelesen vnd corrigirte, hab ich jm alle Druͤcke vnd Boͤgen aus der Druckerey muͤssen zutragen, das ich offt alle tage etliche mal bey vnd vmb jn gewesen. (Luther 1929, S. LXXXVI)

Dies ist zugleich selber ein sprechender Beleg für den Stand der Wortstellungsregularitäten zu dieser Zeit. Was Christophorus Walter schreibt, wird von Georg Rörer, dem Obercorrector, bestätigt (Luther 1929, S. LXXXVII). Die Druckfassungen der Bibelversionen sind daher, so darf man als sicher annehmen, in jeder Hinsicht von Martin Luther autorisiert.

Luthers Entscheidungen für die Wortstellungsregularitäten stehen in grammatischer Hinsicht im Einklang mit der generellen Sprachentwicklung.[13] Aber wichtiger

13 „Luthers individuelle Sprachentwicklung und die allgemeine Entwicklung der Literatursprache gingen also in ein und dieselbe Richtung und beförderten sich gegenseitig.“ (Arndt/Brandt 1983, S. 191).

ist die Erkenntnis, dass die Wortstellung nicht ein bloßes grammatisches Faktum ist, sondern dass sie bewusst genutzt wird, um Textpassagen besonders nachdrücklich hervorzuheben.

5. Fazit

Die Musterung der Ausklammerungen zeigt beispielhaft, dass es in erster Linie die *Nutzung* dieses Anordnungsgesetzes und nicht der grammatische Zwang ist, der für die Bibelsprache charakteristisch ist. Da die Bibelsprache und die Sprache des Katechismus bis heute nachwirken, ja wirken – denn die rhetorisch-stilistischen Gesetzmäßigkeiten, die an die grammatischen Bedingungen geknüpft sind, sind für die „höheren Sprachregister" tradiert und gefestigt –, lässt sich von einem grammatischen Erbe der von Luther teils geschaffenen, auf jeden Fall zentrierten und in den nachfolgenden Jahrhunderten tradierten Sprachhaltung sprechen. Werner Besch (2000, S. 1740) sagt zum Abschluss seines umfassenden Artikels „Die Rolle Luthers für die deutsche Sprachgeschichte" im Handbuch „Sprachgeschichte": „Der Lutherbibel verdankt das große und dialektal extrem untergliederte dt. Sprachgebiet letztlich die Einheit der Schriftsprache. Kein anderer Text hätte dies bewirken können. […] Das ist das große Erbe bis heute." Wie oben schon angedeutet, ist dies realistischerweise in Hinblick auf die Bibel als Bezugstext zu verstehen, von dem andere Register der deutschen Sprache inzwischen weit entfernt sind. Es sind auch weniger die direkten Beeinflussungen theologisch motivierten Sprechens und Schreibens in Predigt und theologischer Fachliteratur als die indirekten Auf- und Übernahmen in literarischer und anderer Prosa, was von Zitaten und Nachschöpfungen bis zu Kontrafakturen und Parodien reicht, die das Fortwirken belegen. Aber es hieße den Einfluss einer Einzelpersönlichkeit überschätzen, wenn man der Auffassung wäre, dass das alles auf Martin Luther zurückgehe. Es sind auch hier Stabilisierungen und Rückbesinnungen, die sich der unaufhaltbaren Tendenzen der Progression entgegenstemmen. Das wiederum sollte nicht missverstanden werden als rückwärtsgewandte Sprachhaltung, die wir der Lutherischen Tradition verdankten, denn der in seiner Zeit vehement zu spürende progressive Impetus macht sich auch heute in seinem grammatisch-stilistischen Erbe bemerkbar.

6. Quellen und Literatur

6.1 Quellen

Deutsche Bibelgesellschaft (1982): Die Bibel in heutigem Deutsch. Die Gute Nachricht des Alten und Neuen Testaments. Stuttgart.
Eck, Johannes (1537): Alt und new Testament. Ingolstadt.
Eck, Johannes (1550): Alt und new Testament. Ingolstadt.

Evangelisches Gesangbuch (o. J.): Ausgabe für die Evangelisch-Lutherischen Kirchen in Bayern und Thüringen. München.

Luther, Martin (1929): D. Martin Luthers Werke. Kritische Gesamtausgabe. Die Deutsche Bibel. 6. Bd. Weimar.

Luther, Martin (1986): Vom Abendmahl Christi, Bekenntnis. In: Martin Luther. Studienausgabe, hrsg. von Hans-Ulrich Delius, Bd. 4. Berlin, S. 13–258.

Luther, Martin (2017): Die Bibel. Nach Martin Luthers Übersetzung. Lutherbibel. Revidiert 2017. Stuttgart.

Katholische Bibelanstalt (1980): Einheitsübersetzung der Heiligen Schrift. Die Bibel. Gesamtausgabe. Stuttgart.

6.2 Literatur

Admoni, Wladimir G. (1984): Luthers Sprachbau als ausgewogenes grammatisches System. In: Schildt (Hg.), S. 207–218.

Arndt, Erwin/Brandt, Gisela (1983): Luther und die deutsche Sprache. Wie redet der Deudsche man jnn solchem fall? Leipzig.

Bach, Heinrich (1934): Handbuch der Luthersprache. Laut- und Formenlehre in Luthers Wittenberger Drucken bis 1545. Kopenhagen.

Bergmann, Rolf (1983): Der rechte Teutsche Cicero oder Varro. Luther als Vorbild in den Grammatiken des 16. bis 18. Jahrhunderts. In: Sprachwissenschaft 8, S. 265–276.

Besch, Werner (2000): Die Rolle Luthers für die deutsche Sprachgeschichte. In: Besch, Werner et al. (Hg.): Sprachgeschichte. Ein Handbuch zur Geschichte der deutschen Sprache und ihrer Erforschung. 2. Aufl. Bd. 2. (= Handbücher zur Sprach- und Kommunikationswissenschaft 2.2). Berlin/New York, S. 1713–1745.

Besch, Werner (2014): Luther und die deutsche Sprache. 500 Jahre deutsche Sprachgeschichte im Lichte der neueren Forschung. Berlin.

Debus, Friedhelm (1997 [1983]): Luther als Sprachschöpfer. Die Bibelübersetzung in ihrer Bedeutung für die Formung der deutschen Schriftsprache. In: Debus, Friedhelm: Kleinere Schriften. Bd. 1. (= Veröffentlichungen des Instituts für Deutsche Sprache und Literatur 2). Hildesheim/Zürich/New York, S. 33–63.

Dürr, Alfred (1985): Die Kantaten von Johann Sebastian Bach mit ihren Texten. Erläutert von Alfred Dürr. 5. Aufl. (= dtv 4431). Kassel/Basel/London.

Erben, Johannes (1954): Grundzüge einer Syntax der Sprache Luthers. Vorstudie zu einer Luther-Syntax, zugleich ein Beitrag zur Geschichte der deutschen Hochsprache und zur Klärung der syntaktischen Grundfragen. Berlin.

Erben, Johannes (1955): Die sprachgeschichtliche Stellung Luthers. Eine Skizze vom Standpunkt der Syntax. In: Beiträge zur Geschichte der deutschen Sprache und Literatur 76, S. 166–179.

Erben, Johannes (1974): Luther und die neuhochdeutsche Schriftsprache. In: Maurer, Friedrich/Rupp, Heinz: Deutsche Wortgeschichte. Bd. 1, 3., neu bearb. Aufl. (= Grundriss der germanischen Philologie 17). Berlin/New York, S. 509–581.

Eroms, Hans-Werner (1988): Text und Sinn bei Martin Luther. Bemerkungen zu den Verstehensprinzipien in seinem Werk. In: Wiesinger, Peter (Hg.): Studien zum Frühneuhochdeutschen. Emil Skála zum 60. Geburtstag. (= Göppinger Arbeiten zur Germanistik 476). Göppingen, S. 325–342.

Eroms, Hans-Werner (2006): Periphrastische Verbformen bei Martin Luther. In: Breuer, Ulrich/Hyvärinen, Irma (Hg.): Wörter-Verbindungen. Festschrift für Jarmo Korhonen zum 60. Geburtstag. Frankfurt a. M. u. a., S. 387–401.

Eroms, Hans-Werner (2016): Zur Geschichte und Typologie komplexer Nominalphrasen im Deutschen. In: Hennig, Mathilde (Hg.): Komplexe Attribution. Ein Nominalstilphänomen aus sprachhistorischer, grammatischer, typologischer und funktionalstilistischer Perspektive. (= Linguistik – Impulse & Tendenzen 63). Berlin/Boston, S. 21–55.

Folsom, Marvin H. (1984): Lutherische Sprachmuster in der deutschen Bibelsprache. In: Schildt (Hg.), S. 65–80.

Franke, Carl (1973 [1922]): Grundzüge der Schriftsprache Luthers in allgemeinverständlicher Darstellung. Bd. III: Satzlehre. Halle. Neudruck: Hildesheim/New York.

Habermann, Mechthild (1997): Das sogenannte „Lutherische e“. Zum Streit um einen armen Buchstaben. In: Sprachwissenschaft 22, S. 435–477.

Hentschel, Elke (1986): Funktion und Geschichte deutscher Partikeln: ja, doch, halt und eben. (= Reihe Germanistische Linguistik 63). Tübingen.

Korhonen, Jarmo (1984): Luthers Sprachgebrauch im Lichte neuerer syntaktischer Untersuchungen. In: Schildt (Hg.), S. 49–64.

Lange, Susanne (2015): Die entfesselte Syntax. Luthers komponierte Satzgefüge. In: Knott, Marie-Luise/Brovot, Thomas/Blumenbach, Ulrich (Hg.): Denn wir haben Deutsch. Luthers Sprache aus dem Geist der Übersetzung. Berlin, S. 131–164.

Luserke-Jaqui, Matthias (2016): „Ein Nachtigall die waget“. Luther und die Literatur. Tübingen.

Masařik, Zdeněk (1984): Zur Frage der Partikeln bei M. Luther. In: Schildt (Hg.), S. 2–15.

Maurer, Friedrich (1926): Untersuchungen über die deutsche Verbstellung in ihrer geschichtlichen Entwicklung. (= Germanistische Bibliothek: Abteilung 2, Untersuchungen und Texte 21). Heidelberg.

Michel, Stefan/Speer, Christian (Hg.) (2012): Georg Rörer (1492–1557). Der Chronist der Wittenberger Reformation. (= Leucorea-Studien zur Geschichte der Reformation und der Lutherischen Orthodoxie 15). Leipzig.

Passet, Eveline (2015): „Da sprach der Herr“ – wie aber redet Gott? In: Knott, Marie-Luise/Brovot, Thomas/Blumenbach, Ulrich (Hg.): Denn wir haben Deutsch. Luthers Sprache aus dem Geist der Übersetzung. Berlin, S. 179–208.

Peters, Robert (2012): Die Rolle der Kanzleien beim Schreibsprachenwechsel vom Niederdeutschen zum (Früh-)Neuhochdeutschen. In: Greule, Albrecht/Meier, Jörg/Ziegler, Arne (Hg.): Kanzleisprachenforschung. Ein internationales Handbuch. Berlin u. a., S. 101–118.

Polenz, Peter von (1994): Deutsche Sprachgeschichte vom Spätmittelalter bis zur Gegenwart. Bd. II. 17. und 18. Jahrhundert. Berlin/New York.

Preisendörfer, Bruno (2016): Als unser Deutsch erfunden wurde. Reise in die Lutherzeit. Berlin.

Schildt, Joachim (1976): Zur Ausbildung des Satzrahmens. In: Kettmann, Gerhard/Schildt, Joachim: Zur Ausbildung der Norm der deutschen Literatursprache auf der syntaktischen Ebene (1470–1730). Der Einfachsatz. (= Bausteine zur Sprachgeschichte des Neuhochdeutschen 56). Berlin, S. 235–284.

Schildt, Joachim (Hg.) (1984): Luthers Sprachschaffen. Gesellschaftliche Grundlagen. Geschichtliche Wirkungen. Referate der internationalen sprachwissenschaftlichen Konferenz Eisenach 21.–25. März 1983. (= Linguistische Studien. Reihe A. Arbeitsberichte 119/II/III). Berlin.

Spangenberg, Karl (1984): Aspekte des Einflusses thüringischer Sprachvarietäten auf Luthers Sprachschaffen. In: Schildt (Hg.), S. 59–69.

Stolt, Birgit (1983/84): Luther, die Bibel und das menschliche Herz. Stil- und Übersetzungsprobleme der Luther-Bibel damals und heute. In: Muttersprache 94 (Sonderheft), S. 1–15.

Wolf, Herbert (1980): Martin Luther. Eine Einführung in germanistische Luther-Studien. (= Sammlung Metzler 193). Stuttgart.

PETER EISENBERG

Das Fest der Linguisten
Wie Luther die Pfingstgeschichte schreibt*

Zwar geht es sowohl in diesem Artikel als auch im gesamten Band um die Sprache und insbesondere die Schreibe von Luther, ich möchte aber zunächst einer jahrelangen Gewohnheit folgen. Sie besteht darin, dass ich stets in der letzten Vorlesung vor Pfingsten (meist war es die große Vorlesung zur deutschen Grammatik) die Geschichte des Turmbaus und dann die Pfingstgeschichte aus der Lutherbibel vorgelesen und den Studenten auch noch eine kleine Auslegung zugemutet habe, die ungefähr so aussah wie Abschnitt 1 des vorliegenden Textes.

1. Marginalien zu Babel und Pfingsten

In der zum Reformationsjubiläum erschienenen Lutherbibel lautet der Kernsatz der Pfingstgeschichte (Apostelgeschichte 2, 6): „Als nun dieses Brausen geschah, kam die Menge zusammen und wurde bestürzt; denn ein jeder hörte sie mit seiner eigenen Sprache reden.“ Ihm steht als Kern der Geschichte vom Turmbau 1. Mose 11, 5–7 gegenüber: „Und der Herr sprach: Siehe, es ist einerlei Volk und einerlei Sprache unter ihnen allen und dies ist der Anfang ihres Tuns; nun wird ihnen nichts mehr verwehrt werden können von allem, was sie sich vorgenommen haben zu tun. Wohlauf, lasst uns herniederfahren und dort ihre Sprache verwirren, dass keiner des andern Sprache verstehe!“

Der Turmbau wurde vom mächtigen Nimrod aus guten Gründen beschlossen, die man mindestens zum Teil als Notwehr gegen die Übermacht Gottes angesehen hat. Das Sündenregister der Menschen seit der Vertreibung aus dem Paradies war lang und wurde mit der Sintflut bestraft, deren Folgen künftig durch den Turmbau abgewendet werden sollten. So hoch wie dieser Turm konnte keine Flut steigen. Nimrod und seine Getreuen wollten sich bei erneutem Dauerregen in Sicherheit bringen so wie sich Reiche und Mächtige unserer Zeit Bunker gegen den nuklearen Winter bauen. Ein solches Verhalten ist offenbar menschlich, wenn auch nicht besonders realistisch.

* Ein erster Versuch über Luthers Schreibweise im Neuen Testament von 1546 findet sich unter dem Titel „Jeder versteht jeden“ (Eisenberg 2005).

Ein weiterer Verstoß gegen Gottes Gebot war die Begründung der Baumaßnahme (Gen. 11, 4): „Wohlauf, lasst uns eine Stadt und einen Turm bauen, dessen Spitze bis an den Himmel reiche, damit wir uns einen Namen machen; denn wir werden sonst zerstreut in alle Länder." Des Herren Gebot lautete, die Menschen hätten sich zu zerstreuen auf dem Erdkreis und die Erde untertan zu machen, nicht aber, sich irgendwo festzusetzen. Denn eben dies führe dazu, dass der Mensch allmächtig würde und Gottes nicht mehr bedürfe, ein Gedanke, der in einer ganzen Reihe von orthodoxen Gemeinden der Judenheit fortlebt mit der Folge einer radikalen antizionistischen und antiisraelischen Grundhaltung. Gottes Begründung für sein Einschreiten richtet sich in erster Linie gegen menschliche Allmacht, die als unmittelbare Fortsetzung der erkenntnisgenerierenden Ursünde in Erscheinung tritt: „nun wird ihnen nichts mehr verwehrt werden können von allem, was sie sich vorgenommen haben zu tun". Silicon Valley steht uns heutzutage mit seiner gottlosen Hybris einer Neuerschaffung der Welt unausweichlich vor Augen.

Für unsere Disziplin ist es schwer, aus der Geschichte vom Turmbau positives Kapital zu schlagen. Zwar erhalten wir den Hinweis, es habe eine paradiesische Proto-Weltsprache gegeben, die den Menschen untereinander materielle und kognitive Kooperation ohne Beschränkung ermöglichte, aber sie wurde missbraucht, und unser Schatz von 7000 Sprachen existiere eigentlich nur, damit wir uns nicht verständigen können. Individuelle Mehrsprachigkeit bleibt außerhalb des Blicks, aber wir sollten uns nicht einreden, die Folgen des Turmbaus würden heute nicht auch immer noch positiv gesehen. Sie schlagen sich nieder in der gerade aus Sicht des Englischen häufig vertretenen These, mit dem Konzept Englisch plus Muttersprache seien die wesentlichen Anforderungen sprachlicher und kultureller Art erfüllbar: postbabelsche Einsprachigkeit einerseits, kulturelle Diversität über die Einzelsprachen andererseits. Vielfältige Erfahrungen zeigen jedoch unzweifelhaft, dass der eigentliche interkulturelle Diskurs so zum Erliegen kommt. Wohl kann jeder sein sprachliches Weltbild behalten wie es ist, aber reden kann er entweder mit seinesgleichen oder mit Sprechern des Englischen, mit niemandem sonst (z. B. Fabricius/Mortensen/Haberland 2017, dort weitere Literturhinweise). Und der Brexit führt dazu, dass unsere Lingua franca innerhalb ihres Geltungsbereichs nur noch bei den gerade einmal fünf Millionen Iren und ein paar Maltesern Muttersprache, aber nicht einmal einzige Amtssprache ist.

Ganz ähnlich geht es uns mit Pfingsten. Der Tag wird traditionell gefeiert, weil er meist nach den Eisheiligen liegt und kaum mehr mit Frost zu rechnen ist. Dass jeder jeden versteht, wird nicht als – wenigstens kurzfristige – Rückkehr zur paradiesischen Protosprache verstanden, sondern als Bedrohung (Apg. 2, 12–13): „Sie entsetzten sich aber alle und wurden ratlos und sprachen einer zu dem andern: Was will das werden? Andere aber hatten ihren Spott und sprachen: Sie sind voll von süßem Wein." Petrus erklärt zwar später, die Ausgießung des Geistes sei eine Gnade und ein Privileg der Frommen, aber die erste Reaktion ist Entsetzen, das man mit dem Ausweg erklären muss, es handele sich um Folgen übermäßigen Alkoholgenusses. Dieser Satz fehlt übrigens häufig bei der Bibellesung im Pfingstgottesdienst evangelischer Kirchen. Und die Ausgießung des Heiligen Geistes selbst wird immer wieder sozusagen säkularisiert zum Anlass der Verhöhnung von Geistesmenschen genommen, man achte einmal auf die Feuilletons unserer Tageszeitungen in der Pfingstwoche.

Vom Volksmund berufen wird Pfingsten, wenn etwas durch und durch Unerreichbares zur Debatte steht, das erst dann möglich werde, wenn Ostern und Pfingsten auf einen Tag fallen. Ihre Quelle hat diese Weisheit vermutlich darin, dass Ostern und Pfingsten einerseits bewegliche Feste sind, im Wort *Pfingsten* selbst jedoch der Abstand zu Ostern festgeschrieben ist. Aber auch diese Gewissheit beginnt zu wackeln. In ihrem Roman „Das Pfingstwunder“ (erschienen bei Suhrkamp 2016) schafft Sibylle Lewitscharoff immerhin die Vereinigung von Pfingsten und Himmelfahrt. Die Teilnehmer einer Tagung über die Göttliche Komödie zeigen gegen deren Ende heftige körperliche Reaktionen und reden in erweiterten Fassungen ihrer Muttersprachen, „was nach einem ziemlichen Kauderwelsch klingt“, mit einer paradiesischen Protosprache also wenig zu tun hat. Als das klemmende Fenster des Tagungsraums (wir sind schließlich in Italien) endlich geöffnet werden kann, kommt es zur Massenhimmelfahrt: „Sechsunddreißig Personen verschwunden, auf einen Schlag!“ Nur der Erzähler bleibt zurück. „Wie lange ich noch sitzen blieb, weiß ich nicht.“ Ratlosigkeit, wie sie zu Himmelfahrt und zu Pfingsten gehört. Sie gilt der Autorin als Pfingstwunder.

Wenn wir Sprachwissenschaftler Pfingsten zum Fest unserer Disziplin machen wollen – welcher Tag käme sonst in Frage? – dann vielleicht unter der Forderung „Ein Sprachwissenschaftler spricht mit jedem die Sprache, die dieser versteht.“. Es würde uns zwingen, viele unserer Erkenntnisse über Sprache und Kommunikation praktisch werden zu lassen. Ein überaus nützlicher Vorsatz.

2. Über die deutsche Orthographie von heute und bei Luther

Die folgende Charakterisierung der Schreibweise von Luther stützt sich auf die Pfingstgeschichte in Apg. 2, 1–13 in den Ausgaben des Neuen Testaments von 1522 und 1546 (siehe Anhang). In einzelnen Fällen wird auch darüber hinausgegangen, wir bleiben aber immer im 2. Kapitel mit seinen 36 Versen. Das ist eine sehr kleine Datenbasis, nach Auffassung unserer inzwischen gelegentlich datenfixierten Disziplin sicher zu klein. Mehr ist dem Verfasser unter den gegebenen Bedingungen nicht möglich und das Ergebnis des Versuchs muss zeigen, ob er der Mühe wert ist oder nicht.

Es stellen sich weitere Fragen, etwa die nach einem möglichen Einfluss des Setzers, des Druckers oder von Luthers Mitarbeitern auf die Schreibweisen. Um ihn zu kontrollieren, müssten weitere Texte aus derselben Zeit und derselben Druckerei herangezogen werden. Auch typographische Fragen stellen sich. Im Text gibt es nur einen Buchstaben *s*, nämlich das lange *s*, das wir wie gewohnt schreiben. Dasselbe gilt für das *ß* und die Umlautschreibungen. Möglich ist auch, dass die handschriftliche Druckvorlage Unklarheiten enthielt, etwa was die Unterscheidbarkeit von *i* und *j* oder von *u* und *v* betrifft. Wir nehmen den Text wie er ist und vertrauen auf die Weimarer Ausgabe von Luthers Werken.

Die wohl wichtigste Frage betrifft aber das zugrunde liegende Konzept von Orthographie oder auch Graphematik. Für Luthers Schreiben passt der Begriff Orthographie nicht. Denn obwohl seine Texte erhebliche normative Wirkung hatten, gibt es keine explizite Norm. Wenn beispielsweise Lerchner (2001, S. 600) für das Frühneuhochdeutsche von „normierenden Festlegungen“ spricht, die etwa die „Distribution frei variierender Zeichengruppen, z. B. von <i-j-y>, <u,v,w>“ betreffe, dann gilt jedenfalls für Luther, dass diese Zeichen von vornherein nicht frei variieren und nicht normativ, sondern funktional distribuiert sind. Soweit wir hier sehen, gibt es freie Variation in den betrachteten Texten so gut wie gar nicht. Vielmehr stellt sich jeweils die Frage, warum eine bestimmte Festlegung die Oberhand gewinnt. Selbst wenn sie normierend wirkt, ist sie in der Regel funktional begründet.

Auch für das vorausgesetzte Konzept zur Beschreibung des Gegenwartsdeutschen passt der Begriff Orthographie nicht, denn es geht jeweils um graphematische Regularitäten und nicht um Rechtschreibregeln. Zwei unterschiedliche Ansätze kommen als Denk- und Wahrnehmungssteuerung für den Blick auf Luthers Schreibweisen in Frage, nennen wir sie alphabetschriftlich und schriftsystematisch. Der alphabetschriftliche versteht Laut-Buchstaben-Beziehungen als zentral und ihre systematische Ausgestaltung als das eigentliche Ziel der Entwicklung von Alphabetschriften. Dabei können durchaus auch andere Gesichtspunkte Berücksichtigung finden. So schreibt Grubmüller (1998, S. 300):

> […] von Anfang an ist die Wiedergabe des Deutschen in der Schrift von der grundsätzlichen Korrespondenz zwischen Phonemen und Graphemen geprägt, doch kann sie ergänzt, überlappt und außer Kraft gesetzt werden durch zusätzliche Kontext- und Kombinationsregeln, durch Mängel und Unvollständigkeiten des verfügbaren Zeicheninventars … und durch das Bemühen, auch nicht phonologische Information in der Schreibung sichtbar zu machen …, syntaktische …, paradigmatische …, pragmatische …, historische …, stilistische und idiolektale …

Vieles wird genannt, jedoch ohne dass es systematisch ins Verhältnis gesetzt würde.

Der Wille zur Berücksichtigung vieler und möglichst aller Faktoren, die in der Alphabetschrift des Deutschen sichtbar werden, hat zu dem jahrelangen und letztlich wenig fruchtbaren Streit über die sog. Prinzipien der Schreibung geführt mit der Folge einer Überbewertung des Alphabetischen selbst. Ganz deutlich wird das rein alphabetische Denken bei der Beschreibung der Entwicklung des Systems (ebd., 1998, S. 305):

> Auf der Basis des bis zum Frnhd. herausgebildeten und im Folgenden nicht wesentlich […] veränderten Phonem- und Grapheminventars gelten die weiteren Bemühungen im ganzen dem Versuch, den Bezug zwischen Phonem und Graphem so eindeutig wie möglich zu machen. Zu diesem Zweck ist es geboten, die Vielfalt der Zeichen für ein Phonem so weit wie möglich zu reduzieren.

Von der Vorstellung, ein Phoneminventar müsse doch eineindeutig mit einem entsprechend gebauten Grapheminventar korrelierbar sein, geht eine lang anhaltende und bis heute nicht verschwundene Faszination über das Telos von Alphabetschriften aus. Wir finden sie ganz ausgeprägt etwa bei Friedrich Gottlieb Klopstock und bei Jacob Grimm, aber auch schon viel früher als Richtschnur vieler Bemühungen um eine Systematisierung der deutschen Orthographie. Im 19. Jahrhundert lebt sie weiter vor allem in der Tradition der Schreibphonetiker und auch Konrad Duden formuliert angesichts der nicht bestreitbaren morphologischen Prägung der Orthographie seiner Zeit (1872, S. 23): „Einer vollkommenen Schrift widerstreitet sie, und hätten wir ein vollkommenes Alphabet, [...], so wäre sie unbedingt zu verwerfen."

An jüngeren Zeugnissen für diese Sicht besteht ebenfalls kein Mangel. So lesen wir bei Vennemann/Jacobs (1982, S. 26 f.):

> Da eine gute Alphabetschrift für eine Sprachausprägung nichts anderes ist als eine möglichst redundanzfreie eindeutige Darstellung der Sprachlautfolge für jedes Wort, die dt. Rechtschreibung von diesem Ideal aber bekanntlich weit entfernt ist, [...] spielt die Wortphonologie eine wichtige Rolle in der dt. – wie auch jeder anderen – Rechtschreibreform.

Nerius bleibt auch in der 4. Auflage seiner Deutschen Orthographie (2007, S. 120 ff.) unter der Überschrift ‚Phonem-Graphem-Beziehungen' bei einer ‚polyrelationen' Darstellung, in der etwa dem Phonem /iː/ die ‚Grapheme' *ie*, *ieh*, *ih* zugewiesen werden, was u. a. dazu führt, dass dem Wort *wir* derselbe Stammvokal zugewiesen werden muss wie dem Wort *ist*. Genauso läuft der Ansatz von Neef (2005) auf Vielfachzuweisungen hinaus, während bei Geilfuß (z. B. 2007) das Verhältnis von Lautlichem und Morphologischem unter Berücksichtigung von Paradigmenstrukturen in einen optimalitätstheoretischen Rahmen gestellt, letztlich aber nicht mithilfe von Polyrelationalitäten gefasst wird. Das amtliche Regelwerk (Rat für deutsche Rechtschreibung (Hg.) 2006, S. 17 ff.) schließlich überschreibt den entsprechenden Hauptabschnitt mit ‚Laut-Buchstaben-Zuordnungen'. Auch hier wird, ähnlich wie bei Nerius, daran festgehalten, dass es nur um die Zuordnung von Segmenten zwischen der lautlichen und der Seite des Geschriebenen gehe, nicht aber beispielsweise um die Struktur von Silben oder Wortformen.

Der Begriff von Alphabetschrift als einer systematischen Zuordnung von Lauten und Buchstaben ist weit verbreitet. Man muss gute Gründe haben, um ein Konzept ganz anderer Art zu vertreten. Diese guten Gründe sind sowohl historischer als auch theoretischer Natur, und sie bewähren sich außerdem praktisch, beispielsweise im Orthographieunterricht.

Schrifttheoretisch liegt die These zugrunde, dass einzelsprachliche Schriftsysteme sich in ihrer Geschichte zu Mischsystemen entwickeln. Logographische Systeme nehmen silbische und phonographische Züge in sich auf, silbische orientieren sich in beide Richtungen und alphabetische konstituieren sich in der Regel als rein laut-buchstaben-bezogen, nehmen dann aber mehr und mehr silbische und logographische (d. h. hier: morphologische) Züge an. Der alphabetische Anteil wird formuliert als Menge von Graphem-Phonem-Korrespondenzen, die nicht alle, sondern lediglich den unmarkierten Teil des Verhältnisses von Lauten und Buchstaben erfassen. Ihr Anteil am Gesamtsystem ist bedeutend und fundierend, aber bei weitem nicht allein wirksam. Silbische und morphologische Systemanteile kommen hinzu.

Die Hypothese über Mischsysteme als Normalfall der Entwicklung von Schriftsystemen natürlicher Sprachen kann an dieser Stelle natürlich nicht in Einzelheiten verfolgt werden. Es wird aber daran erinnert, dass die Entwicklung zum Alphabet unseres Schriftenkreises genau so verlaufen ist, nämlich von der Hieroglyphe über Konsonantschriften als silbenbasiert bis ins Phönizische, dem im griechischen Alphabet die Vokalschreibungen hinzugefügt wurden.

Und der Ansatz hat längst seine vielfältige Fruchtbarkeit erwiesen, sei es in der historischen Graphematik (Voeste 2008), bei der Beschreibung von einzelsprachlichen Systemen (zum Deutschen Eisenberg 2008; Primus 2010) oder sprachvergleichend (Meisenburg 1996), in der Didaktik (Hinney 1997; Beiträge in Bredel/ Reißig (Hg.) (2008)) und auch in der Vermittlung von Regelkenntnissen bis hin zur Formulierung von Rechtschreibregeln (Fuhrhop 2015; Eisenberg 2017).

Alphabetschriften machen, so wurde einmal formuliert (Haarmann 1994), eine Art historischer Regression durch, man kann auch von einem historischen Krebsgang sprechen. Aber letztlich ist all das zweitrangig. Es muss sich an Luthers Texten erweisen, ob ihre graphematische Analyse einschließlich der Veränderungen in den Ausgaben des Neuen Testaments von 1522 und 1546 eher einer rein alphabetischen oder eher einer am Gegenwartsdeutschen ausgerichteten schriftsystematischen Sichtweise Recht gibt.

3. Wie Luther schreibt: Apostelgeschichte 2, 1–13, 1522 und 1546

3.1 Großschreibung

Vielleicht am augenfälligsten überhaupt sind Veränderungen in der Großschreibung. Schon im Septembertestament findet sich eine konsequente Großschreibung der Eigennamen, was so in der einschlägigen Literatur als Stand der Entwicklung keineswegs durchgängig angenommen wird. Gerade die Pfingstgeschichte bietet ja wie wenige Texte des Neuen Testaments Anlass, das zu demonstrieren mit der Aufzählung der vorhandenen Sprachenvielfalt (1522, Vers 9 bis 11): „Parter und Meder, und Elamiter, und die da wonen in Mesopotamien, und ynn Judea und Cappadokia, Ponto und Asia, Phrygia und pamphylia, Egypten und an den enden der Libien bey Kyrenen, und außlender von Rom, Juden und Juden genossen, Kreter und Araber, wyr horen sie mit unsern zungen die grossen thatten Gottis reden, […]". Die Kleinschreibung von *pamphylia* beruht vermutlich auf einem Schreibfehler, 1546 wird das Wort großgeschrieben.

An der Eigennamengroßschreibung ändert sich im Text von 1546 sonst nichts, aber wohl bei der Großschreibung von Substantiven:

(1) Großschreibung der Substantive

1522 *pfingisten, hymel, haus, zungen, er, geyst, menner, menge, außlender, weyns*

1546 *Pfingsten, Himel, Haus, Zungen, Er, Geist, Menner, Menge, Auslender, Weins*

Unter Entwicklungsaspekten am bemerkenswertesten ist wohl, dass bis auf *Er* (bezogen auf den niederfahrenden Geist) nur Substantive großgeschrieben werden. Ausgenommen bleiben *windes, sprache, spot,* wobei aber auch hier insofern Konsequenz vorliegt, als etwa das mehrfach vorkommende *sprache* durchgängig kleingeschrieben wird. Wir sehen Luther auf dem Weg von der Eigennamen- zur Substantivgroßschreibung, und möglicherweise gelingt es bei Berücksichtigung größerer Textmengen sogar, seine Position noch genauer zu erfassen. Nach Nerius u. a. verlief der Prozess ja im Wesentlichen über die fortschreitende Großschreibung von Bedeutungsklassen der Substantive. Er war semantisch motiviert, fand die semantisch einheitlichen Klassen aber eben vorwiegend bei den Substantiven. Was den Begriff von Substantiv selbst betrifft, ist bereits für diese Zeit ein syntaktischer und nicht ein lexikalischer Begriff fundierend (Günther/Gaebert 2011).

3.2 Von phonographischen zu silbischen Schreibungen

Die weitaus meisten Laute werden von Luther so geschrieben wie heute, und innerhalb des Textes bleibt die Schreibung von Tokens ebenso konstant wie die des größten Teils der Types. Luther hat in dieser Beziehung ein Bewusstsein vom Charakter geschriebener Texte, das bis heute unverändert gilt. Die meisten Laute werden ganz ohne graphematische Variation geschrieben, und wo eine solche angesetzt werden kann, ist sie im Allgemeinen positionsabhängig (s. u.). Wir beschreiben zunächst die Verhältnisse im Septembertestament und kommen dann auf die wichtigsten Veränderungen im Text von 1546 zu sprechen.

Das phonetisch so variantenreiche [ʀ, ʁ usw.] wird einheitlich als *r* geschrieben (*war, waren, braussen, sprache, redeten* ...), ebenso wie die auditiv schwachen anlautenden Konsonanten [h] (*hymel, haus, heyligen, horen*) und [v] (*winds, wonen, waren, verwendete, gewaltigen, wurden*). Ein graphematisches Korrelat zum glottalen Verschlusslaut [ʔ] fehlt generell, auch daran hat sich inzwischen nichts geändert, ebenso wenig an der Schreibung *ch* für [x, ç] (*geschach, sprach, nach, sich, nicht, Gottesfurchtige*), wobei wir an dieser Stelle selbstverständlich nur die Schreibung und nicht mögliche phonetische Realisierungen und mögliche Wirkungen der Schreibung auf diese im Auge haben. Sogar die komplementäre Verteilung von *s* und *sch* für [ʃ] (*stym, sprach, spott, geschehen, schnell, fleysch*) ist ohne Ausnahme realisiert. Das [t] wird generell und auch bei starker Aspirierung als *t* geschrieben (*tag, zurteylet, gewaltigen, stym, horet*) mit der einzigen Ausnahme 1522 *thatten Gottis*, 1546 *thaten Gottes*. Ob dieses im weiteren Kontext auch in *gethan, thun* auftretende *th* als Zeichen für Aspiration oder als Längenzeichen zu verstehen ist, lassen wir offen.

Umlautschreibungen gibt es 1522 nicht, wohl aber 1546 mit *uͤ* (*erfuͤllet*, *einmuͤtig*, *Juͤden*) und *oͤ* (*hoͤren*). Der für das Gegenwartsdeutsche morphologisch so wichtige *a*-Umlaut erscheint noch nicht (Fleischer 1969; Bergmann 1998).

Bisher haben wir die jeweils unmarkierten Schreibungen ohne Schwierigkeiten auszeichnen können, um damit deutlich zu machen, was als phonographisch im oben (2.1) erläuterten Sinn gelten kann. Es wird aber bereits deutlich, dass unterschiedliche Schreibungen für einen bestimmten Laut von seiner Position im geschriebenen Wort und damit von silbischer Information abhängen. Dieses Vorgehen bietet sich bei weiteren Lauten an, die ebenfalls keinen Zweifel daran aufkommen lassen, welche Schreibung die unmarkierte ist. Das gilt bei den Konsonanten etwa für [p] (*predigen*), [b] (*braussen*), [d] (*dem, der*), [k] (*kam*), [g] (*geyst*), [f] (*fewrig, fiengen*), [m] (*menner*), [n] (*schnell*), [l] (*gewaltigen*) und bei den Vokalen für [e] (*erfullet*), [a] (*als, alle*), [o] (*voll*) sowie [u] (*und, nu*). Alle Fragen betreffend Länge oder Gespanntheit bei den Vokalen oder Gemination bei den Konsonanten bleiben im Augenblick außer Betracht. Wir kommen im folgenden Abschnitt (3.3) auf einige von ihnen zu sprechen. Vorher soll aber an einigen Beispielen demonstriert werden, wie tief bei Luther das Phonographische und das Silbische einander durchdringen und wie unangemessen es wäre, einem Laut einfach zwei unterschiedliche graphematische Entsprechungen ohne Bezug auf das Silbische zuzuweisen, wie es bereits oben (2.2) thematisiert wurde.

Das erste Beispiel betrifft die Schreibung des [ts], werde dieses nun als Einzellaut (Affrikate) oder als Lautfolge verstanden. Luther schreibt konsequent *zungen*, *zurteylet*, *zuvor* einerseits und *gantze*, *verstortzt*, *entsatzten*, *letzten* andererseits. Die Anlautschreibung ist bis heute erhalten, die im Inlaut hat sich differenziert zu *ganze*, *verstorzen* einerseits und *entsetzen*, *letzte* andererseits. Das *tz* wird heute ausschließlich als Gelenkschreibung (s. u., 3.3) verwendet (dazu gehört auch *letze*, *letzo* mit dem Superlativ *letzt*, der zum Positiv reanalysiert wurde). Sonst schreiben wir heute generell ein *z* und wieder wird deutlich, dass Luther sich auf dem Weg zu einer silbischen Grundregel befindet.

Die beiden weiteren Beispiele betreffen die Unterscheidung der Buchstaben *i – ie – y – j* und *f – u – v – w* zur Schreibung von [f, v und u], deren jeweils zuletzt genannte es im Alphabet des klassischen Latein nicht gibt. Hier zeigen sich teilweise erhebliche Veränderungen zwischen 1522 und 1546. Wir führen ihre Vorkommen auf, wo sie für Monophthonge stehen. Die Diphthonge kommen in Abschnitt 3.3 zur Sprache. In den drei Reihen finden sich zuerst Schreibungen, die in beiden Texten unverändert sind, danach die im Text von 1546 geänderten.

(2) *i*-Schreibungen 1522 und 1546

i	*Pfingsten, windes, predigen, gewaltigen, sich, mit, ist, sihe, will, sind*
y →i	*Himel, stimme, wir, in, darinnen*
ie	*sie, die, wie, fiengen*
i→ie	*diese, diesen*
y→j	*jnen, jrre*
i→j	*jglicher, jglichen*

Die Hauptbewegung verläuft in Richtung auf das einfache *i*. Sie führt mit Ausnahme der Form *sihe* zu Schreibungen, die bis heute gelten. Die Verbindung von silbentrennendem *h* und *ie* (*siehe*) war noch nicht möglich. Verschwunden sind insbesondere alle Schreibungen mit *y*, die 1522 noch gut vertreten sind und jetzt auf Diphthonge beschränkt werden. Auch die erreichten Schreibungen mit *ie* gelten mit Ausnahme von *fiengen* bis heute. Die Etymologien beziehen diesen Stamm auf germ. **fanhan* mit späteren Entsprechungen wie *fahan*, *vanghan* mit gedehntem Stammvokal. Neu ist die Verwendung von *j*. Der Buchstabe für einen Halbvokal ist beschränkt auf Wortanfänge, in denen er Zweisilbigkeit sichert. Insgesamt setzt sich die Korrespondenzbeziehung [i]→ *i* auf eindrucksvolle Weise durch, die Fremdschreibung mit *y* wird zurückgedrängt.

Ganz anders liegen die Verhältnisse in der zweiten Gruppe von Buchstaben. Im Septembertestament findet sich folgende Verteilung:

(3) [f, v, u] Schreibungen mit den Buchstaben *f*, *u*, *v*, *w* 1522

f	*erfullet*, *fewrig*, *fiengen*, *pfingisten*
u	*eynmutig*, *zu*, *nu*, *zungen*, *zurteylet*, *susses*, *Gottesfurchtige*
v	*vnd*, *von*, *vnter*, *voll*, *vntereinander*, *vnseren*, *verwunderten*, *vollck*
w	*war*, *waren*, *gewaltigen*, *winds*, *wurden*, *verwunderten*, *wie*, *wyr*, *wonend*, *was*, *will*

Der Frikativ [f] wird in Autosemantika des Kernwortschatzes als *f*, in fremden Wörtern wie *Phrygia* und *Pamphylia* als das bis heute erhaltene Gräzismen-*ph* geschrieben. Das stimmhafte Gegenstück [v] erhält systematisch ein *w*, hier allerdings nur im Anlaut sichtbar. Die Schreibung des [u] entspricht ebenfalls weitgehend der heutigen Regelung und es bleibt als Besonderheit lediglich das *v*. Hier haben wir einerseits den Anlaut von Wörtern aus geschlossenen Klassen (*vnd*, *vnter*, *vnser*) und andererseits die begrenzte und bis heute erhaltene Schreibung des [f] (*von*, *voll*, *Volck* sowie das Verbalpräfix *ver*), über die in jeder modernen Orthographie viel gerätselt wird. Eine bemerkenswerte Veränderung im Bereich der *u*-Schreibungen betrifft den Umlaut [y], der 1546 konsequent mit der Form *uͤ* (*erfuͤllet*, *eynmuͤtig*, *gottesfuͤrchtige*) markiert wird (s. u.). Insgesamt ist die *u*-Schreibung phonographischer geregelt als die *i*-Schreibung, die stärker auf Silbisches bezogen und in dieser Richtung stärker verändert wird. Wir kommen damit zu einigen Schreibweisen, die von vornherein nur silbisch zu verstehen sind, aber teilweise noch in den Kinderschuhen stecken.

3.3 Silbische Schreibungen

Das auffälligste silbenstrukturelle Merkmal der Wortschreibung im Gegenwartsdeutschen ist die Gemination von Konsonantbuchstaben dann, wenn das phonologische Wort in der entsprechenden Position einen ambisilbischen Konsonanten, ein sog. Silbengelenk, aufweist (Schärfungsschreibung). Die graphematische Distinktion besteht zum einfachen Konsonantbuchstaben wie in Minimalpaaren des Typs

Schotte – Schote, schwellen – schwelen. In (4) sind die Geminaten aus beiden Texten in der Reihenfolge ihres ersten Vorkommens zusammengestellt. Zuerst werden die Schreibungen von 1522, dann die von 1546 aufgeführt, und zwar nur dort, wo es Abweichungen in der einen oder anderen Richtung gibt.

(4) Gemination von Konsonantbuchstaben 1522 und 1546

erfullet	*stym – stimme*
alle	*denn*
hauffen (keine Entsprechung 1546)	*darynnen*
schnell – schnelle	*genossen – Judengenossen*
braussen – brausen	*ynn – in*
sassen	*grosse*
auff	*thatten – thaten*
voll – vol	*Gottis*
vnnd – und	*will – wil*
Gottfurchtige	*yrre*
menner	*hattens*
allerley	*spott – spot*
	susses

Von den insgesamt 25 Geminaten sind immerhin 16 im Gegenwartsdeutschen korrekt. Zehn von ihnen sind echte Gelenkschreibungen. Ganze zwei Formen mit einem Buchstaben, der einem ambisilbischen Konsonanten entspricht, haben in keinem der Texte eine Geminate (*Himel*, *zusamen*). Fünf Formen sind im späteren Text im Sinne der Gelenkschreibung korrigiert (*brausen*, *und*, *in*, *stimme*, *thaten*), bei vier Formen ist das nicht der Fall (*sassen*, *auff*, *grosse*, *susses*).

Bei drei von den Letzteren liegt allerdings eine Schreibung mit *ss* vor, die heute einem *ß* gewichen wäre. Das *ß* kommt 1522 zweimal vor, beide Male in *auß* (*auß zu sprechen*, *außlender*) und etwas später im Kapitel noch in *weyßsagen*. 1546 ist es verschwunden. Der Buchstabe existiert, hat aber seine spätere Funktion als Distinktionsschreibung für das stimmlose [s] (*Muße – Muse*, *reißen – reisen*) noch nicht gefunden. Luther schreibt das *ss*, wo es die Schweizer heute verwenden.

In drei Fällen wird eine aus heutiger Sicht regelhafte Gemination aufgegeben (*vol*, *wil*, *spot*). Es findet also nicht eine einfache Bewegung in Richtung auf das spätere System statt. Aber wenn man überhaupt von Bewegung in eine bestimmte Richtung sprechen möchte, dann kommt nur diese in Frage. Nehmen wir die *ss*-Schreibungen dazu, dann sind im späteren Text 19 Schreibungen korrekt, also fast 80 Prozent. So ein Ergebnis aus einem einzigen, kurzen Text schreit natürlich nach Evaluation anhand längerer Texte. Der Autor erlaubt sich, es trotzdem eindrucksvoll zu finden, ähnlich wie oben die Großschreibung der Substantive.

Eine Gelenkschreibung wird im Gegenwartsdeutschen generell durch mehrere Buchstaben realisiert, nicht immer allerdings durch Gemination. Zu den anderen Formen gehören das *ck* (*Backe*), das *tz* (*Katze*) und das *ng* für den velaren Nasal [ŋ] (*Zange*). Das *ck* kommt als Gelenkschreibung nicht vor, die beiden anderen sehr wohl (*zungen*, *satzt*, *menge*, *entsetzten*, zum *tz* auch 3.2). Das Reden von Gelenkschreibungen wird damit weiter gestützt.

Bei den silbenstrukturell fundierten Dehnungsschreibungen geht es heute vor allem um das stumme *h* mit den beiden Vorkommen Dehnungs-*h* (*stehlen*, *Kohle*) und silbentrennendes *h* (*drohen*, *Truhe*). Es würde zu weit führen, die Eigenschaften beider Schreibweisen im Gegenwartsdeutschen an dieser Stelle in den Einzelheiten zu erläutern, und wir gehen auch nicht der Frage nach, wie weit das silbentrennende *h* zur Zeit Luthers tatsächlich ein stummes *h* war, sondern wir beschränken uns auf die Darlegung ihres Vorkommens in den beiden Texten.

(5) Vorkommen des stummen *h*

Dehnungs-*h*	silbentrennendes *h*
yhn – jnen	*sahe*
yhren – jren	*sihe*
wonend	*eingehen*
oren – ohren	*geschehen*
wehnet	*sehen*
verkeren	*ehe*

Das Dehnungs-*h* steht nur dort, wo es auch heute stehen kann, nämlich vor einem einzelnen Sonorantbuchstaben zwischen Vokalbuchstaben. Den heute typischen Schreibungen von pronominalen Formen (*ihr*, *ihn*, *ihnen*, *ihm*) war Luther 1522 schon nahe, gab sie aber zugunsten der Schreibung mit *j* auf. Bei *wonen*, *verkeren* fehlt das *h*, bei *ohren* kommt es 1546 hinzu. Es drängt sich die angesichts der geringen Materialgrundlage allerdings etwas waghalsige These auf, dass Luther die notwendigen Bedingungen für diese *h*-Schreibung beachtet hat, ihre Grundlagen also nicht mehr verändert werden mussten. Auch heute wird dieses *h* ja nur in etwa der Hälfte aller Fälle geschrieben, in denen es stehen könnte. Möglicherweise hat sich hier im Prinzip bis heute kaum etwas geändert.

Ganz klar sind die Verhältnisse anscheinend beim silbentrennenden *h*, das genau dort erscheint, wo es auch heute steht. Offenbar ist die Überbrückung des Hiat mit der Vermeidung der Aufeinanderfolge heterosilbischer Vokalbuchstaben eine hinreichend starke Motivation für die Realisierung dieser Schreibung. Das silbentrennende *h* wird ja im Kernwortschatz des Gegenwartsdeutschen praktisch ohne Ausnahme geschrieben.

Auch die Diphthongschreibungen bilden ein System im Übergang. Im Gegenwartsdeutschen sind sie vollständig mit Vokalbuchstaben in fester Verteilung auf die erste und die zweite Position realisiert, unabhängig von ihrer Lauttreue: *ai*, *ei*, *au*, *eu*. Bei Luther gibt es Äquivalente zu den drei letztgenannten, ein Äquivalent zu *ai* fehlt. Das ist insofern von Interesse, als das *ai* auch im Gegenwartsdeutschen trotz seiner Lauttreue als markierte Schreibung gegenüber *ei* gilt (*Mai*, *Saite*, *Hain* gegenüber *frei*, *Seite*, *kein*, *Schwein*). Die drei Diphthongschreibungen sehen so aus:

(6) Diphthongschreibungen

eynmutig – einmuͤtig	*hauffe*	*fewrig – fewrig*
eynes – eines	*braussen*	*euch – euch*
zerteylet – zerteilet	*haus*	*ewren – ewren*
heyligen – heiligen	*auff*	*ewre – ewre*
geysts – Geists	*auß*	*trewme – trewme*
allerley – allerley		
seyne – seiner		
weyns – Weins		

Sichtbarste Veränderung ist die vom *ey* zum *ei*. Sie wird konsequent mit der einen Ausnahme *allerley* vollzogen. Bedenkt man, dass die Diphthongschreibung *ey* bis ins 19. Jahrhundert gar nicht selten auftritt, ist Luther hier modern. Beim *au* gibt es keine Veränderungen, die moderne Schreibung mit Vokalbuchstaben ist bereits erreicht. Nicht erreicht ist sie beim lautfernsten Schreibdiphthong, dem *eu*. Die Schreibung mit Vokalbuchstaben taucht einmal auf, in den anderen Fällen wird der zweite Bestandteil konsonantisch geschrieben (*fewrig* usw.). Zwar gibt es eine lang anhaltende Diskussion darüber, ob der zweite Bestandteil der schließenden Diphthonge im Gegenwartsdeutschen eher als vokalisch oder eher als Halbvokal oder Approximant anzusehen sei, und insofern ist die Schreibung *ew* durchaus diskussionswürdig. Aber dem modernen System mit seiner einheitlichen Schreibung widerspricht sie. Wann und wie sich diese durchsetzt und wie die vierte im System angelegte Schreibung *ai* dazukommt, bleibt an dieser Stelle offen.

Werfen wir zum Schluss einen Blick auf die Schreibung der Reduktionssilben. Für Luther ist Schwa der einzige Vokal, der regelhaft in Flexionsendungen auftaucht, und er schreibt ihn in den meisten Fällen auch so, d. h. solche Endungen werden ausgeschrieben, z. B. *erfuͤllet*, *braussen*, *sassen*, *zungen*, *sahe*, *wurden*, *wonend*, *wonen*, *eines*, *hoͤret*. Es gibt auch Fälle, in denen sie nicht geschrieben werden (*Geists*, *redten*, *andern*), deren Status aber durchaus verschieden ist und im Zusammenhang einer ausführlicheren Grammatik der Zeit zu klären wäre. Schließlich zeigen sich aber auch Veränderungen im Sinne von mehr Schreibungen der Schwasilbe: *schnell – schnelle*, *winds – windes*, *satzt – satzte*, *yhn – jnen*, *stymm – stimme*, *sprach – sprache*, *geporn – geboren*, *Gottis – Gottes*. Auch sie sind morphologisch nicht einheitlich, markieren aber eindeutig die Richtung zu einer modernen, auf Explizitlautung beruhenden Form von Schriftlichkeit.

3.4 Morphologische Schreibungen

Wie oben (3.2) erwähnt, folgt Luther einer Auffassung vom geschriebenen Text, die bis heute Gültigkeit hat: Im Geschriebenen mit seinen fixierten Formen hat ein Wort in einem gegebenen Text stets dieselbe Form, auch wenn Variantenschreibungen im System existieren und im Gebrauch sonst vorkommen. Das gilt nicht nur für Tokens, sondern es gilt auch für Types und führt zu dem, was man Morphemkonstanz in einem ganz simplen Verständnis nennt. Wenn nichts dagegen spricht, haben Stämme und Affixe weitgehend dieselbe Form. Luther folgt diesem Grundsatz und schreibt in diesem Sinn morphologisch. Abweichungen wie bei *euch – ewre* oder *geschach – geschehen* sind selten und betreffen Fälle besonderer Art. Gerade bei diesem strukturell tiefsten Prinzip bedarf eine aussagekräftige Abschätzung seiner Reichweite allerdings eines erheblichen Aufwandes (Ruge 2004).

Als Paradefall für die Durchsetzung des morphologischen Prinzips gilt allgemein die Nichtbeachtung von Auslautverhärtung sowie der daran gebundenen g-Spirantisierung. Für das Überspringen von Auslautverhärtung bei Plosiven finden sich im 2. Kapitel der Apostelgeschichte die Beispiele in (7).

(7) Auslautverhärtung
 a. *tage – tag, wurden – wird, reden – redten, habe – habt, sage – gesagt, ergeben – ergab*
 b. *winds, wonend, hub, kund, stund, brod*

Die für das Gegenwartsdeutsche gültige Regularität ist so gut wie durchgängig verwirklicht, sogar ‚Übergeneralisierungen' (*brod* ← ahd. *brôt*), auch bei Wörtern des Nahbereichs (*sind*) und als historische Schreibungen (*und* ← *unde*) finden sich. Eine abweichende Schreibung wie *tausent*, die in der weiteren Umgebung unseres Textes auftritt, ist schon etwas Besonderes.

(8) g-Spirantsierung
 a. *offenbarlich, teglich, jglich*
 b. *einmütig, selig, fewrig, selbigen, heiligen, gewaltigen*

Was das Überspringen der g-Spirantisierung betrifft, lässt sich lediglich feststellen, dass Luther eine konsequente Unterscheidung der Suffixe *lich* und *ig* vornimmt. Die Realisierung des *ig* mit Frikativ gilt zwar für das Gegenwartsdeutsche als standardsprachlich (Duden 2015), weist aber eine erhebliche regionale Variation auf (König 1989). Damit sind wir erneut bei der weitergehenden Frage, wie weit die Interpretation der Daten vor dem Hintergrund der Verhältnisse und insbesondere der Lautung im Gegenwartsdeutschen trägt. Mihms gründliche Untersuchung stellt für Luthers Zeit fest: „Die als vorbildlich geltenden Aussprachenormen des ‚Gemeinen Deutsch' und des Meißnischen kannten keine Auslautverhärtung […]" (Mihm 2004, S. 197 f.). Luther schreibt aus heutiger Sicht morphologisch. Das ist alles, was man sagen kann.

4. Fazit und zurück zu Pfingsten

Luthers Schreibweise befindet sich mitten im Übergang weg von einer Dominanz des phonographischen Prinzips. Ihre Bedeutung für die Herausbildung eines überregionalen Schreibstandards liegt weniger im Ausgleich als überregionalem Kompromiss, sondern bei der höheren Abstraktheit seiner Schreibweisen im Sinne abnehmender Lauttreue. Abnehmende Lauttreue bedeutet zunehmende Verträglichkeit mit unterschiedlichen Lautungen.

Gerade wenn man, wie Mihm (2004) oder Nerius (Hg.) (2007) überzeugend vor Augen führen, die zentrale Bedeutung von Diskontinuitäten und inkonsistenten Erscheinungen für die Gesamtentwicklung einer Sprache anerkennen muss, mag es trotzdem erlaubt sein, einen Luthertext mit seiner Gestalt im Gegenwartsdeutschen direkt zu vergleichen.

Wie in Abschnitt 3.1 herausgestellt, ist die moderne, syntaktisch fundierte Großschreibung als Folie für ein Verständnis von Luthers Schreibweisen fruchtbarer als ein lexikalischer Ansatz. Und kürzlich wurde gezeigt, dass man auch in der Zeichensetzung auf diesem Weg am besten vorankommt. Frank Kirchhoff (2016, ähnlich auch schon Günther 2000) untersucht in seiner Kölner Dissertation die Interpunktion im Matthäusevangelium beginnend mit einem Plenarium aus dem Jahr 1482 und schreitet dann über die Lutherbibel 1545 (die gegenüber der posthumen von 1546 nicht die letzten Revisionen eigener Hand enthält) bis zur Ausgabe von 1984 fort. Alle Texte und insbesondere auch der von 1545 werden, was das Komma betrifft, auf dem Hintergrund moderner und am Gegenwartsdeutschen entwickelter Interpunktionskonzepte untersucht. Das bedeutet: Kirchhoff verwendet die Begrifflichkeit syntaktischer Kommatierung. Festzuhalten bleibt lediglich, dass Luther anstelle des (seit dem 18. Jhdts überwiegend verwendeten) Kommas mit der Virgel interpungiert.

Im Matthäusevangelium von 1545 werden fast 100 % der asyndetischen und 80 % der syndetischen Koordinationen mit Virgel versehen, dazu zwischen 70 und 100 % der Herausstellungen (nur Interjektionen liegen wesentlich darunter), weiter über 90 % der Objekt- und Adverbialsätze und sogar 60 % der inkohärenten Infinitivkonstruktionen (Kirchhoff 2016, S. 87 ff.). Etwas durchwachsener ist die Lage bei den Relativsätzen, aber auch hier sind die Differenzierungen weitgehend syntaktisch rekonstruierbar. Kirchhoff wendet sich ausdrücklich gegen die in der Sprachgeschichtsschreibung lange virulente Auffassung, das Komma sei bis ins 18. Jahrhundert weitgehend ein rhetorisches Komma gewesen (2016, S. 59 ff.).

Damit kann man mit guten Gründen behaupten, Luthers Schreibweisen seien in den Kernbereichen der Graphematik des Deutschen modern im Sinne der Regelhaftigkeiten des Gegenwartsdeutschen. Was man sieht, ist in den Details erstaunlich, aber es liefert auch einen Teil der Erklärung dafür, dass jeder die Lutherbibel letzter Hand bis heute so gut lesen und verstehen kann. Wir wollen uns nicht zu der Behauptung aufschwingen, unsere Sprachgeschichtsschreibung liege mit ihren Verweisen auf das rein Alphabetische bei der Buchstabenschreibung, auf das Lexikalische bei der Großschreibung und auf das rhetorische Komma prinzipiell falsch. Aber für die Lutherbibel letzter Hand kommt man mit einem direkten Bezug auf das Schriftsystem des Gegenwartsdeutschen offenbar weiter. Angesichts der immer noch gewaltigen lautlichen, morphologischen und syntaktischen Vielfalt in den Regionalsprachen des deutschen Sprachgebiets ist das beinahe ein Pfingstwunder: Mit etwas Konzentration versteht jeder die Lutherbibel letzter Hand.

Literatur

Bredel, Ursula/Reißig, Thilo (Hg.) (2011): Weiterführende Orthographieerwerb. Baltmannsweiler.

Bredel, Ursula/Müller, Astrid/Hinney, Gabriele (Hg.) (2010): Schriftsystem und Schrifterwerb: linguistisch – didaktisch – empirisch. Berlin.

Bergmann, Rolf (1998): Das morphologische Prinzip in der Rechtschreibreform und ihrer Diskussion. Synchronisches Prinzip und historischer Sprachgebrauch bei den Umlautgraphemen ‹ä› und ‹äu›. In: Sprachwissenschaft 23, S. 167–183.

Duden (2015): Das Aussprachewörterbuch. 7., komplett überarbeitete und aktualisierte Auflage. Berlin.

Duden, Konrad (1872): Die deutsche Rechtschreibung. Abhandlung, Regeln und Wörterverzeichnis mit etymologischen Angaben. Leipzig.

Eisenberg, Peter (2005): Jeder versteht jeden. In: Berner, Elisabeth/Böhm, Manuela/Voeste, Anja (Hg.): Ein grofs und narhafft haffen. Festschrift für Joachim Gessinger. Universität Potsdam, S. 117–130.

Eisenberg, Peter (2008): Grundlagen der deutschen Wortschreibung. In: Bredel, Ursula/ Reißig, Thilo (Hg.) (2008), S. 83-95.

Eisenberg, Peter (2017): Deutsche Orthografie. Regelwerk und Kommentar. Verfasst im Auftrag der Deutschen Akademie für Sprache und Dichtung. Berlin/Boston.

Fleischer, Wolfgang (1969): Phonem und Graphem bei der Herausbildung der neuhochdeutschen Schriftsprache. In: Die deutsche Sprache. (= Kleine Enzyklopädie 11). Leipzig, S. 229–233.

Fabricius, Anne H./Mortensen, Janus/Haberland, Hartmut (2017): The lure of internationalization: paradoxical discourses of transnational student mobility, linguistic diversity and cross-cultural exchange. In: High Education 73, S. 577–595.

Fuhrhop, Nanna (2015): Orthographie. Heidelberg.

Geilfuß, Joachim-Wolfgang (2007): Stammkonstanz ohne Stützformen. In: Zeitschrift für Sprachwissenschaft 26, S. 133–154.

Grubmüller, Klaus (1998): Sprache und ihre Verschriftlichung in der Geschichte des Deutschen. In: Besch, Werner et al.(Hg.): Sprachgeschichte. Ein Handbuch zur Geschichte der deutschen Sprache und ihrer Erforschung. Berlin/New York, S. 300–310.

Günther, Hartmut (2000): „… und hält den Verstand an …" – Eine Etüde zur Entwicklung der deutschen Interpunktion. In: Thieroff, Rolf et al. (Hg.): Deutsche Grammatik in Theorie und Praxis. Tübingen, S. 276–286.

Günther, Hartmut/Gaebert, Désirée-Kathrin (2011): Das System der Groß- und Kleinschreibung. In: Bredel, Ursula/Reißig, Tilo (Hg.), S. 96–106.

Haarmann, Harald (1994): Entstehung und Verbreitung von Alphabetschriften. In: Günther, Hartmut/Ludwig, Otto (Hg.): Schrift und Schriftlichkeit. Ein interdisziplinäres Handbuch internationaler Forschung. Berlin/New York, S. 329–347.

Hinney, Gabriele (1997): Neubestimmung von Lerninhalten für den Rechtschreibunterricht. Ein fachdidaktischer Beitrag zur Schriftaneignung als Problemlösungsprozeß. Frankfurt a. M. u. a.

Kirchhoff, Frank (2016): Von der Virgel zum Komma. Die Entwicklung der Interpunktion im Deutschen. Univ. zu Köln.

König, Werner (1989): Atlas zur Aussprache des Schriftdeutschen in der Bundesrepublik Deutschland. 2 Bde. Ismaning.

Lerchner, Gotthard (2001): Geschichte der deutschen Sprache. In: Fleischer, Wolfgang et al. (Hg.): Kleine Enzyklopädie der deutschen Sprache. Frankfurt a. M. u. a., S. 512–647.

Lewitscharoff, Sibylle (2016): Das Pfingstwunder. Berlin.

Luther, Martin (1929): D. Martin Luthers Werke. Kritische Gesamtausgabe Weimar 1883 ff. Abt. 3: Die Deutsche Bibel, Bd. 6, S. 422–423.

Meisenburg, Trudel (1996): Romanische Schriftsysteme im Vergleich. Eine diachrone Studie. Tübingen.

Mihm, Arend (2004): Zur Geschichte der Auslautverhärtung und ihrer Erforschung. In: Sprachwissenschaft 29, S. 134–206.

Neef, Martin (2005): Die Graphematik des Deutschen. Tübingen.

Nerius, Dieter (Hg.) (2007): Deutsche Orthographie. Hildesheim u. a.

Primus, Beatrice (2010): Strukturelle Grundlagen des deutschen Schriftsystems. In: Bredel, Ursula/Müller, Astrid/Hinney, Gabriele (Hg.), S. 9–45.

Rat für deutsche Rechtschreibung (Hg.) (2006): Deutsche Rechtschreibung. Regeln und Wörterverzeichnis. Amtliche Regelung. Tübingen.

Ruge, Nikolaus (2004): Aufkommen und Durchsetzung morphembezogener Schreibungen im Deutschen 1500–1770. Heidelberg.

Vennemann, Theo/Jacobs, Joachim (1982): Sprache und Grammatik. Darmstadt.

Voeste, Anja (2008): Orthographie und Innovation. Die Segmentierung des Wortes im 16. Jahrhundert. Hildesheim u. a.

Anhang

Apostelgeschichte 2, 1–13, 1522

Das Ander Capitel.

UNd als der tag der pfingisten erfullet war, waren sie alle eynmutig
zu hauffe, 2 vnd es geschach schnell eyn braussen von hymel, als eynes
gewaltigen winds, vnd erfullet das gantze haus, da sie sassen, 3 vnd
man sahe an yhn die zungen zurteylet, als weren sie fewrig, vnd er satzt sich
auff eynen iglichen vnter yhn, 4 vnd wurden alle voll des heyligen geysts, vnnd
fiengen an zu predigen mit andern zungen, nach dem der geyst yhn gab auß
zu sprechen.

5 Es waren aber Juden zu Jerusalem wonend, die waren Gottfurchtige
menner, aus allerley volck, das vnter dem hymel ist, 6 Da nu dise stym geschach,
kam die menge zu samen vnd wurden verstortzt, denn es horet eyn iglicher, das
sie mit seyner sprach redten, 7 sie entsatzten sich aber alle, verwunderten sich
vnnd sprachen vnternander, Sihe, sind nicht dise alle, die da reden, von Gallilean,
8 wie horen wyr denn, eyn iglicher seyne sprach, darynnen wyr geporn sind?
9 Parter vnd Meder, vnd Elamiter, vnd die wyr wonen ynn Mesopotamien, vnd
ynn [Bl. LXXXIIII = Pij] Judea vnd Cappadokia, Ponto vnd Asia, 10 Phrygia
vnnd pamphylia, Egypten vnd an den enden der Libien bey Kyrenen, vnd
außlender von Rom, 11 Juden vnd Juden genossen, Kreter vnd Araber, wyr
horen sie mit vnsern zungen die grosse thatten Gottis reden, 12 sie entsatzten
sich alle, vnd wurden yrre vnd sprachen, eyner zu dem andern, was will das
werden? 13 die andern aber hattens yhren spott vnd sprachen, sie sind voll
susses weyns.

Apostelgeschichte 2, 1–13, 1546

II.

VNd als der tag der Pfingsten erfüllet war, waren sie alle einmütig sa
bey einander. 2 Vnd es geschach schnelle ein brausen vom Himel, als
eines gewaltigen windes, vnd erfüllet das gantze Haus, da sie sassen.
3 Vnd man sahe an jnen die Zungen zerteilet, als weren sie fewrig, Vnd Er
satzte sich auff einen jglichen vnter jnen, 4 vnd wurden alle vol des heiligen
Geists, vnd fiengen an zu predigen mit andern Zungen, nach dem der Geist
jnen gab aus zusprechen.

5 ES waren aber Jüden zu Jerusalem wonend, die waren gottfürchtige
Menner, aus allerley Volck, das vnter dem himel ist. 6 Da nu diese
stimme geschach, kam die Menge zusamen, vnd wurden verstörtzt, Denn es
höret ein jglicher, das sie mit seiner sprache redten. 7 Sie entsatzten sich aber
alle, verwunderten sich, vnd sprachen vnternander, Sihe, sind nicht diese alle,
die da reden, aus Galilea? 8 wie hören wir denn, ein jglicher seine sprache,
darinnen wir geboren sind? 9 Parther vnd Meder, vnd Elamiter, vnd die
wir wonen in Mesopotamia, vnd in Judea, vnd Cappadocia, Ponto vnd Asia,
10 Phrigia vnd Pamphylia, Egypten, vnd an den enden der Lybien bey Cyrenen,
vnd Auslender von Rom, 11 Jüden vnd Jüdegenossen, Creter vnd Araber, wir
hören sie mit vnsern Zungen, die grossen thaten Gottes reden. 12 Sie ent-
satzten sich alle, vnd wurden jrre, vnd sprachen einer zu dem andern, Was
wil das werden? 13 Die andern aber hattens jren spot, vnd sprachen, Sie
sind vol süsses Weins.

JOHANNES SCHWITALLA

Dialogisches und Dialoge bei Martin Luther

1. Einführung

Martin Luther hat sehr viele literarische Gattungen und Textsorten geschrieben. Immer wieder werden genannt: Vorlesung, Thesen und Disputation, Bibelexegese und Bibelübersetzung, Predigt und Katechismus, Lehr- und Streitschrift, Satire und Parodie, Exempel, Parabel und Fabel, Brief, Kirchenlied, historisches Ereignislied.[1] Es fällt aber auf, dass Luther keinen Gesamttext in der Gattung schrieb, die eine wirkliche Neuerung war: der Prosadialog.[2] Es gab damals weit über hundert[3] solcher Dialoge, unter ihnen so hervorragende literarische Werke wie die „Fieber"-Dialoge Ulrich von Huttens (1521), die Reformationsdialoge von Hans Sachs (1524) oder die „Colloquia familiaria" des Erasmus (1526).

Hans-Ulrich Delius (1986, S. 389 f.), Martin Brecht (1990, S. 89–95), Rudolf Bentzinger (1992, S. 178) und Michael Beyer (1992) haben darauf hingewiesen, dass Luther doch Dialoge bzw. dialogische Passagen geschrieben hat, zwar nicht als selbstständige Texte, aber als Teile von Texten (s. u. 3.4). Die Relevanz des Dialogischen hatten schon Bernhard Lohse (1988, S. 262), Werner Lenk[4] und Andere betont. Nach Walter Jens hat Luther mit dem Teufel „ein lebenslanges Zwiegespräch" geführt und sich mit biblischen Figuren „Geistergespräche" ausgedacht:

[1] Vgl. Bornkamm (1975); Ebeling (1978, S. 37–57); Hartmann (1983); Jens (1984); Brecht (1990); Pfefferkorn (1993).

[2] Vgl. Bornkamm (1975, S. 48); Pfefferkorn (1993, S. 184 f.).

[3] Kampe (1997, S. 326–336) hat 79 deutsche Dialogflugschriften bibliografiert, Zorzin (1997, S. 80 f.) für den Zeitabschnitt 1518–1526 insgesamt 134 lateinische und deutsche Dialoge und 83 deutsche Dialoge für die Jahre 1520–1526; vgl. Bentzinger (2003, S. 267). Dazu kommen Dialoge, die innerhalb von monologischen Texten stehen wie ein fiktiver Dialog in Clemens Zieglers Flugschrift „Ein fast schön Büchli von dem Leib und Blut Christi" (1525, Bl. F4a-G3a, Köhler Fiche 1950/Nr. 4902).

[4] „Seine Rede ist vor allem dialogisch, dialogisch-katechetisch, wo der Reformator seine neue Lehre darlegt, dialogisch-polemisch, wo er sich mit dem Gegner auseinandersetzt" (Lenk 1984, S. 145). Lenk belegt Ersteres mit Reihungen von Fragen an den Leser. Zu Reihen von Fragen auch Schildt (1978, S. 51 f.).

> imaginäre Dialoge, in deren Verlauf die angefochtenen Heiligen (Abraham, Hiob oder Petrus) den Charakter von Nothelfern gewinnen – Nothelfer wie es Paulus war, mit dem Luther über den Teufel und das Kreuz disputierte. (Jens 1984, S. 164 f.)[5]

Im Folgenden will ich den Fragen nachgehen, wie Luther in Texten des akademischen Unterrichts, der Predigt, der Lehre und des religiösen Kampfes dialogische Strukturen und Dialoge im engeren Sinne verwendet, welche Funktionen sie im Text haben und – bei den Dialogen – welche Ähnlichkeiten und Differenzen sich dabei zu zeitgenössischen Dialogen ergeben. Ich behandle hier nicht Dialoge der Tischgespräche und andere wiedergegebene Gespräche mit Luther als Teilnehmer,[6] auch nicht die Art, wie Luther auf gegen ihn gerichtete Schriften antwortet oder fremde Texte kommentiert. Auf Dialoge in literarischen Gattungen wie Fabel und Exempel gehe ich nur kurz ein.

2. Dialogische Textstrukturen aus der Tradition der Rhetorik

Der Ursprung von dialogischen Textstrukturen liegt im Wesentlichen in drei traditionellen rhetorischen Figuren: Zyklen von Fragen und Antworten, von Einwänden und Antworten und von antithetischen Redewiedergaben.

2.1 Zyklen von Fragen und Antworten

Alle Typen rhetorischer Figuren, die mit Fragesätzen realisiert werden, können oder müssen vom Autor in direktem Anschluss beantwortet werden, so die rhetorische Frage im engeren Sinne (*interrogatio*),[7] die „tendenziöse Frage" (mit der Modalpartikel *nicht*), die aporetische Frage (*dubitatio*), die Überlegungsfrage (*subiectio*) und die thematisierende Frage.[8] Folgt auf ein solches Paar ein weiteres, dann verlängert und intensiviert sich die dialogische Textstruktur. Neben wiederholten gleichen Typen von Frage-Antwort-Paaren wechselt Luther die Typen der Fragen und macht hierarchische Einbettungen. In seiner Vorlesung zum Römerbrief (1515/16) beant-

5 Vgl. auch Brecht (1986, S. 31) zum Bedürfnis Luthers, anstehende theologische und andere Probleme mit seinen Freunden im Gespräch zu lösen. Die Tischgespräche zeugen davon.

6 Luther vor Cajetan in Augsburg 1518, vor dem Reichstag in Worms 1521, das Gespräch mit Andreas Karlstadt in Jena 1524.

7 Obwohl rhetorische Fragen im handlungstheoretischen Sinne keine Fragen sondern emphatische Behauptungen sind, werden sie auch wie eine Frage behandelt und beantwortet. Dieses Muster verwendet Luther sehr oft.

8 Beispiele für Letztere: „Es fragt sich nun, wie kann ohne Werke des Gesetzes die Rechtfertigung vor sich gehen […] Die Antwort lautet […]" (Römerbriefvorlesung LD I, 147); „Warumb hellt und leret man denn die zehen gepot? Antwort: Darumb, das […]" („Wider die himmlischen Propheten", WA 18, 81).

wortet Luther eine Reihe von rhetorischen Fragen des Paulus in Röm. 8, treibt den Gedanken durch eine Überlegungsfrage weiter, auf die er dann wieder Paulus antworten lässt:

> „Wer will die Auserwählten Gottes beschuldigen?" (Röm, 8, 33). Was soviel heißt wie: niemand (will). – Warum? – Darum: „Gott ist hier, der da gerecht macht" (Röm. 8, 33). „Wer will verdammen?" (Röm. 8, 34). Niemand. Warum? – Darum: „Christus (der auch Gott ist) ist hier, der gestorben ist, ja vielmehr der auch auferweckt ist" usw. (Röm. 8, 34). „Ist aber Gott für uns, wer mag wider uns sein"? (Röm. 8, 31). (LD I, 121)

Das Ablaufschema ist ganz einheitlich: rhetorische Frage – die in der Frage enthaltene Antwort – Überlegungsfrage – Antwort.[9] Zusätzlich kommt mit den wiederholten Pauluszitaten eine weitere Art der Dialogizität hinzu, der intertextuelle Aufruf einer Autorität.

2.2 Zyklen von Einwänden und Antworten

Frage-Antwort-Paare sind zwar als Sprechakte dialogisch aufeinander bezogen, müssen in monologischen Texten aber nicht unterschiedlichen Sprecherquellen zugewiesen werden. Bei einem Einwand (Prolepse, *prokatalepsis*, *anticipatio*) müssen sie jedoch genannt werden oder sind zumindest mitgedacht, auch wenn sie sehr unbestimmt sein können. Antworten auf einen Einwand sind bei Luther[10] und überhaupt in der Kontroverstheologie ein häufig verwendetes argumentatives Mittel. Ihr Beginn ist oft formelhaft durch Wendungen wie *Ja, möchtest du sagen* (WA 30/II, 472), *Ja sagen sie* (ebd., 474), *Ja sprichst du* (ebd., 499), *Aber jemand moecht sagen* (WA 51, 486), in polemischen Passagen durch die Wahl des Subjekts oder des Verbs des Sagens in herabsetzender Absicht: *Ja, spricht meyn Peter Rueltz* (WA 18, 148); *Wenn nu die Heintzen schreyen* (WA 51, 558). Auch die Antwort wird oft stereotyp eingeleitet mit *Antwort*, *antworte ich*, *ist die Antwort*, *das sage ich* usw.[11] und manchmal auch deutlich gesprochensprachlich mit einer erstaunten Rückfrage:

> Sprichstu aber, Ey er [Karlstadt] wird nicht so steyff seyn, er wird yhm lassen sagen und von solchem thun ablassen, Wer? D. Carlstad? Ja wol. Die wort kann er feyn sagen und mit schrifften ausblasen, Er wolle sich lassen weysen und wolle gehorchen eyns bessern, Ists seyn ernst, so byn ich guelden, Wenn hat er yhe mals yemand gewichen und gehorcht? [es folgen zwei weitere rhetorische Fragen]. („Wider die himmlischen Propheten" 1525, WA 18, 88 f.)

9 Ganz ähnlich in einer Fastenpredigt von 1522 (WA 10/III, S. 50, 28–32).

10 Stolt (1974, S. 38, 40, 45); Schildt (1978, S. 52, 55); Dähn (1997, S. 110 f.); Schuster (2001, S. 193 f.).

11 Z. B.: WA 30/II, 503, 499; WA 51, 558.

Mit der vor der Antwort eingeschobenen Rückfrage „Wer? D. Carlstad?“ zweifelt Luther daran, dass gerade dieser sich ins Gewissen reden lassen werde. Die Antwort darauf im Sinne von ‚ja freilich‘ ist ironisch, das Folgende dann die Antwort auf den Einwand, die mit unterschiedlichen Mitteln (Phraseologismus, rhetorische Frage) diesem widerspricht. Der Wechsel zu einer anderen Stimme erscheint hier wie sonst auch in den vorangestellten, redeanbindenden Gesprächspartikeln (*ja*), Interjektionen (*ei*) und in den nominalen und pronominalen Anreden.

Auf einen Einwand mit einer Gegenfrage zu antworten, erhöht den Grad der Dialogizität, so in der Kontroversschrift „Von den Schlüsseln“ (1530) gegen die Meinung der „Schwärmer“, man könne der Kraft des Binde- und Löseschlüssels nicht trauen, man solle die Sakramente ganz aufgeben (Redebeiträge durch Absätze getrennt und in eckigen Klammern kurz erläutert):

> [Einwand:] Sprichstu aber, wie die rotten geister und Sophisten auch thun: Hoeren doch viel der schluessel binden und loesen, keren sich dennoch nicht dran und bleiben ungebunden und ungeloeset, Drumb mus etwas anders da sein denn das wort und die schluessel, Der geist, geist, geist mus thun.
>
> [Gegenfrage:] Meinstu aber, das der nicht gebunden sey, der dem Bindeschluessel nicht gleubet? [Antwort:] Er sols wol erfaren zu seiner zeit, das umb seines unglaubens willen das binden nicht vergeblich gewest ist, noch gefeilet hat [... In der Auslassung begründet Luther dies mit Zitaten aus dem Römerbrief und gibt einen Vergleich mit einem König, der jemandem ein Schloss schenkt, das dieser aber nicht annimmt]
>
> [Zweiter Einwand:] Ja sprichstu: Hie lerestu selbs den Feil schluessel, Denn es geschicht nicht alles, was die schluessel schaffen, weil es etliche nicht gleuben, noch annemen.
>
> [Antwort:] Ey lieber, wenn das gefeilet sol heissen, So feilet Gott mit allen seinen worten und wercken [...] (WA 30/II, 498 f.)

Dadurch, dass in eine Antwort auf einen Einwand weitere Fragen und Antworten eingebettet sind, kann der Wechsel der Sprecherquellen ziemlich kompliziert werden. In „Wider die himmlischen Propheten“ gegen Andreas Karlstadt geht Luther auf drei Gegenargumente einer Prolepse ein:

> Er [= Karlstadt] darff hie nicht auff werfen, er sey zuvor nicht vermanet, er habs nicht gewuest, man habe der liebe an yhm gespart.
>
> [Antwort auf „nicht vermahnt“ = rhetorische Frage:] Wer solt da vermanen koennen, da sie so heymlich handelten, bis sie die gifft aus breytteten [...]? [tendenziöse Frage:] Sind sie aber nicht gnugsam und offentlich vermanet durch meyne schrifft widder den Allstedter geyst? [rhet. Frage:] Wie feyn haben sie sich lassen weysen?
>
> [Antwort auf „nicht gewusst“ = tend. Fr.:] Item haben sie nicht gewisst, das ich disse propheten mit yhrem geyst habe geurteylet als des teuffels geyst? [rhet. Fr.:] Was hatts geholffen? [Antw.:] [nichts] on das sie nur hertter verstockt sind [...]

> [Antwort auf „der Liebe gespart“ = rhet. Fr.:] Ja warumb haben sie selbs der liebe gespart und widder uns ynn yhrem loch so vleyssig gehandelt […]? (WA 18, 93)

Luther tritt hier in einen Dialog mit den Anhängern Karlstadts; er antwortet auf ihre Einwände, stellt ihnen dabei selbst Fragen und gibt auch selbst die Antwort. In einer Fastenpredigt von 1522 lässt Luther die Wittenberger Bilderstürmer auftreten:

> Ja sprechen dieselbigen Bildestuermer, stehet doch im andern buch Mosi also geschrieben: ‚Du solt dir kein Bildnis […] machen‘ […] Sihe da, sagen sie, das sind ja klare, helle wort‘ […] (WA 10/III, 26)

Luther hält dagegen, dass im ersten der Zehn Gebote nur gemeint sei, dass man Bilder nicht anbeten dürfe, und wendet sich wieder den Bilderstürmern zu:

> Darumb sol man zu denselbigen Bildestuermern sagen: das anbeten ist hie verboten und nicht das machen, Bilder mag ich wol haben oder machen, aber anbeten sol ich sie nicht.
>
> Und wenn sie ferner sprechen: Stehet doch hie klar ausgedruckt, du solt dir kein Bild machen, so sprich du: stehet doch auch hie klar, du solt sie nicht anbeten. (Ebd., 27)

Und kurz danach der dritte Einwand:

> Wenn nu die Bildestuermer so kuen weren und sagen wollten: Ja, man hat die bilder auch angebetet, darumb sind wir auch verursacht wie der Koenig Ezechias, die bilder umb zu reissen und zu brechen. Denen must man also antworten: Bist du der Man, der uns schueldigen darff, das wir die bilder haben angebetet, wie kanstu in unser Hertz sehen? Wie kanstu wissen, ob wir sie angebetet haben oder nicht? Uber dieser Antwort mussen sie verstummen. (Ebd., 28)

Luther gibt seiner Gemeinde in Wittenberg Argumentationshilfe gegen die Bilderstürmer. Der Dialog endet wie in vielen Dialogflugschriften mit dem Verstummen des Gegners.[12]

12 Weitere Beispiele: WA 30/II, 498f; WA 18, 96: zweimal mit gleicher Antwortstruktur: „Denn […] und wenn es so wäre, dann […]“; mit phonetischer Parodie schwäbischer Spiritualisten: „Es mus der gaischt, gaischt thun, Das du es ohne buchstabens lernest“ (WA 46, 412); vgl. Wolf (2000, S. 156). Zu Reihen von Prolepsen und Antworten auch Schildt (1978, S. 55).

2.3 Antithetische Redeerwähnungen

Die Redeerwähnung eines Anderen (*sermocinatio*), in welcher Form auch immer,[13] ist ein sehr beliebtes Mittel Luthers, um Gedankliches zu konkretisieren. Deshalb konfrontiert er auch das Wort Gottes mit Äußerungen von Vertretern der päpstlichen Kirche. Meistens beschränken sich die Zitate auf Paare mit syntaktischen Parallelismen und lexikalischen Wiederholungen:

> S. Paulus sagt alhie ‚das geystlich gesetz todtet', du [Emser] sprichst ‚der geystlich synn macht lebendig' (WA 7, 649)

> S. Paulus steht hie starck und spricht: Wir seyn diener oder prediger des geystes, nit des buchstaben; wie sagt der Bapst? Wir seyn prediger wider des geysts noch buchstabenß, sondern unßers eygen trawm (ebd., 661)[14]

> Christus heisst den gebunden, der als ein ungehorsamer verbannet ist […] wie er Matth. xxij. einem heisst hende und fuesse binden und jns finsternis hinaus werffen, Los aber heisst er den, so von seinen sünden ledig und frey ist […] Dagegen sagt der Bapst also: Gebunden ist, der meinem binden gehorsam ist und sol selig sein, Los ist, der von allen Gottes geboten ledig und frey ist, und mus doch ungehorsam und verdampt sein. Wo nu aus? Christus spricht: Gebunden sein ist verdampt sein, Bapst spricht: Gebunden sein ist selig sein (WA 30/II, 473)[15]

Durch Trägersätze mit einem *verbum dicendi*, durch Quellenverweise oder innerhalb der Redeerwähnung auch durch Personalpronomina ist klar, wessen Stimme gerade spricht. Wo solche Signale der Redezuweisung fehlen, wie in den kurzen Sätzen *und mus doch ungehorsam und verdampt sein. Wo nu aus?* muss der Leser/Hörer auf den Inhalt achten, um herauszubekommen, wer spricht.[16]

[13] Prototypisch: direkte Rede/innerer Monolog, indirekte Rede/erlebte Rede, Redebericht, einzelne Wörter einer anderen Quelle.

[14] Weitere Beispiele: das Volk des Gesetzes vs. das Volk des Glaubens (1515/16 LD I, 165); Christus vs. „Verleger" = Tetzel/Wimpina (1519, WA 7, 389); Dekretalen vs. Bibel (1520, WA 7, 165–176); die Zehn Gebote Gottes vs. diejenigen des Papstes (1521, WA 8, 553 f.); „Compone nunc Christum at Papam. Ille dicit […] Papa dicit […] Christus docet […] At Papa docet […]" (1521, WA 7, 761 f.); 1541: Petrusbrief vs. Papst (WA 51, 512); Hzg. Heinrich vs. Ps 2 (ebd. 566 f.).

[15] Vgl. ebd., 481 f.: viermaliger Redewechsel zwischen Gott und Papst.

[16] Auch lange ironische Passagen vom Standpunkt der Papstkirche aus, unterbrochen von wieder anderen Aussagequellen, verwischen manchmal klare Trennungen der eigenen und der fremden Stimme. Eine solche Stelle ist WA 30/II, 493, 14–33 („Von den Schlüsseln"): Modalisierungen (Konj. II, Modalverben) und 3. Pers. Pl. verweisen auf den fremden Sprecherstandpunkt, sodass Satzbedeutungen und positiv wertende Wörter (*fein*, *recht getroffen*, *koestlich*, *der Christlichen Kirchen seer nuetzlich und troestlich*, *bessern*, *helfen*) ironisch verstanden werden müssen. Dann aber wettert Luther drauflos:

In „Wider das Papsttum zu Rom“ (1545) dehnen sich die Widersprechensakte des Papstes zum Heilsplan Gottes auf eine lange Textstrecke mit 14 Sprecherbeiträgen aus (WA 54, 266, 1–31). Auch hier sind die sprachlichen Konstruktionen der Reden ganz stereotyp (*der Herr will* [… indirekte Rede] – *Nein, spricht der Bapstesel* [… direkte Rede]), und nur die Bezeichnungen für den Papst variieren: „Bapstesel“, „Fartzesel Bapst“, „Eselbapst“, „Eselfartz=Bapst“.

Antithetische Zitate einer göttlichen vs. einer antichristlichen Sprecherquelle passen gut zum dualistischen religiösen Weltbild der Zeit und besonders auch zu Luther. Dieses antithetische Prinzip hat sowohl ganze Texte[17] wie auch eine Bild-Text-Komposition hervorgebracht: das „Passional Christi und Antichristi“ (1521, WA 9, 701–715).[18] Philipp Melanchthon und der Jurist Johann Schwerdtfeger haben darin 13 Holzschnittpaare aus der Werkstatt Lucas Cranachs mit Zitaten aus dem Neuen Testament einerseits und aus päpstlichen Dekretalen und Luthers Schrift „Offenbarung des Endchrists aus dem Propheten Daniel“ andererseits untertitelt.[19]

3. Dialoge

Luther ist in seinen Predigten, Lehr- und Streitschriften immer um Verständlichkeit bemüht. Er schreibt anschaulich, konkret, bildlich. Dazu gehören Alltagslexik, Sprichwörter, Metaphern, Exempel, Vergleiche und eben auch innere und äußere Monologe und Dialoge.

3.1 Innere Dialoge

Luther lässt sehr oft in seinen Schriften wie in den Tischreden fremde Stimmen im geistigen Inneren sprechen. Es sind biblische Figuren, Jesus Christus selbst und sein Antipode, der Teufel. In einem Übergangsbereich zwischen innerem Monolog und innerem Dialog bezieht Luther zwar die Inhalte der Stimmen *auf*einander, lässt sie aber nicht *zu*einander sprechen. Im „Sermon von der Bereitung zum Sterben“ (1519) tritt der Teufel als der eigentliche Autor von Gewissensbissen auf, spricht aber in der ersten Person des Sterbenden:

„Schimpff und ernst, Es geht gleich wol also zu, Der Teuffel hat solchs mit ihrem binden gemeinet und auch ausgericht“.

17 Heinrich von Kettenbach: „Vergleichung der Päpste Satzungen gegen die Lehre Christi Jesu“ (1523), „Vergleichung des allerheiligsten Herrn und Vaters, des Papstes, gegen den seltsamen fremden Gast in der Christenheit, genannt Jesus“ (1523).

18 Abbildungen in: Lucas Cranach d. Ä. (1972).

19 In Holzschnitten und Gemälden der Cranach-Werkstatt wurde das antithetische Bildprogramm fortgesetzt („Alte und neue Kirche“ 1524, „Inhalt zweierlei Predigt“ 1529, „Sünde und Erlösung“ 1530, „Der Weinberg des Herrn“ mit römischen vs. reformatorischen Gärtnern, 1569).

> Szo kumpt dan der teuffell und blysset dir eyn: ‚ja wie, wan ich dan die sacrament hett unwirdig empfangen und mich durch meyn unwirdickeit solcher gnaden beraubt?‘ (WA 2, 693)

Für Luther sind solche Gedanken nur Versuche des Teufels, den Menschen an der Gnadenzusage Gottes irre zu machen. Er rät dem Sterbenden:

> Daran halt nur fest und sprich ‚Der mir seyn zeychen und wort gibt und geben hatt, das Christus leben, gnad und hymel meynen tod, sund, hell mir unschedlich gemacht hab, der ist gott, [der] wird mir die ding woll halten‘ (ebd., 694)

In den Tischreden berichtet Luther immer wieder von Disputen zwischen sich und dem Teufel.[20] In einer Version, in der sich Skatologisches (weil Gestank und Exkremente zur Sphäre des Teufels gehören) und Ironisches abwechseln, werden die Vorhaltungen des Teufels als Redebericht wiedergegeben, während ihm Luther in direkter Rede antwortet:

> Wen der Teufl zu nacht an mich kompt zu plagen, so gib ich im diese antwort: Teufl, ich muß yetzt schlaffen, denn das ist Gottes beuelch, des tags erbeitten, des nachts schlafen. Deinde quando non cessat me vexare obtrudens mihi peccata mea, respondeo: Lieber Teufl, ich habs register gehert, aber ich hab noch mehr sund gethan, die stehen nicht in deim register; schreibs auch an: Ich hab in die hosen und bruch geschissen; hengs an hals und wisch maul dran. Tertio si non cessat inculpans me peccatorem, tunc dico per contemptum: Sancte Sathana, ora pro me! Denn du hast nie ubel gehandelt et es solus sanctus; gehe hin zu Gott, erwurb dir selber gnade, et si me vis probum facere, tunc dico tibi: Medice, cura te ipsum! (TR 2, 132, Nr. 1557)

Typisch für Luther ist das Ende mit einem Wechsel der Modalität, hier: zu einer längeren ironischen Passage.

Die längste nächtliche „Disputation“ (so auch von Luther mehrmals bezeichnet) befindet sich innerhalb einer „kleine[n] beicht“ an die römischen Theologen in der Schrift „Von der Winkelmesse und Pfaffenweihe“ (1533, WA 38, 197–204):[21]

> Ich bin ein mal zu mitter nacht aufferwacht, da fieng der Teuffel mit mir jnn meinem hertzen eine solche disputation an, (wie er mir denn gar manche nacht bitter und saur gnug machen kan): Hoeret jrs, hochgelerter, wisset jr auch, das jr funffzehen jar lang habt fast alle tage winckel Messen gehalten? Wie wenn jr mit solcher Messe hettet eitel abgoetterey getrieben und nicht Christus leib und blut, sondern eitel brod und wein da angebetet und an zu beten andern fuergehalten. Ich antwort: Bin ich doch ein geweyeter Paff, habe Cresem und Weihe vom Bisschoff empfangen, da zu solchs

20 Zum Beispiel: TR 1, Nr. 141, Nr. 352; TR 2, Nr. 1310; TR 3, Nr. 3062, Nr. 3798.

21 Diesen Dialog behandelt Brecht (1990, S. 101–104) unter dem kommunikativen Rahmen der Beichte. Beyer (1992, S. 104–110) sieht ihn als Teil der *Epitasis* eines fünfteiligen antiken Dramas, das Luther hier nachgebildet habe.

> alles aus befelh und gehorsam gethan, wie solt ich denn nicht haben Consecrirt, weil ich die wort mit ernst gesprochen und mit aller mueglichen andacht Messe gehalten? (WA 38, 197)

In der folgenden Auseinandersetzung zerpflückt der Teufel jeden Einwand Luthers: Dass er sich nicht auf den Gehorsam gegenüber der Kirche berufen könne; dass Priesterweihe und Konsekration unchristlich seien; dass er nicht den richtigen Glauben im Sinne von ‚Zuversicht' gehabt und sich deshalb an Maria und die Heiligen statt an Jesus Christus gewandt habe; dass er keine „communio" gepflegt habe, d. h. Brot und Wein nicht an die Gemeinde ausgeteilt, sondern für sich genossen habe; dass er dabei nicht Christi Tod, wie es die Abendmahlsworte Jesu verlangen, gepredigt habe; dass er aus einem gemeinsamen Mahl ein Opfer für einzelne Menschen gemacht habe („O grewel uber grewel"); dass er aus einem Geschenk Gottes ein eigenes Werk gemacht und auch noch Geld dafür genommen habe. Zum Schluss folgen eher wortsemantische Argumente, dass das Verb *austeilen* und die Substantive *Taufe*, *Firmung*, *Weihe*, *Absolution*, *Ehe* immer ein Objekt fordern, das nicht referenzidentisch mit der Person des Handelnden ist.

Die Reden des Teufels sind durchweg an Luther adressiert (zuerst *Ihr*, dann *du*); aber nur die ersten drei und der letzte Beitrag haben einen Redeeinleitungssatz. Nach einem metakommunikativen Kommentar Luthers über die schrecklichen psychischen Wirkungen dieser Vorhaltungen[22] redet der Teufel lange Strecken allein; er gliedert seine Rede mit Aufzählungspunkten und geht durch Fragen und Prolepsen zum Dialog im Dialog über (S. 200, 22–24; S. 201, 3–23). Luther hält sich in seiner Gegenargumentation zuerst an die hergebrachten Lehren der Kirche („Inn dieser angst und not […] ergreiff [ich] den alten harnisch, so ich ym Bapsttum hatte lernen anzihen und furen, Scilicet intentionem et fidem Ecclesie" S. 202, 16–18), aber die rhetorische und argumentative Macht des Teufels ist stärker als Luthers Einwände. Die Disputation endet in einer hyperbolischen Anklage: „du Bauch Pfaff und nicht Gottes Pfaff, wer hat jhe groesser grewel, betrug und schaden gehoert jnn himel odder auff erden" (S. 204, 11–13). – Es ist ein merkwürdiger Dialog. Der Teufel ist eloquenter als Luther, ja man hat den Eindruck, dass der Teufel hier spricht, wie Luther sonst schreibt. Der Teufel stellt Luther z. B. neun rhetorische Fragen, die ihn ad absurdum führen (S. 201, 13–23), und fünf rhetorische und andere Fragen, die ihn auf das Wort Gottes in der Bibel statt auf die Tradition der Kirche verweisen (S. 203, 22–32). Der Teufel spricht auch länger, Punkt für Punkt und in direkter Rede, während sich Luther passiv verhält: Er „hört zu" (S. 198, 11) und reagiert mit Schrecken (S. 198, 1 f.; 202, 1); seine Beteiligungen wechseln von direkter Rede (S. 197, 25–29) zu Redebericht und indirekter Rede (S. 202, 1–6), bis er ganz verstummt. Es ist der Teufel, der Luther die reformatorische Kritik an der

22 „Hie brach mir warlich der schweis aus, und das Hertz begonst mir zu zittern und zu pochen […] Er [der Teufel] kann aber auch der seelen so bange machen mit disputirn, das sie ausfaren mus jnn einem augenblick" (S. 198, 1–2, 7–8).

römischen Messe beibringt. Von Luther war der Dialog als literarisches Verfahren (*ars*) intendiert, um darzustellen, dass der Teufel unter dem Deckmantel der Wahrheit (= die Sündhaftigkeit des Menschen) die Lüge (= das Verschweigen der Rettung durch den Kreuzestod Christi) verbirgt.[23] Von den katholischen Kontroverstheologen des späteren 16. Jahrhunderts wurde der Dialog einfach als Beweis für Luthers Teufelshörigkeit herangezogen.[24]

3.2 Illustrierende Dialoge

Luther situiert äußere fiktive Dialoge in der Welt des Alltags, der Universität und der Kirche.[25] Er lässt dabei nicht nur typisierte Personen und biblische Figuren, sondern auch theologische Begriffe wie ‚Gesetz' und ‚Gnade' zur christlichen Seele sprechen und diese antworten (LD I, 165). Im folgenden Beispiel illustriert Luther durch eine angedeutete Szene seine Meinung, eine Kirchengemeinde solle selbst den Kirchenbann vollziehen, nicht ein Bischof:

> So ist eine Christliche Gemeine nicht des Officials dienstmagd noch des Bisschoves stockmeister, das er muege zu jhr sagen: Da Greta, Da Hans, hallt mir den odder den in bann, Awe ja, Seid uns willkomen, lieber Official. („Von den Schlüsseln" 1530, WA 30/II, 502)

Hier wird zuvorkommende Unterwürfigkeit durch die Antwort von Hans und Greta veranschaulicht. Beide Seiten sprechen mit sprachlichem Realismus (das deiktische Adverb *da*, Redebeginn mit Anrede und zustimmenden Gesprächspartikeln).

Luther hat die Fabeln Äsops übersetzt, eine Anekdote hinzugefügt („Von D. Mogenhofer", drei Redebeiträge) und eine neue Fabel erfunden: „Vom Löwen und Esel" (WA 26, 447–450) mit 26 Redewiedergaben unterschiedlicher Form. Für die These, dass ein Bischof kein reicher Fürst sein soll, sondern nach Paulus von seiner Hände Arbeit leben soll, zieht er das Exempel vom Bischof und Hirten heran, das sich auch bei Johann Pauli in „Schimpf und Ernst" findet. Der Dialog des eingeschobenen Texts endet mit der Pointe:

> Ich muß das exempel hie ertzelen, das eyn mal ubir land reyt eyn grosser bischoff fuerstlich daher, wie sie pflegen mehr den die weltlichen fuersten. Da stund eyn hirtte, sperret das maul auff und sahe das prangen an. Fraget yhn der bischoff, was er sich

[23] In einer Vorüberlegung schreibt Luther: „Mentitur diabolus, sed tamen habet verum quiddam, quo mendacium tegit. Id indicare artis est" (‚das zu zeigen, bedarf der Kunst', S. 194, 14–16; vgl. S. 205, 11–16); dazu Brecht (1990, S. 104) und Beyer (1992, S. 105 f., 109).

[24] Vgl. Brückner (1974, S. 290).

[25] Beispiele aus der zweiten Römerbriefvorlesung: Kurze Dialoge aus dem Alltag: Zwei Streitende, beide geben nach (LD I, 135); aus der Politik: gute Ratschläge an Papst Julius und Herzog Georg (LD I, 147, 235).

ßo wunderte und das maul offen hette. Sprach er: ‚mich wundert, ob S. Martin auch also geritten habe‘. Antworttet der bischoff: ‚Ya S. Martin war ein schlecht man, ich bin ein furst.‘ Sprach der hirt: ‚ob ich macht habe, ein wort zu fragen?‘ Antwortet der Bischoff: ‚Ya frage her.‘ Sprach der hirt: ‚Wenn nu der teuffel den fuersten hinfueret, wo wirt der Bischoff bleyben?‘ Da schemet sich der fuerstlich bischoff und reyt davon. („Wider den falsch genannten geistlichen Stand des Papsts und der Bischöfe“ 1522, WA 10/II, 135)

Der Bischof bleibt die Antwort schuldig; er verstummt. Für die Meinung, dass Knechte und Mägde nicht das tun, was sie tun sollen, bringt Luther die auch von Erasmus Alber wiedergegebene Erzählung vom Knecht und den drei Amseln: Ein Bauer hat einen Knecht ausgeschickt, eine Kuh zu holen; dieser jagt aber blindlings drei Amseln nach. Das Exempel endet in einem Dialog mit vier Beiträgen („Auslegung des 101. Psalms“ 1534, WA 51, 223).

3.3 Erinnerte Dialoge

Luther hat in den Tischreden und in seinen biografischen Rückblicken immer wieder von Gesprächen berichtet, die in seinem Leben wichtig waren.[26] Im Folgenden soll die Wiedergabe des Disputs mit den Orlamünder Bürgern vom 24. August 1524 kurz betrachtet werden. Luther besuchte die Gemeinde seines Gegners Andreas Karlstadt während einer Visitationsreise in Thüringen und wollte einen „ungnädigen“ Brief der Orlamünder an ihn mündlich beantworten.[27] Es ging um die Frage der Heiligenbilder. Von diesem Gespräch gibt es einen zweiten, sehr viel ausführlicheren Bericht (WA 18, 342–347).[28] Luther schreibt in „Wider die himmlischen Propheten“ (1525):

[26] So mit Johann von Staupitz (TR 1, Nr. 518; 2, Nr. 2255), mit Karl von Miltitz (LD 2, 17 f.), mit Cajetan in Augsburg (WA 51, 544), in Worms (TR 1, Nr. 357), mit der Fürstin von Anhalt (TR 5, Nr. 6121), mit Kurfürst Johann in einer lebensbedrohlichen Situation (TR 3, Nr. 3542 B).

[27] Die Anrede lautete: „Dem Christlichenn leerer Martino Luther Unserm bruder in Christo“, und Luther wurde im Brief durchweg geduzt (WA 15, 343). Luther fasste diese Anrede als Zeichen eines „Feindesbriefs“ auf („ir habt mir einen feindeßbrief geschryben, ir gebet mir meinen titel nicht“ (ebd., 345). Von Seiten der Orlamünder (Bürgermeister, Kämmerer, Stadtschreiber, Schuster und Andere) wurde Luther geihrzt und mit „Herr Doktor“ und als Kompromiss mit „Herr doctor, freunticher bruder“ (ebd., 345) tituliert. Erst als Luther den Schuster geduzt hat (ebd., 345, 32), was man als ein Nähe-Du im seelsorgerlichen Sinne verstehen kann, reden sich beide mit *Du* an.

[28] Der Autor scheint sich um Genauigkeit und Unparteilichkeit bemüht zu haben. Er vermerkt auch symbolische und gestische Handlungen Luthers (seine trotzige Weigerung, sein Barett abzunehmen; die Geste, mit der er sein Gesicht in den Händen verbirgt, WA 18, 342).

> Am ende mus ich von disser sachen [dem „Stürmen“ der „Schwärmer“] eyn exempel geben, ob D. Carlstad sich eyn wenig schemen wollt, das er seyne iunger so feyn leret. Da ich zu Orlamuende war und von den bilden mit den guten leutlin handelte und ich alle sprueche aus Mose, so furbracht wurden, zeygt aus dem text, das er von goetzen bilder redet, die man anbetet, tratt eyner erfur, der fur allen der klůgst seyn wollt und sprach zu myr: Hoerest du es, Ich mag dich wol du heyssen, bistu eyn Christen, Ich sprach: Heyß mich nůr wie du willt, Er hett mich wol lieber auch geschlagen, so vol Carlstads geyst war er, das yhn die andern schlecht nicht schweygen kundten, Und fur weytter und sprach: Wenn du denn Mose nicht folgen willt, so mustu dennoch das Euangelion leyden, Du hast das Euangelion unter die banck gestoßen, Neyn, Neyn, es mus erfur, nicht unter der banck bleyben. Ich sprach: Was sagt denn das Euangelion? Er sprach: Jhesus seyt em Euangeli, weys nicht, wu es steht, meyne brueder wissens wol, das die braut mus das hembd nacket aus zihen, sol sie bey dem breutgam schlaffen, Also mus man die bilder all ab brechen, das wyr der creaturen los und reyn werden. Hec ille. Was sollt ich thun? Ich war unter Carlstads schuler komen, ich lernete da zu mal, das bilder zu brechen hies der braut das hemd nackt aus zihen und sollt ym Euangelio stehen. (WA 18, 83 f.)

Schon zu Beginn wird der Dialog als ein „Exempel“ für die falsche Theologie und Lehre von Karlstadt präsentiert. Das Adjektiv *fein* und die Nominalphrase *die guten Leutlin* eröffnen den ironischen Ton. Der Kontrahent, im Flugschriftenbericht ist es ein Schuster, wird als verbohrter, unwissender und aggressiver Eiferer geschildert:

1. Obwohl der Schuster fälschlicherweise annimmt, das Bild von der nackten Braut stamme von Jesus („weys nicht, wu es stet, meyne brueder wissens wol“), macht er sich zum Wortführer („der fur allen der klůgst seyn wollt“, „die andern [kundten yhn] schlecht nicht schweygen“).
2. Der Schuster duzt Luther und verteidigt dies metakommunikativ mit dem Hinweis auf die gemeinsame Zugehörigkeit zur Christenheit. Freilich stellt er sich damit auch interaktiv auf die gleiche Stufe wie Luther. Interessant ist hier ein Vergleich mit dem Flugschriftenbericht: Dort hatte der Bürgermeister Luther quasi als Gutmachung zur brieflichen Du-Anrede zweimal überhöflich angeredet: „ehrbar, hochgelehrter, günstiger Herr Doktor“. Luther duzte den Schuster (vielleicht mit dem seelsorgerlichen *Du*, das er auch in den Predigten verwendet), dieser gab das *Du* im Wissen um Luthers Doktortitel und seiner Bestallung als Prediger zurück.
3. Luther beschreibt den Schuster als aggressiv: Er hätte ihn „wol lieber auch geschlagen“, und führt dieses Verhalten auf Karlstadts Art der Interpretation der christlichen Botschaft zurück. Luther sieht darin seine Ansicht bestätigt, dass die Orlamünder zur Gewalt geneigt seien wie die Anhänger Thomas Müntzers.
4. Der Schuster bringt die völlig unsinnige Anklage vor, Luther habe „das Euangelion unter die Bank gestoßen“, wie immer man das Fahnenwort *Euangelion* verstehen will. Im Jahr 1524 wusste jeder, der Flugschriften las, dass Luther emphatisch nur die Bibel und besonders das Neue Testament als Grundlage für

christliche Lehre und christliches Leben anerkannt hat. Der Schuster ist nicht auf dem Wissensstand der öffentlichen Diskussion.

5. Die Sprechweise des Schusters wird karikiert, a) durch dialektale Anklänge (*seyt*, *em*, *wu*), was dörfliche Zurückgebliebenheit signalisiert,[29] b) durch Wort- und Konstruktionswiederholungen („du musst das Euangelion leyden, du hast das Euangelion unter die banck gestossen“, „Neyn, Neyn, es mus erfur, nicht unter der banck bleyben“), um die Verbissenheit und Einfallslosigkeit des Wortführers nachzumachen. Auch der Kontrast zwischen dialektalem Sprechen und dem reformatorischen Hochwertwort *Euangelion* in seiner griechischen Variante wirkt komisch: Beides trifft in der Wortverkürzung *Euangeli* zusammen.
6. Interaktionaler Höhepunkt ist die Behauptung des Schusters, das Bild von der nackten Braut stamme von Jesus; es sei im „Euangeli“ bezeugt. Im Flugschriftenbericht lautet die Stelle: „got spricht: Ich will meyn brawt nacket haben und will ir das hemde nicht anlassen“.[30] Dessen Autor schildert Luthers Fassungslosigkeit: „Do sangk Marti. nider, streich mit seiner handt unber sein angesicht, bedacht sich und sprach“. Der Autor rechnet hier mit Sympathie für Luther.

Luthers Intention in dieser Dialogwiedergabe ist es, Leute, die sich als Vorkämpfer für die christliche Botschaft ausgeben, sich aber in der Bibel nicht auskennen, lächerlich zu machen. Blickt man aber in die Dialogliteratur seiner Zeit, so ist es gerade umgekehrt: Laien kennen sich besser in der Bibel aus als Geistliche. Bis 1525 einschließlich wurden mindestens 20 Flugschriften gedruckt,[31] in denen ein reformatorisch gesinnter Laie gegen einen Geistlichen der römischen Kirche auftrat, und oft war der Laie dem Geistlichen argumentativ und moralisch überlegen.[32] Oft ging es dabei auch um die richtige Auslegung einer Bibelstelle. Der „gemeine Mann“ und gerade sozial wenig angesehene Leute wie Bauern, Kuhhirten, Löffelmacher und sogar ein Bettler und ein „Hurenwirt“ kennen Bibelstellen auswendig und wissen sie richtig auszulegen. Nach den Erfahrungen Luthers mit dem theologisch argumentierenden „gemeinen Mann“ in Orlamünde ist es verständlich, dass er keinen Dialog konzipierte, in dem ein solcher über einen Theologen triumphierte.

[29] Vgl. Schwitalla (1986, S. 48 f.); Wolf (2000, S. 153).

[30] Luther hat dieses Bild in seiner Schrift „Wider die himmlischen Propheten“ noch mehrmals als Beispiel für die Unwissenheit der Orlamünder Bürger in religiösen Dingen herangezogen; vgl. WA 18, S. 84, 10–14 mit spöttischer Imitation des Dialekts; S. 84, 21, 24; S. 93, 15 f. mit Bezug auf die Orlamünder selbst („der Braut zu Orlamünde das hembd, und dem breutgam zu Naschausen [ein Dorf bei Orlamünde] die hosen auszihen“); S. 114, 35 f. (ebenfalls spöttisch); S. 120, 1 (wieder mit Bezug auf die Schwärmer: „das weren rechte ausgezogene, nackte breute“).

[31] Vgl. das Korpus der Dialogflugschriften von Kampe (1997, S. 326–336).

[32] Vgl. Kampe (1997, S. 182 f.).

Die beiden Gespräche Luthers mit Andreas Karlstadt in Jena[33] und mit den Bürgern von Orlamünde am 22. und 24. August 1524 (WA 15, 335–340, 343–347) wirken sehr realitätsnah. Sie zeigen typische Merkmale von Streitgesprächen, wie sie auch heute im Alltag vorkommen: dichte Kohärenz und viele Kohäsionsmittel zwischen den Sprecherbeiträgen, die Abfolge von Vorwurf, kurzer Abwehr und Gegenvorwurf, Retourkutsche (*reflectio*), schnelle Themenwechsel, Sich-Drehen-im-Kreis, Pause und Neueinsatz mit einem Vorwurf. Beobachtungen des Berichtenden zu Adressatenwechsel, zu Gesten und symbolischen Handlungen erhöhen den Eindruck von Authentizität.

3.4 Satirisch-mimetische Dialoge

Zwei der vier längeren Dialoge Luthers stehen in der Tradition des satirisch-mimetischen Dialogs, der schon in der Zeit vor der Reformation antiken Vorbildern (Terenz, Lukian) nachgebildet wurde.[34] Der folgende Dialog mit acht Redebeiträgen stammt aus Luthers Schrift „Wider das Papsttum zu Rom“ (1545, WA 54, 282 f.). Gegen Ende des Textes, nachdem Luther die Tugenden eines guten Bischofs ausgeführt hat, meldet sich Papst Paul III. zu Wort:

> ‚Ja, spricht der Bapst, So verstehe ich das weiden nicht.‘ Liebes Jungferlin Bepstlin, wie verstehestu es denn? ‚Also: ich meinet, das ich unter S. Peters namen wolt alle Koenige und alle Welt schrecken […]‘ (WA 54, 282)

Der Papst fährt dann fort mit einer Reihe von zynischen Selbstdarstellungen. Der erste Topos ist: Er sei der Herr der ganzen Welt, der „König aller Könige“, ein Titel für Christus in der Apokalypse (19,16). Luther antwortet:

> Ja, ja, Jungfer Bepstlin, bistu da zurissen, so flicke dich der Teufel und seine mutter. Fuerchtest du dich aber nicht fuer Gott, das er dich umb solcher schendlicher verfelschung und lesterung willen seiner Worte moechte mit blitz und donner von Himel durch die erden in abgrund der Hellen sencken? (WA 54, 282)

Luther redet den Papst als Frau und mit einem Diminutivsuffix an und konfrontiert ihn mit Gottes Zorn. Aber der Papst verlacht und verspottet das Christentum:

> ‚Ha, ha, ha bon profacit, miser porko, Meinet jr todeske Embrigek, das wir solche Narren sein, als jr seid, und solche geucherey und narrenteiding von Gott und ewrem todten Christo gleuben wollen?‘ (WA 54, 282)

[33] Zu diesem Streitgespräch: Schwitalla (1986).

[34] Niemann (1905, S. 17–48) zu Hutten und lateinischen Dialogen; Balzer (1973) zu Hans Sachs; Schwitalla (1983, S. 133–137) zu dialogischen Techniken; Bentzinger (1992, S. 9–49) zu Gattungen und besonders zur Syntax; Kampe (1997) zu unterschiedlichen Aspekten der Gattung Reformationsdialog mit Untersuchungen von zehn Texten.

Der Papst macht einen Code-Switch zu einer Art Küchenlatein (*bon profacit* statt *bene proficiat*) und verunstaltet italienische Wörter (*Todeske Embrigek* statt *tedeschi ubriaci*, ‚deutsche Trunkenbolde'). „Miser porko" spielt auf ein antideutsches Stereotyp an, nach dem die Deutschen Schweine seien, d. h. nicht auf derselben kulturellen Stufe wie die Italiener stünden. Der Papst distanziert sich dann ganz offen vom Christentum: Es sei „Aberglaube" und „Narrenwerk". Luther antwortet darauf argumentativ: „Ey warumb fuehrest du denn seine Wort, vom Fels, Schluessel und Weiden?" Damit weist er den Papst auf den Widerspruch hin, dass er einerseits die Bibel verachtet, sie andererseits für seine Legitimation verwendet (Mt. 16, 18, Joh. 21, 15). Der Papst antwortet wieder zynisch:

> ‚Ey lieber, es ist besser Bestien regirn, denn von Bestien regirt werden. Weistu nicht, wer Meisen fahen wil, mus ein Meisen bein pfeiffen, und wer einen Christen fahen wil, muss reden lernen wie ein Christ. Darumb muessen wir euch, bon Christian, bey ewrem glauben ergreiffen, dabey kan man euch Deudsche Bestien halten und fueren, wo und wie wir wollen, wie man die Beeren fueret bey dem Rinck in der Nasen, das jr uns nicht abermal uber den kopff wachset, und mit uns spielet, wie ewer vorfarn, die Goten, Langobarden, und etliche Keiser gethan haben.' (WA 54, 282 f.)

Luther beendet den Dialog: „Gremmerze, Miser Asine, porlabon informatione, sattanissime Papa". Er wechselt von Ironie zu grimmigem Ernst und von Wortverunstaltungen zu korrektem Latein. Er passt sich also zuerst wortspielerisch dem Papst an und distanziert sich dann von ihm.

Fast alle thematischen Aspekte in diesem Dialog wurden im Text vorher schon genannt, und sie werden *im* Dialog bis in die Formulierungen hinein wiederholt: Der Papst hält sich auch im Vortext für den „Herrn aller Herrn, den König aller Könige" (S. 258 f.; S. 264, 10), den „Herrn der Welt" (S. 234, 15), das „Haupt, den Herrn, den Richter und über alles, was im Himmel und Erden ist" (S. 240, 21). Deshalb könne er alle Könige einsetzen und absetzen. Er „erschrecket die Welt" und „zwingt sie unter sich" (S. 231, 5, 30). Kaiser Nero sollte ihm das „Römische Reich" übergeben haben (S. 264, 12, im Dialog: Augustus und Tiberius). Er selbst glaubt nicht an die Konstantinische Schenkung, will aber, dass alle Welt daran glaube (S. 264, 18, im Dialog: an seine Auslegung der Jesusworte vom Fels, von der Binde- und Lösegewalt und vom Auftrag zum Weiden).

Der Papst hält die Christen für naive „bon Christian" (S. 207, 15; S. 271, 24) und die Deutschen für „Bestien" (S. 232, 14; S. 234, 13), „Säue" (S. 217, 2) und „Narren", über deren Leichtgläubigkeit er „lacht" (S. 227, 3) bzw. „sich in die Faust lacht" (S. 234, 35 f.; S. 261, 19; S. 268, 17 f.). Der christliche Glaube ist für den Papst „Narrenwerk" (S. 271, 23, im Dialog: „Narrenteiding"), Christus ein „Ketzer" (S. 244, 9), „trunken, toll und töricht" (S. 266, 30).

Aus Sicht des Autors Luther ist der Papst der „Teufel" und ein „Esel" (beides passim; auch der „Teufel und seine Mutter" kommen vor S. 157, 7). Luther wundert sich, dass sich der Papst „nicht fürchtet" (S. 228, 6), „mit Blitz und Donner" (S. 227,

33) in den „Abgrund der Hölle“ bzw. des „höllischen Feuers“ (S. 279, 28) gestoßen zu werden.

Wie im Dialog, so redet Luther den Papst schon im Text vorher als Frau an: „heilige Jungfraw Sanct Paula“, „fraw Bepstin“, „heilige Jungfraw Bapst“ mit einer Anspielung auf Homosexualität und die Päpstin Johanna (S. 214, Anm. 6), und auch mit einem Diminutivsuffix: „liebs Paulichen“ (S. 220, 35).

Neu hinzugekommen sind im Dialog bildhafte Redewendungen: „bistu da zurissen, so flicke dich der Teufel und seine mutter“ (‚… dann kann dir niemand helfen‘, S. 282, 25 f.), „wer Meisen fahen wil, mus ein Meisen bein pfeiffen“ (S. 282, 34) und das Bild des Tanzbären, der am Nasenring vorgeführt wird (S. 283, 2). Eine inhaltliche Steigerung ist die Formulierung „ewer todter Christus“ (S. 282, 31). Mit dem Possessivpronomen *euer* verweist der Papst Christus auf die Gegenseite der Reformatoren, und er zeigt, dass er nicht daran glaubt, dass Christus auferstanden ist.

Der Dialog ist also eine illustrierende Vorführung (Performanz) des teuflischen Wesens durch die Stimme des Papstes selbst, hervorgerufen durch Fragen Luthers. Papst Paul III. produziert im Dialog mündlich, was frühere Päpste in Bullen und Dekreten geschrieben haben und was Luther über die Päpste ausgesagt hat. Wenn Luther schreibt, der Papst lache über uns Deutsche, dann lacht er im Dialog mit Lachpartikeln („ha ha ha“). Wenn Luther schreibt, der Papst rede „sein Rotwelsch“ (S. 222, 16; S. 224, 31), dann verunstaltet der Papst im Dialog lateinische und italienische Wörter: *bon profacit* (statt *bene proficiat*), *ir Todeske Embrigek* (statt *tedeschi ubriaci*). Zum Schein geht Luther darauf ein und passt sich dem Papst sprachlich an: „Gremmerze, Miser Asine, porlabon informatione“.[35]

Im Kotext ist der Dialog ein zweiter Versuch Luthers, mit anderen Darstellungsmitteln als bisher den Leser von der abgrundtiefen Bosheit des Papstes und seines Herrschaftssystems zu überzeugen. Wie viele satirisch-mimetische Reformationsdialoge ist der Dialog mit dem Papst formal ein Frage-Antwort-Dialog und intentional eine Bloßstellung. Als scheinbar Nichtwissender argumentiert Luther dennoch von einer christlichen Position aus („Fürchtest du dich aber nicht vor Gott …?“).

Luthers längster Dialog mit 66 Redebeiträgen ist Teil der Lehr- und Streitschrift „Von den Schlüsseln“ (1530), in dem es um die Übergabe der Himmelsschlüssel an Petrus geht (WA 30/II, 476–480).[36] Schon ein paar Seiten vorher geriet Luther mit

[35] *Gremerce* aus it. *gran mercé,* ‚danke‘ (bei Pulci, 15. Jh.; vgl. Vocabolario on line, www.treccanni.it/vocabolario/merce).

[36] Von diesem Dialog gibt es eine handschriftliche Vorfassung Luthers (WA 30/II, 445, 29 – 448, 27), synoptisch dargestellt bei Beyer (1992, S. 87–97), an der man seine Textarbeit erkennen kann: In der Handschrift endet der Dialog polemisch und zornig, im Druck ironisch. In der Handschrift greift Luther die Papisten in aggressiver Weise an: „Meynet yhr denn ynn aller teuffel namen, yhr verzweiffelten leüt verreter und Gotts lesterer, das der Christen seelen alte karten bletter sind, das yhr damit spielen mugt, wie es euch gelustet,

den Papisten in einen sehr gesprochensprachlichen Disput mit Anreden, Gesprächspartikeln und Phraseologismen. Luther fragt:

> Was wird aber Christus dazu sagen, das jhr des Loese schluessels seine Christen ewiglich beraubt habt? Ach, was Christus? Christus? Das sind Lutherische bossen. Wolan, werdet jhr den Loeseschluessel nicht finden, Sol will ich jhn mit diesem buechlin suchen und finden, das jhr wedder Binde schluessel noch Loese schluessel behalten solt, Was gillts? (WA 30/II, S. 474, 31–35)

Werden im Dialog mit dem Papst die Themen des Vortextes wieder aufgenommen, so folgen sie in dieser Schrift erst im nachfolgenden Text: Ablass und Dispense (S. 480 f.), die Beichte (S. 484), die angemaßte Macht des Papstes (S. 488 u. passim) und der Kirchenbann (S. 495). Übrigens expliziert Luther auch erst sehr spät seine eigene Position in Bezug auf die Sündenvergebung (S. 484) und seine Interpretation der Schlüsselstelle (S. 496 ff.).

Luther wehrt sich in dieser Schrift vehement dagegen, dass Gottes Zusage der Sündenlossprechung in der Beichte nicht sicher sei, weil man nicht wissen könne, ob der Beichtiger die rechte Reue habe oder nicht. Der Schlüssel heißt dann „Fehlschlüssel“. Luther wehrt sich auch dagegen, dass der „Bindeschlüssel“ irgendetwas mit Geboten des Papstes zu tun habe. Für die Papstkirche ist das in jedem Fall ein „Treffschlüssel“.

Der Dialog beginnt ohne jede Situierung gleich mit einem Gliederungssignal des Beginns einer Aktivität, einem Gruß und einer freundlichen Anrede (Sprecherwechsel sind durch Absätze markiert):

> Wolan, Gott gruesse euch hie, lieben Herrn, Ich hette etwas mit euch zu reden, wenns euch nicht verdruesse, Ihr sprecht, das jhr einen Feil schluessel habt, Lieber, sagt uns doch: Was habt jhr uns bis her jnn Deudschen landen, ja in aller wellt verkauft jn dem Ablas? dafur habt jhr ja unermeslich geld von uns genomen, Ists der Feilschluessel oder Treffschluessel gewest? Ich wollts gern wissen.
>
> Ey hast du nicht gelesen jnn der bullen: Wer seine suende berewet und gebeicht hat, der hat den Ablas gewis? Wir geben Ablas, ob er dir aber werde, da lassen wir dich fur sorgen, Denn wir koennen nicht wissen, ob du recht gerewet und gebeicht hast, Darumb sind wir auch nicht gewis, ob der schluessel troffen odder gefeilet hat, Er kann wohl feilen und jrren.

die doch Gottes son, so theur, durch sein eigen blut erarnt hat? Was haltet yhr Gott anders, denn einen affen? Was haltet yhr die leuten anders denn gemalete gotzen? Aber wer kann hie gnug zornen und fluchen? Gottes zorn und fluchen mus dazu komen, Es ist die Bosheit zu hoch vbermacht“ (WA 30/II, S. 448, 20–27). Im Druck folgt diese Invektive dem Dialog. Luther hat also in der Druckfassung auf eine größere Einheitlichkeit seiner dialogischen Position geachtet; dazu ausführlich Beyer (1992, S. 99–104).

Wie? das geld aber, das du dafur genomen hast, das hastu doch gewis und nicht dem Feilschluessel zu bewaren befolhen?

Wie anders? Du Narr, Wer wolt dem Feil schluessel geld befelhen? (WA 30/II, 476)

Es liegt nahe, die Referenz des Personalpronomens *ich* auf Luther selbst zu beziehen, weil es sich noch zwei Zeilen vorher und auch im kleinen Dialog zwei Seiten vorher (S. 474, 34) eindeutig auf Luther in seiner Rolle als Autor bezieht. Dort deuten die Papisten ihren Kontrahenten auch implizit als Lutheraner („das sind Lutherische bossen“, S. 474, 32 f.).[37] Dieser will nun im Namen der Christen („sagt uns doch“) von den „Experten“ der Binde- und Lösegewalt Auskunft erhalten.

Luther fingiert eine Situation, in der er selbst oder irgendein Christ die „hochgelehrten Doctores“ (S. 479, 33) zur Rede stellt und sie nach der Gewissheit der von ihnen vollzogenen geistlichen Handlungen befragt. Diese lassen sich auf ihre übergeordnete Position ein und behandeln den Fragenden von oben herab: Sie duzen ihn; sie nennen ihn einen „Narren“ (S. 476, 26) und „lieben Gesellen“ (S. 479, 9 f.); sie weisen ihn zurecht („was darffestu so viel fragens? Hoerestu nicht?“ S. 478, 32 f.). Dieser gibt sich den Anschein des Unwissenden („ich wollts gern wissen“ S. 476, 19 f.) und sagt in der Haltung untertäniger Dankbarkeit: „Danck habt, und der liebe Gott muesse euch lohnen fur die gute troestliche unterricht“ (S. 476, 31 f.). Andererseits tritt er auch ganz selbstbewusst auf und macht den Papisten Vorhaltungen: Sie hätten unermesslich viel Geld genommen, dieses Geld gestohlen, ihnen sei das Geld wichtiger als die Seelen der Christen.

In elf Abschnitten spielt Luther die Frage nach dem Fehl- oder Treffschlüssel an weiteren rituellen Handlungen der römischen Kirche durch. Das sind die Beichte, die jährliche Beichte, Ehe- und andere Dispense, Bann-, Fluch- und Segenssprüche, der Fluch am Gründonnerstag, das Fegefeuer, der Tod während einer Wallfahrt nach Rom und verschiedene Arten von Weihehandlungen. Der Fragende stellt sich dumm.[38] Er nimmt die „Lehren“ der Papisten auf und zieht daraus unhaltbare Folgerungen: „nu mercke ich wol, das der Schlussel mit dem Ablas stehet nicht auff Gottes Wort, sondern auff meiner rew und beicht“ (S. 476, 32 f.). Rhetorisch geschickt spinnt er die Schlüsselmetapher weiter: „So hoere ich aber mal, das der Schluessel stehet auff meiner rew und wirdigkeit fur Gott, Und ich kann mit meiner rew ein solcher feiner kleinschmid werden, das ich unserm herrn Gott kann aus seinen schluesseln machen beide Feilschluessel und Treffschluessel“ (S. 477, 12–15). Jeder Leser versteht, dass hier etwas nicht in Ordnung ist, und wer Luthers Schrif-

37 Delius (1986, S. 390), Brecht (1990, S. 98–95) und Beyer (1992, S. 99) verstehen die Rolle des Fragenden als die eines Laien. Aber selbst der Kauf eines Ablassbriefes (S. 477, 2), der im Jahr 1530 eher für einen einfältigen Laien spricht, trifft für Luther während seines Romaufenthaltes noch zu.

38 So wie der historische Luther sich gegenüber den Orlamündern dumm gestellt hat: „Was sagt denn das Euangelion?“

ten kannte, dass das Vertrauen auf eigene Leistungen der Grund allen Übels ist. Nur die Papisten merken nichts und reden sich um Kopf und Kragen. Sie selbst sind es, die den Vergleich mit dem Blinde-Kuh-Spiel einführen: „triffts, so triffts, feilts, so feilts, wie man der blinden kue spielet“ (S. 479, 23).

Luther demonstriert an den Papisten, dass jede Kommunikationsmöglichkeit mit ihnen scheitert, wenn sie Wörter und Argumente nur noch in ihrem eigenen Sinnhorizont verstehen können („das ist Lutherisch geredt, Wir handeln jtzt Bepstisch“ S. 476, 30). Er hält ihnen vor: „Man solt mit Gottes befelh nicht so vergeblich jnn den wind handeln und so leichtfertig damit umbgehen, Es ist grosse suende“ (S. 479, 8 f.). Aber die Papisten verstehen die Semantik von *vergeblich* und *leichtfertig* nur in Bezug auf ihre Finanzen: „So handeln wir auch nicht vergeblich noch leichtfertig mit den schluesseln, denn sie bringen uns volle, wichtige, schwere beutel und kasten gnug. Die Apostel sind leichtfertig damit umbgangen, haben nichts damit koennen erheben“ (ebd., 13–16). Nebenher bekennen sie selbst – wie der Papst im vorigen Dialog – dass sie mit der Welt des Neuen Testaments nichts zu tun haben. Insgesamt ist der Schlüssel-Dialog ein mimetisch-satirischer Dialog wie viele Reformationsdialoge. In den Reden der Beteiligten zeigt sich eine verkehrte Welt: Die Christen kümmern sich um die Kirche, die Geistlichen nur um ihr Geld, ihre Macht und ein angenehmes Leben.[39]

Jeder Abschnitt in diesem Dialog ist ganz gleichartig gestaltet: Luther ruft ein Thema auf, fragt nach der Gewissheit der Kraft des religiösen Aktes („ist’s auch gewiss? ist sie denn auch gewiss? wie werde ich aber gewiss? wie weiß ich aber …?“), und je nachdem, ob der Löse- oder der Bindeschlüssel in Aktion tritt, antwortet der Papist: „Da lass ich dich für sorgen“ oder „Da lass mich für sorgen“ bzw. „Da lass sie für sorgen“. Zwölfmal antwortet er im ganzen Dialog nur mit einem dieser Sätze, dazu noch dreimal mit einem kleinen Zusatz. Abschließend gibt Luther einen kurzen ironischen („recht, wol geredt“) oder anklagenden Kommentar. Luther leitet auch das Ende des Dialogs ein (in Sprecherbeiträge gegliedert):

> Nu mercke ich, das jhr bruederlich mit uns teilet, Jhr behallt den Treffschluessel zu unserm kasten, geld und gut, und lasst uns den Feilschluessel zum himel, Was euch angehet, da habt jhr den Treffschluessel, Was uns angehet, da habt ihr den Feilschluessel.
>
> Da lass ich dich fur sorgen.
>
> Kanstu sonst nichts mehr sagen zun sachen, Denn ‚Da lass ich dich fur sorgen‘?
>
> Solt ich nicht mehr sagen koennen? Ich sage dazu auch: Was den Bindeschluessel und den Treffschluessel angehet, da soltu mich lassen fur sorgen, Ists nicht gnug?

[39] So auch Brecht (1990, S. 94).

> O mehr denn gnug und allzu viel, leider, Ihr seid hochgelerte Doctores und erfahren leute, das mus ich zeugen, fur war, Nu merck ich, warumb die schluessel silbern sind und jnn roter seiden gefueret werden, Und das Christus euch mit den schluesseln zu herrn auf erden und euch die Christenheit zur gefangen elenden magd hat woellen machen und gar nicht umb der Christenheit, sondern allein umb ewer willen die schluessel gegeben hat.
>
> Freilich, Wie kans anders sein? (Ebd., S. 479, 25–480, 2)

In solchen Passagen steht Luther auf der Höhe des satirischen Dialogs, wie sie die eingangs genannten Autoren geschrieben haben. Die Papisten verstehen nicht, dass mit der Aufforderung „mehr zu sagen" keine wortreiche, aber inhaltlose Paraphrase gemeint war, sondern eine Begründung. Sie durchschauen auch nicht die Ironie des Lobs und der Zustimmung (wie im ganzen Dialog). Dennoch kenne ich keinen Dialog der frühen Reformationszeit, der in der Konstruktion von Rede und Gegenrede dermaßen stereotyp verfährt.

Es gibt ähnliche Dialoge bei Luther, in denen ein Gegner die immer gleiche Antwort gibt. In „Wider Hans Worst" werden die Papisten mit einem „Trunkenen, Halbschlafenden oder einem Narren" verglichen, der auf die Frage „Lieber, sage mir, wer oder wo ist die Kirche?" immer nur antwortet: „Man soll die Kirche hören" (WA 51, 478). In „Wider das Papsttum von Rom" antwortet ein Papst auf 40 Artikel, die ihn unterschiedlicher Verbrechen anklagen, immer mit derselben Antwort: „Ich hab ein viel Ärgeres getan" (WA 54, 210). Dieses „Ärgere" als Vatermord, Zauberei und schändliches Laster sei gewesen, dass er von Rom fortgegangen sei. In „Wider die himmlischen Propheten" berufen sich die Gesinnungsgenossen Karlstadts bei jeder Frage auf ihre inneren Eingebungen, wenn auch in unterschiedlichen Formulierungen: „Stehe in der langen Weile, und du wirst es erfahren", „Ah, mein Gott sagt mir's, der Geist sagt's auch"; und Luther äfft nach: „Geist, Geist, Geist" (WA 18, 137 f.) – wie im Textabschnitt oben aus der gleichen Schrift.

4. Luther als dialogischer Schriftsteller

Martin Luther hat zwar keinen Dialog als Volltext geschrieben, aber seine Art, Texte zu schreiben, kann man mit Fug und Recht dialogisch nennen. Die Menschen, denen er mündlich und schriftlich predigt, sind für ihn Dialogpartner. Er versetzt sich in sie, lässt sie ihre Bedenken und Argumente äußern, antwortet darauf oder stellt ihnen selbst Fragen und verwickelt sie so in ein ausgedachtes Gespräch. Aber wehe, Luther trifft auf einen Verstockten. Auch einen solchen lässt er sprechen, aber je länger dieser spricht, desto mehr zeigt er seine Dummheit und Bosheit.

Die antithetischen Zitate und die Streitgespräche mit religiösen Gegnern, den Vertretern der römischen Kirche und reformatorischer Sonderwege sind Mittel der Konfrontation. Sie stehen in argumentativen Textsorten und in Anklageschriften.

Der antithetische Grundzug entspricht der religiösen Weltsicht der Zeit: Entweder gehört man zu Gott und seiner Kirche oder zum Teufel und seinem Anhang.

Ein Teil der Dialoge hat illustrierende Funktion. Dies entspricht Luthers Stilprinzip der Veranschaulichung, der Bildhaftigkeit, der Konkretion und der Schilderung vergleichbarer Situationen. Oft entstehen Dialoge – wie die Figurenreden – im Text plötzlich, ohne Situierung und ohne dialogexterne Zuweisungen der Äußerungen an ihre Sprecher. Sie enden tendenziell mit einem Modalitätswechsel, von Ironie zu bitterem Ernst oder von Ernst zu Spott.

Mit den Reformationsdialogen hat Luther die mimetische Satire gemein, aber nicht die Konstellation, dass ein Nicht-Gelehrter über einen Theologen triumphiert. Luthers Besonderheit ist es, dass er immer wieder das psychische Drama von Verzweiflung an der eigenen Schuld als innere Einreden des Teufels inszeniert, denen man mit einem auf die Gnade Gottes vertrauenden Trotzwort begegnen muss. Typisch für Luther ist auch, dass er Dialoge als performative Realisierungen dessen gestaltet, was er im Text vorher oder nachher *über* die Papstkirche schreibt.

5. Literatur und Quellen

5.1 Quellen

WA = D. Martin Luthers Werke. Kritische Gesamtausgabe. Bd. 1–58. Weimar.

TR = D. Martin Luthers Werke. Kritische Gesamtausgabe. Tischreden. Bd. 1–6, Weimar 1912–1921.

LD = Luther Deutsch: die Werke Martin Luthers in neuer Auswahl für die Gegenwart. Hg. von Kurt Aland. Göttingen 1991.

Lucas Cranach d. Ä.: Passional Christi und Antichristi. Mit einem Nachwort herausgegeben von Hildegard Schnabel. Berlin 1972.

Köhler = Köhler, Hans-Joachim/Hebenstreit, Hildegard/Weismann, Christoph (Hg.) (1978 ff.): Flugschriften des frühen 16. Jahrhunderts. Microficheserie. Zug.

5.2 Literatur

Balzer, Bernd (1973): Bürgerliche Reformationspropaganda. Die Flugschriften des Hans Sachs in den Jahren 1523–1525. Stuttgart.

Bentzinger, Rudolf (1992): Untersuchungen zur Syntax der Reformationsdialoge 1520–1525. Ein Beitrag zu ihrer Wirksamkeit. Berlin.

Bentzinger, Rudolf (2003): Textkomposition und Rhetorik-Tradition bei Reformationsdialogen 1520–25. In: William J. Jones et al. (Hg.): ‚Vir ingenio mirandus'. Studies presented to John L. Flood. Vol. I. Göppingen, S. 263–278.

Beyer, Michael (1992): Martin Luther „bleybt ein Deudscher schreyber". Dialog und Drama als Mittel seines literarischen Gestaltens. In: Lutherjahrbuch 59, S. 79–114.

Bornkamm, Heinrich (1975): Luther als Schriftsteller. In: Bornkamm, Heinrich: Luther. Gestalt und Wirkungen. Gesammelte Aufsätze. Gütersloh, S. 39–64.

Brecht, Martin (1986): Martin Luther. Band 2: Ordnung und Abgrenzung der Reformation 1521–1532. Stuttgart.

Brecht, Martin (1990): Luther als Schriftsteller. Zeugnisse seines dichterischen Gestaltens. Stuttgart.

Brückner, Wolfgang (1974): Luther als Gestalt der Sage. In: Brückner, Wolfgang (Hg.): Volkserzählung und Reformation. Ein Handbuch zur Tradierung von Erzählstoffen und Erzählliteratur im Protestantismus. Berlin, S. 260–294.

Dähn, Susanne (1997): Rede als Text. Rhetorik und Stilistik in Luthers Sakramentssermonen von 1519. Frankfurt a. M. u. a.

Delius, Hans-Ulrich (1986): Einleitung zu „Von den Schlüsseln". In: Delius, Hans-Ulrich (Hg.): Martin Luther. Studienausgabe. Bd. 4. Berlin, S. 388–390.

Ebeling, Gerhard (1978): Luther. Einführung in sein Denken. 3. Aufl. Tübingen.

Hartmann, Horst (1983): Martin Luther als Schriftsteller und Dichter. Ein Beitrag zu seiner literaturhistorischen Würdigung. In: Zeitschrift für Germanistik 4, S. 405–418.

Jens, Walter (1984): Martin Luther. Prediger, Poet und Publizist. In: Jens, Walter: Kanzel und Katheder. Reden. München, S. 163–189.

Kampe, Jürgen (1997): Problem „Reformationsdialog". Untersuchungen zu einer Gattung im reformatorischen Medienwettstreit. Tübingen.

Lenk, Werner (1984): Martin Luther und die Macht des Wortes. In: Schildt, Joachim (Hg.): Luthers Sprachschaffen. Gesellschaftliche Grundlagen. Gesellschaftliche Wirkungen. Bd. 1. (= Linguistische Studien. Reihe A, Arbeitsberichte 119/I). Berlin/DDR, S. 134–154.

Lohse, Bernhard (1988): Luther als Disputator (1963). In: Lohse, Bernhard: Evangelium als Geschichte. Studien zu Luther und der Reformation. Göttingen, S. 250–264.

Niemann, Gottfried (1905): Die Dialogliteratur der Reformationszeit: nach ihrer Entstehung und Entwicklung. Leipzig.

Pfefferkorn, Oliver (1993): Martin Luthers Stellung in einer Textsortengeschichte der deutschen Sprache. In: Kühn, Ingrid/Lerchner, Gotthard (Hg.): Von wyßheit würt der mensch geert … Festschrift für Manfred Lemmer zum 65. Geburtstag. Frankfurt a. M. u. a., S. 177–193.

Schildt, Joachim (1978): Sprechsprachliche Gestaltungsmittel. In: Kettmann, Gerhard/ Schildt, Joachim (Hg.): Zur Literatursprache im Zeitalter der frühbürgerlichen Revolution. Berlin, S. 21–84.

Schuster, Britt-Marie (2001): Die Verständlichkeit von frühreformatorischen Flugschriften. Eine Studie zu kommunikationswirksamen Faktoren der Textgestaltung. Hildesheim u. a.

Schwitalla, Johannes (1983): Deutsche Flugschriften 1460–1525. Textsortengeschichtliche Studien. Tübingen.

Schwitalla, Johannes (1986): Martin Luthers Polemik: mündlich und schriftlich. In: Worstbrock, Franz Josef/Koopmann, Helmut (Hg.): Formen und Formgeschichte des Streitens. Der Literaturstreit. Tübingen, S. 41–54.

Stolt, Birgit (1974): Sinnbilder für die Macht und Wirkung der Rede im 16. Jahrhundert. In: Stolt, Birgit: Wortkampf. Frühneuhochdeutsche Beispiele zur rhetorischen Praxis. Frankfurt a. M., S. 78–119.

Wolf, Herbert (2000): Luthers spielerischer Umgang mit Spracheigenheiten Anderer. In: ZDL LXVII, S. 148–167.

Zorzin, Alejandro (1997): Einige Beobachtungen zu den zwischen 1518 und 1526 im deutschen Sprachbereich veröffentlichten Dialogflugschriften. In: Archiv für Reformationsgeschichte 88, S. 77–117.

Hans Ulrich Schmid

Allt, kaldt, ungestalt (ut dicitur) – Sprachwechsel in Martin Luthers Briefen

Das Phänomen des Varietäten- oder Sprachwechsels innerhalb ein und derselben Kommunikationssituation, von der Linguistik als „Code Switching" bezeichnet, ist in gesprochenen ebenso wie in geschriebenen Kommunikationssituationen bzw. Texten zu beobachten, aber beileibe keine moderne Erscheinung. Wir haben zwar keinen Zugriff auf authentische Gesprächssituationen vergangener Jahrhunderte, doch zeigen schriftliche Hinterlassenschaften älterer Sprachstufen, dass seit jeher vom Lateinischen in die Volkssprache, von der Volkssprache ins Lateinische, auch von Volkssprache zu Volkssprache „geswitcht" worden ist. Beispiele ließen sich aus allen historischen Sprachepochen des Deutschen vom Beginn der Überlieferung an anführen (zuletzt zum Althochdeutschen: Schmid 2017).

Im Folgenden soll es um „Code Switching"-Phänomene bei Martin Luther gehen, und zwar in seinen Briefen (zitiert wird stets nach WA = der Weimarer Ausgabe, Abteilung Briefe, 18 Bde., Weimar 1930–1984, nach Bandzahl, Briefnummer und ggf. Zeilenzahl). Bekannter für Luthers Wechseln zwischen Latein und Deutsch sind zwar seine Tischreden, doch gerade diese sind erst nachträglich von Gästen des Reformators aufgezeichnet und sicher nachträglich auch stilisiert worden (Beyer 2010, S. 347–353). Authentisches Wechseln zwischen Latein und Deutsch lässt sich indessen in zahlreichen Briefen des Reformators beobachten, die ja zu einem guten Teil als Autographen erhalten und in der Weimarer Ausgabe ediert sind. Deren Zahl beläuft sich auf über 2600. Deutlich mehr als die Hälfte davon sind lateinisch, der kleinere Teil deutsch (Wolf 1980, S. 148). Dazwischen steht eine Reihe von Schreiben, in denen Luther zwischen beiden Sprachen wechselt.

Die grundsätzliche Sprachenverwendung in Luthers Briefen ist dabei recht klar: Lateinisch schreibt er an seine „Kollegen" und gelehrten Mitstreiter: an Melanchthon, Spalatin, Justus Jonas, Bugenhagen oder Veit Dietrich, um nur einige zu nennen. Das Deutsche verwendet er prinzipiell bei Schreiben an die sächsischen Fürsten und Kurfürsten, an andere Adelige und Potentaten, den dänischen König eingeschlossen; ebenso an städtische Magistrate, an allerlei Privatpersonen und seine Familie: Ehefrau, Eltern, Sohn Hänschen (an den sich Luther später, als er zum Johannes herangewachsen ist, in lateinischer Sprache wendet (Bd. 8, Nr. 3129)).

Wir können je nach dem quantitativen Verhältnis lateinischer und deutscher Textstücke drei Fallgruppen unterscheiden:

1. Briefe mit einigermaßen ausgewogenem Verhältnis von Deutsch und Latein

2. Deutsche Briefe mit lateinischen Einschüben
3. Lateinische Briefe mit deutschen Einschüben

Die Fragen, denen im Folgenden nachgegangen werden soll, lauten: Lassen sich Motive erkennen, die Martin Luther zum lateinisch-deutschen / deutsch-lateinischen „Code Switching" veranlasst haben? Korrelieren die quantitativen Relationen mit nachvollziehbaren Motiven für den Sprachwechsel?

1. Briefe mit annähernd ausgewogenem Verhältnis von Deutsch und Latein

In Briefen, die in annähernd gleichem Umfang teils auf Latein, teils auf Deutsch geschrieben sind, korreliert der Sprachwechsel in der Regel mit einem Themenwechsel oder auch mit einem Wechsel des in Rede stehenden Blicks auf eine behandelte Thematik. In Luthers „Kollegenkorrespondenz" lässt sich beobachten, dass Theologisches oder Kirchenoffizielles in lateinischer Sprache behandelt wird, Alltägliches hingegen immer wieder auf Deutsch. Exemplarisch ist ein Brief an Spalatin, in dem Luther klagt, dass ihm Brennholz, ein Geschenk des Kurfürsten, entwendet worden sei. Er beginnt mit einem Exkurs über den grundsätzlich geringen Stellenwert irdischer Dinge, die aber ein pflichtbewusster Hausvater dennoch nicht vernachlässigen dürfe (Bd. 10, Nr. 3769):

> *Gratiam et pacem! Quamquam ego, mi Spalatine, frigide curo ista (ut Paulus) victualia seu ventralia huius vitae, quantum ad me attinet, tamen, cum sim maritus, et, ut idem Paulus dicit, domesticis debitor sim, quibus quisquis curam debitam negligit, fidem negavit estque infideli deterior, Quare te oro, ut mihi in hac re obsequium praestes, quod a me tibi praestari cuperes, et iuste at merito cuperes, scilicet ne ego in dono principis (quod magnifacio) fallar aut decipiar aut frauder. Nosti mores istarum Harpyiarum, qui facile inveniunt, quod pro se facit, neglecta proximi charitate. Et accedit ad hoc, quod in ea regione difficile sit impetrare arbores, quales ego impetravi, et commoditate ista fortasse per me vellent uti. Ut ut sit, arbores, quas antea mihi numerasti tuis literis mihi residuas, volo meas mihi servari, sive sint abietes sive quercus, id est, loco venditarum illaesas et integras manere, donec postulavero. De tremulis, vel ne errem in vocabulis* (ebd., Z. 3–16; hier schwenkt Luther ins Deutsche um)
>
> Übersetzung: ‚Gnade und Frieden! Obwohl ich, mein Spalatin, mich herzlich wenig kümmere (so wie Paulus) um die Lebensmittel oder Bauchdinge dieses Lebens, soweit es nur mich betrifft, aber dennoch, weil ich verheiratet bin, und, wie derselbe Paulus spricht, den Hausgenossen verpflichtet bin, und weil jeder, der diesen die ihnen geschuldete Unterstützung versagt, den Glauben verleugnet und schlimmer ist als ein Ungläubiger, deshalb bitte ich dich, dass du mir in dieser Sache die Unterstützung gewährst, die du umgekehrt mit Recht wünschen würdest, nämlich, dass ich bei einem Geschenk des Fürsten (das ich hochschätze) betrogen, getäuscht und beraubt werde. Du kennst die Sitten jener Raffzähne, die leicht finden, was ihnen nützt, ohne Rücksicht auf ihre Mitmenschen. Und hinzukommt, dass es schwierig ist, in dieser Gegend Bäume zu bekommen, wie ich sie bekommen habe, und dieser Gunst mir ge-

genüber wollen sie sich bedienen. Wie dem auch sei, ich möchte, dass die Bäume, die du mir bereits in deinem Brief aufgezählt hast, mir ersetzt werden, seien es nun Tannen oder Eichen, und anstelle der verkauften heil und unbeschädigt liegen bleiben, bis ich sie anfordere. Über die Balken, oder wenn ich mich nicht bei den Wörtern irre'[1]

Mitten in dem noch lateinisch begonnenen Satz fährt Luther auf Deutsch fort:

> *Das ander von vier bret beümen verstehen wir nicht, Denn sie hat gebeten, Von den beümen, so sie zuuor hat fellen und hewen lassen, solche bret zu schneiden. Wo dieselben verkaufft, wie keme sie da zu, das sie solt andere lassen hawen vnd von hofe ausbringen, Es musten die thun, so sie erkaufft, vnd mir solche beume on meinen schaden wider schaffen, Sonst sihets einer prackticken gleich, das man mich will vmb das holtz bringen, welchs ich werde lassen gelangen an meinen gnedigsten herrn. Denn ich will, wie Ewr brieff auch zeuget, Mein holtz, so mir der from furst geschenckt vnd des orts seltzam zu bekomen, gantz vnd vollig haben vnd mit wissentlich nichts lassen nemen.*
>
> *Dem Herrn von Einsiddel solt yhr ia seer freundlich dancken, vnd wils (wo ich kann) verdienen. Aber wie sol er brett lassen schneitten, so er kein holtz hat, das mein ist? Denn das verkaufte ist mein gewest. Nü sol ichs auffs new kauffen vnd von hofe ausbringen. Wenn will das geschehen? Also kom ich vmb mein holtz, das mir der furst gegeben. Aber Es sol nicht geschwigen werden, noch yhnen zu gut komen.* (ebd., Z. 16–33)

In einem weiteren Brief (Bd. 8, Nr. 3298) mit vergleichbaren Latein-Deutsch-Proportionen wendet sich Luther an Gabriel Zwilling und äußert sich zunächst in lateinischer Sprache zum Fall eines Pfarrers, den seine aufsässigen Bauern in den Suff getrieben hätten. Zwilling möge sich doch um eine Versetzung des Amtsbruders auf eine weniger konfliktträchtige Pfarrstelle bemühen (ebd., Z. 3–11). Dann erfolgt ein völlig abrupter Themenwechsel: Luther bittet – nun auf Deutsch – um einen passenden Wäscheschrank. In seinem alten bekäme die Wäsche Rostflecken von den Nägeln und Eisenbeschlägen (ebd., Z. 12–24).

In einem Brief, in dem Luther Nikolaus von Amsdorf bittet, Taufpate seiner Tochter Magdalena zu werden, schildert er Katharinas Geburtswehen – diskret? – in lateinischer Sprache. Die persönliche Patenbitte trägt er dann aber auf Deutsch vor (Bd. 5, Nr. 1415). Vergleichbar ist auch ein Brief an Melanchthon (Bd. 8, Nr. 3139), in dem Luther die Qualen seines Steinleidens lateinisch beschreibt. Nach einer detaillierten Schilderung fährt er auf Deutsch fort:

> *Wollet solchs alls meinen allerliebsten und gnädigsten Herren anzeigen und den andern allen. Denn ich hab wohl erfahren, wie herzlich gerne sie mir geholfen hätten. Es gehe mir nu, wie Gott will, zum Tod oder Leben, so bin ich noch wohl bereit, weil ich nit allein aus dem Schacht wieder in unser Vaterland kommen bin, sondern auch*

[1] Übersetzungen stehen stets in einfachen Anführungszeichen.

> *die Gnade erkriegt, daß ich wieder die silberne Quelle habe. Denn es dringt getrost hernach, daß ich auch diesen Brief (wiewohl fast eilend) geschrieben habe.* (ebd., Z. 10–16)

Der Sprachwechsel macht die physische Erleichterung nach den ausgestandenen Qualen förmlich nachfühlbar.

2. Lateinische Einschübe in deutschen Briefen

Hier handelt es sich zu einem beträchtlichen Teil um Bibelzitate, so z. B. in einem Brief an den Grafen Ludwig zu Stolberg, in dem Luther darlegt und begründet, wen oder was man anbeten dürfe. In dem Zusammenhang fällt das Paulus-Zitat Phil. 3,19 *quorum deus venter est* ‚deren Gott der Bauch ist' (Bd. 2, Nr. 482, Z. 13).

Im Zusammenhang mit einer Erklärung der Details der „Lutherrose", an die Adresse Lazarus Spenglers wird Hebr. 10,38 zitiert: *iustus enim fide vivet* ‚denn der Gerechte wird im Glauben leben' (Bd. 5, Nr. 1628, Z. 10).

Die für Luther ernüchternden Ergebnisse des Augsburger Reichstages, von denen er auf der Veste Coburg erfährt, kommentiert er in einem weiteren Brief an Spengler mit den Zitaten Ps. 2,5 *Loquetur ad eos in ira sua* ‚er wird zu ihnen sprechen in seinem Zorn' und einer sarkastischen Abwandlung von Apg. 18,6: *sanguis vester super caput vestrum Sanguis eorum sit super caput eorum* ‚ihr Blut wird auf ihr Haupt kommen' (Bd. 5, Nr. 1730, Z. 10–12)

Die Beispiele für erstaunlicherweise lateinisch zitierte Bibelstellen ließen sich noch vermehren. Sie machen den größten Anteil lateinischer „Inseln" in deutschen Briefkontexten aus. Offenbar dient das Lateinische hier als eine Art „Autoritätsmarker", und das ist wohl auch für andere lateinische Zitate anzunehmen wie Sätze aus dem lateinischen Kirchenrecht (Bd. 5, Nr. 1384, Z. 13 f.), aus Erasmus von Rotterdam (Bd. 5, Nr. 1449, Z. 9–11), den *Disticha Catonis* und Bonaventura (beides in Bd. 7, Nr. 2241, Z. 15–17).

In einem Brief an seine Ehefrau fasst Luther Argumente von Zwingli und Oecolampadius, die diese auf dem Marburger Religionsgespräch formuliert haben, lateinisch zusammen: *Sage dem Herrn Pommer, daß die besten Argument seind gewesen des Zwingli, daß corpus non potest sine loco, ergo Christi corpus non est in pane, des Oecolampadii: dies Sacramentum est signum corporis Christi* ‚dass der Leib nicht ohne Ort sein kann, deshalb ist der Leib Christ nicht im Brot' und ‚das Sakrament ist ein Zeichen des Leibes Christi' (Bd. 5, Nr. 1476, Z. 14–16). Alles das hat ebenfalls Zitatcharakter und verwendet möglicherweise sogar die Worte der beiden Genannten.

Gelegentlich stellt Luther an das Ende deutschsprachiger Darstellungen ein lateinisches Resümee oder eine abschließende Folgerung, etwa wenn er den bereits genannten Gabriel Zwilling bittet, zu veranlassen, dass jemandem aus dem Stadtsäckel von Torgau Geld geliehen wird. Er schließt mit lateinischem *fac, quod poteris, nam ego istis hominibus libenter obsequerer* ‚tu, was du vermagst, denn ich stimme diesen Leuten gerne zu' (Bd. 7, Nr. 2219, Z. 12). Mit *istis hominibus* ‚diesen Leuten' sind namentlich genannte Personen gemeint, die diesen Kredit befürworten. Der Sprachwechsel signalisiert das abschließende Fazit, das Ende der Sinneinheit.

Einen Brief an die Fürsten Johann, Georg und Joachim von Anhalt beschließt er mit den Worten Darumb es nicht gar zu verdammen oder nach zu lassen sein will. Es ligt am prudenti Magistratu, qui ęquitatem spectet consideratis circumstantiis locorum, personarum, temporum, necessitatum etc. Hier mit befolhen. Amen. ‚Es liegt am klugen Magistrat, der die Angemessenheit in den Gegebenheiten der Orte, der Personen, der Zeiten, der Notwendigkeiten usw. in Betracht ziehe' (Bd. 7, Nr. 3049, Z. 25–27). Das mag bei den Angesprochenen Erinnerungen an grammatische Satzabfragen zu Zeiten ihres Lateinunterrichts geweckt haben. Es ist gleichzeitig der resümierende Schluss des ganzen Briefes. An Briefausgängen finden sich immer wieder formelhafte zweisprachige Textbausteine wie Hiermit Gott befohlen! Caetera curabo. Salutat te mea Ketha (z. B. Bd. 4, Nr. 1048, Z. 127).

3. Deutsche Einschübe in lateinischen Briefen

Wesentlich häufiger als auf lateinische Einsprengsel in ansonsten deutschen Briefen stößt man auf kurze deutsche Intermezzi in lateinischen Briefen. Auch hier werden wiederkehrende Funktionen solcher „Sprachsprünge" erkennbar. Immer wieder formuliert Luther sozusagen langer lateinischen Rede kurzen deutschen Sinn. Auch dafür nur einige Beispiele (wobei natürlich keine längeren lateinischen Textpartien zitiert werden können, sondern nur die „Nahtstellen" zwischen Latein und Deutsch).

An Wenzeslaus Link beispielsweise schreibt er *Ipse facit omnia ex invisibilibus, ex nihilo, ex oppositis, ex privativis, ex contariis. Er ist ungebunden* ‚er erschafft alles aus dem Unsichtbaren, aus dem Nichts, aus dem Entgegengesetzten, aus dem Entfremdeten aus den Gegenteilen. Er ist ungebunden' (Bd. 7, Nr. 2192, Z. 36 f.).

In einem Brief an den Fürsten Georg von Anhalt äußert Luther Zweifel, ob die Gerüchte zuträfen, in Wittenberg grassiere die Pest. Nachdem er sich eingehend über vermeintlich pestbedingte Sterbefälle in der Stadt geäußert hat, die aber ganz gewöhnliche Ursachen hätten, fasst er zusammen:

> *Vno aut altero aliquando die duo sunt aut tria funera, maxima pars autem infantum & longo morbo consumptorum, Qualia solent etiam extra pestem contingere. Nam ante annum vel ęque vel plus fuit funerum, cum pestis non esset, quam nunc sunt. Summa; ists ein Sterben, so ists ein heymlich Sterben, da mehr geborn werden, denn sterben* (Bd. 7, Nr. 2244, Z. 15–20)
>
> ‚Irgendwann an einem oder zwei Tagen gibt es zwei oder drei Tote, meistenteils Kinder oder schon lange Zeit Kranke, wie sie es auch außerhalb von Pestzeiten gibt. Und vor Jahresfrist gab es genauso viele oder mehr Todesfälle als jetzt, als keine Pest war. Alles in allem: ist es eine Seuche, dann ist es eine heimliche, weil immer noch mehr geboren werden als sterben'.

Gegenüber Spalatin beklagt sich Luther, dass manche Gemeinden ihre armen Leute kurzerhand nach Wittenberg abschieben würden:

> *Omnes fere Ecclesię sic cogitant: Exoneremus nos pauperibus & mittamus Wittembergam; id quod experimur quottidie. Niemand wil mehr Guts thun vnd armen helffen, interim nostra quęrimus vsque ad furorem. Wohlan, fatum vrget mundum* (Bd. 7, Nr. 3084, Z. 10–14)
>
> ‚Fast alle Kirchen denken so: werden wir die Armen los und schicken wir sie nach Wittenberg. Das ist das, was wir täglich erfahren. Niemand will mehr Gutes tun und Armen helfen. Einstweilen wollen wir knausern bis zum Irrsinn. Wohlan, das Schicksal zwingt die Welt'.

Zitate in deutscher Sprache innerhalb lateinischer Kontexte sind – anders als im umgekehrten Fall – kaum Rekurse auf die Bibel, sondern Redensarten, Volks-, mitunter auch Binsenweisheiten:

Den kranken Freund Osiander tröstet Luther mit dem Hinweis, dass das Schlimme nicht von Bestand sein könne: *Es kann also nicht bleiben. Mali mores parient bonas leges. Es ist ein Übergang, sprach der Fuchs; es muß der Vogel sich einmal mausen, so kriegt er wieder schöne Federn* ‚so kann's nicht bleiben. Aus schlechten Sitten erwachsen gute Gesetze. Es geht vorüber, sprach der Fuchs. Der Vogel muss sich mausern, dann bekommt er wieder schöne Federn' (Bd. 6, Nr. 1960, Z. 15–17).

Mit zwei Sprichwörtern belehrt Luther den Berliner Prediger Jacob Stradner: *laß fahren, was nicht bleiben will! Cur nos illorum causa maceremur aut solliciti simus, qui nolunt sibi consuli? ... Große Narren müssen große Schellen haben. Conveniunt mores et ingenia, ut hactenus saepe sum expertus* ‚lass los, was nicht bleiben will. Warum sollen wir uns ihretwegen abplagen oder aufregen, die sich nicht um sich selber kümmern wollen? Große Narren müssen große Schellen haben. Sitten und Fähigkeiten passen zusammen, wie ich bisher schon oft erfahren habe' (Bd. 9, Nr. 3567, Z. 11–15).

Jakob Propst in Bremen schildert der alternde Reformator seine körperliche Verfassung mit drei reimenden Wörtern: *Sum enim confectus aetate et laboribus: Allt, kaldt, ungestalt (ut dicitur)* ‚ich bin nämlich zugerichtet vom Alter und den Mühen: Alt, kalt und ungestalt (wie man sagt)' (Bd. 10, Nr. 3728, Z. 23). Dass es sich um eine stehende Wendung handelt, geht aus dem Zusatz *ut dicitur* hervor.

So wie Luther in deutschen Kontexten lateinische Äußerungen, die ihm zugetragen worden sind, zitiert, führt er auch deutsche Wortlaute in lateinischen Briefen an. Er liebt es, vor allem Gegner wortwörtlich auf Deutsch zu zitieren, auch wenn der Brief als ganzer lateinisch gehalten ist. Einige Beispiele:

Den Ablasskrämer Tetzel zitiert Luther in einem Brief an Johann Lang folgendermaßen: *Fertur, Tetzellum, cum audisset processuram disputationem, dixisse: Das walt der Teufel!* ‚Man sagt, dass Tetzel, als er vom Fortgang der Disputation hörte, gesagt habe, da fahr der Teufel rein' (Bd. 1, Nr. 267. Z. 48).

Über einen hartnäckigen Steuerbüttel schreibt Luther: *Sed non desinit nos vrgere, nec posse desinere se dicit, donec (vt verbis suis vtor) das rotte wachs vom hoffe sehe* ‚Aber er lässt nicht nach, uns zuzusetzen, und sagt, dass er nicht nachlassen wolle bis – um seine eigenen Worte zu gebrauchen – er das rote Wachs vom Hofe sieht' (Bd. 3, Nr. 882, Z. 7 f.). Der Steuereintreiber – sein Name war Valentin Förster – wollte offensichtlich erst dann nachgeben, nachdem ihm ein entsprechendes Schreiben mit dem kurfürstlichen roten Siegel darauf vorgelegt worden ist.

Mehrmals kommt auch Katharina von Bora, die Ehefrau, direkt zu Wort. Sie hat sich wenig schmeichelhaft über Erasmus von Rotterdam geäußert, wie Luther an Justus Jonas berichtet: *Cumque ego hanc epistolae tuae partem legerem uxori, continuo illa inquit: Ist nicht der teur Manne zur Kröten worden? Sihe da!* ‚und als ich den Brief auszugsweise meiner Frau vorlas, sagte sie immer wieder: ist etwa der teure Mann zur Kröte geworden?' (Bd. 4, Nr. 1160, Z. 5–7).

Beides – referierte Rede und redensartlicher Vergleich – kann auch zusammen auftreten, wie folgendes Beispiel aus einem Brief an Anton Lauterbach zeigt:

> *Literas tuas, Mi Antoni, lętus legi, maxime vbi scribis, Doct. Pistorium dixisse: Ihr solt vns die Canones lassen bleiben etc. Freilich wollen wir gar gern istis porcis suos furfures relinquere, Vnd das hellische feur dazw, vt volunt et querunt. Rursus sollen sie vns vnsern Herrn filium Dei lassen bleiben, vnd das Hymelreich dazu. Wir sind bald gescheiden, wie ein reifer dreck vnd weit arsloch* (Bd. 10, Nr. 3933, Z. 3–8)
>
> ‚Deinen Brief, mein Antonius, habe ich amüsiert gelesen, vor allem da, wo du schreibst, das Dr. Pistorius gesagt habe, Ihr sollt uns die Canones lassen usw. Freilich wollen wir diesen Schweinen gerne ihre Kleie lassen und das höllische Feuer gleich dazu, so wie sie es wollen und wünschen. Umgekehrt sollen sie uns unsern Herrn, den Sohn Gottes, lassen und das Himmelreich dazu. Wir sind rasch geschieden, so wie ein fertiger Dreck und ein offenes Arschloch'.

Anton Lauterbach hatte in einem vorausgehenden Brief an Luther berichtet, Johannes Pistorius – eigentlich ja ein Reformator der Lutherischen Partei – habe sich für die Beibehaltung tradierter Bestimmungen des Kirchenrechts ausgesprochen.

Um denselben Justus Jonas, der offenbar dem Wein nicht abgeneigt war, macht sich Katharina Sorgen, denn der Wein, so ihre Befürchtung, verursache Nieren- oder Blasensteine. Die damit verbundenen Beschwerden kennt sie allzu gut von ihrem Mann:

> *Meus Ketha te reverenter salutat et gaudet te esse laetum, sed metuit, ne decipiat te bonitas vini, ut collectis, ex nimio eius usu calculis tecum afferas lumbos plenos, so rauh und scharf (eius sunt verba) von Steinen, wie die Weinfässer sind, wenn sie ausgetrunken sind* (Bd. 7, Nr. 3035, Z. 17–21)
>
> ‚Mein Käthe grüßt dich ergebenst und freut sich, dass du fröhlich bist. Aber sie befürchtet, dass dich der gute Wein narrt, so dass du vom übermäßigen Genuss dir Nieren voller Steinchen zuziehst, so rauh und scharf – das sind ihre Worte – wie die in Weinfässern, wenn sie leer getrunken sind'.

Singulär ist der wenig fromme Wunsch eines Paderborner Geistlichen, der Luther zu Ohren gekommen ist, und den er im „Originalton" an Konrad Cordatus weiterleitet: *Haec (ut rideas) ... respondit unus Canonicus: Dat de Düwel dem Bawest int Lief fare* ‚Folgendes (damit du etwas zu lachen hast) antwortete ein Kanoniker: dass doch der Teufel dem Papst in den Leib fahre!' (Bd. 5, Nr. 216, Z. 18 f.).

Solche kurzen Intermezzi bewirken natürlich einen Effekt: Sie signalisieren, dass ein Rekurs auf Lebensnähe oder Lebenserfahrung erfolgt. Der Briefschreiber unterbricht für den kurzen Moment eines Satzes, eines Spruches oder einiger Wörter den lateinischen Darstellungs- oder Argumentationsmodus und appelliert an eine übersubjektive Erfahrungstatsache. Mit diesem Effekt arbeitet Luther auch dann, wenn er Emotionen Ausdruck verleihen will. Zwar ist es nicht so, dass er nicht in der Lage gewesen wäre, Gefühlen auch auf Lateinisch Ausdruck zu verleihen, aber immer wieder unterbricht er seinen lateinischen Schreibfluss mit deutschen Gefühlsausdrücken, mitunter aus Gefühlsausbrüchen.

Ein Bote von Justus Jonas muss sich in Luthers Haus unverschämt benommen haben. Er schreibt deshalb an seinen Freund: *imperet, quantum volet, sed domi suae et suis, non Luthero aut domui et suis. Sunst will ich ihm die Zunge zum halse lassenn hinden heraus reissenn. Quid? an etiam servi et centones cogitant esse se imperatores?* ‚er mag herumkommandieren, so viel er will, aber in seinem Hause und den Seinen, nicht dem Luther in seinem Hause und den Seinigen. Sonst werde ich ihm die Zunge hinten rausreißen lassen. Was ist denn los? Halten sich denn die Diener und Lumpen für die Herren?' (Bd. 10, Nr. 3721, Z. 10–13).

Auch in anderen Briefen an Jonas hält Luther mit seinem Ärger nicht hinterm Berg, wie folgendes Beispiel zeigt: *Ita nos violenter in eos dicimus: Wan 10 Huren hie weren, die viel Studenten mit Franzosen verderbten, hic nemo iudicat, irascitur, omnes sunt pisces* ‚so sagen wir ohne Rücksicht über sie: Wenn zehn Huren hier wären, die reihenweise die Studenten mit der Syphilis anstecken würden, würde hier niemand richten, niemand zürnen. Sie wären alle stumm wie die Fische' (Bd. 10, Nr. 3886, Z. 9–11).

Manche deutschen Einschübe Luthers kann man als Stoßseufzer interpretieren, wie die Klage des Vielbeschäftigten an den Köthener Pfarrer Johannes Schlaginhaufen: *tam vivo inutilis, ut me mire oderim. Ich weiß nicht, wo die Zeit so vergeht und ich so wenig ausrichte. Ora pro me* ‚ich lebe so nutzlos, dass ich mich geradezu selbst hasse. Ich weiß nicht, wo die Zeit hingeht und [warum] ich so wenig zustande bringe. Bete für mich' (Bd. 7, Nr. 2091, Z. 7 f.).

Überwiegend sind es negative Emotionen, denen Luther auf solche Weise Ausdruck verleiht. Nur selten wird Mitgefühl artikuliert, etwa dann, wenn Luther gegenüber Wenzeslaus Link Bedauern für den Kurfürsten Johann zum Ausdruck bringt, zu dem sich die Kurfürstin Elisabeth von Brandenburg aus Berlin geflüchtet hat: *Ora pro nostro Pricipe! Der fromm Mann und herzliche Mensch ist doch ja wohl geplaget, dignus, quem iuvemus orationibus* ‚Bete für unseren Fürsten! Der vortreffliche Mann und mitfühlende Mensch ist doch wohl übel geplagt und wert, dass wir ihm mit Gebeten beistehen' (Bd. 4, Nr. 1246, Z. 15 f.).

Zurück zu den eingangs gestellten Fragen nach den Motiven, die Martin Luther beim Briefeschreiben bewogen haben müssen, vom Deutschen ins Lateinische oder vom Lateinischen ins Deutsche zu wechseln. Lassen sich aus den zitierten Einzelfällen, die ja nur exemplarisch für weitere stehen, wiederkehrende „Motivationstypen" ableiten?

Solche Wechsel scheint Luther vollzogen zu haben, um …

… einen intratextuellen thematischen Turn zu kennzeichnen.

… Autoritäten, insbesondere die Bibel, allein durch die Sprache vom umgebenden Kontext abzuheben.

… das Ende eines lateinischen Sinnabschnitts durch ein zusammenfassendes oder schlussfolgerndes Fazit in deutscher Sprache zu kennzeichnen.

… das Ende eines deutschen Sinnabschnitts durch ein finales Resümee in lateinischer Sprache zu markieren.

… mit deutschen Redensarten oder Sprichwörtern das zu belegen oder zu illustrieren, was zuvor auf Lateinisch ausgeführt wurde.

… Äußerungen von Personen aus Luthers unmittelbarer Umgebung oder Zugetragenes im authentischen „O-Ton" wiederzugeben.

… durch den Wechsel ins Deutsche Emotionen effektvoll Ausdruck zu verleihen.

Dass Luther in überwiegend deutschen Briefen zum Lateinischen übergegangen sein könnte, um irgendetwas vor unbefugten (Mit-)Lesern zu verbergen, wie Schilling (2010, S. 342) im Falle eines Briefes an Hieronymus Baumgartner (Bd. 9, Nr. 3676) vermutet, scheint indessen wenig plausibel. Der fragliche Passus ist nichts weiter als ein scherzhafter Gruß von Katharina an ihren einstigen Verehrer Baumgartner.

Ob und inwieweit Luthers Briefstil, sein häufiges Wechseln zwischen Latein und Deutsch eingeschlossen, für Zeitgenossen und Spätere als Vorbild gewirkt hat, muss offenbleiben. Es mag zutreffen, dass Luther – wie Herbert Wolf (1980, S. 249) schreibt – „dem deutschen Privatbrief literarischen Rang" verliehen hat. Auf welche Weise und mit welchen Impulsen das geschehen ist, wäre noch zu untersuchen. Die Briefe richteten sich mehrheitlich an einzelne, individuelle Adressaten, können also, was ihre sprachlichen Einflussmöglichkeiten betrifft, nicht mit den gedruckten Luthertexten verglichen werden, schon gar nicht mit der Bibel. Nur ein geringer Teil der Briefe ist an mehrere Adressaten gerichtet. Zwar wurden Lutherbriefe in der Folgezeit auch gedruckt (vgl. Kawerau 1917; Volz/Wolgast 1970; Schilling 2010), und 1545, also noch zu Luthers Lebzeiten brachte Caspar Cruciger eine Ausgabe von Luthers Trostbriefen heraus, die 1554 von Georg Rörer erweitert wurde.[2]

2 *Etliche Trostschrifften vnd Predigten der Ehrwird. Herrn Doct. Mart. Luth. für die / so in Todes / vnd ander Not vnd Anfechtung sind / Erstlich anno 1545 zusamen gebracht / vnd in Druck geben / durch D. Caspar Creutziger. Itzt aber von newen zugericht / vnd mit vielen schönen herrlichen Trost / vnd andern Schrifften / gemehret / durch Geordium Rorarium. Allen Gottseligen nützlich vnd tröstlich zu lesen [...], Gedruckt zu Jhena / durch Christian Rödinger. Anno 1554* (digital: http://archive.thulb.uni-jena.de/hisbest/rsc/viewer/HisBest_derivate_00008355/Wartburg_LS_0467_0002.tif).

Bald folgten Briefausgaben von Matthias Flacius Illyricus[3] und Johannes Aurifaber[4]. Aber die Frage, ob Luthers auf diese Weise publizierte Briefe in der Folgezeit stilbildend gewirkt haben, ist völlig offen.

Die Weimarer Ausgabe umfasst vergleichsweise wenige Briefe, die an Luther gerichtet waren (es ist zum Beispiel kein einziger Brief von Katharina an ihren Mann erhalten geblieben). Soweit zu sehen ist, haben Luthers unmittelbare Korrespondenzpartner weit weniger zur Sprachmischung geneigt als er selbst.

Eine andere Frage, der nachzugehen sich lohnen könnte, wäre die, ob sich spätere Briefsteller, die Lutherbriefe aus Drucken kannten, den Reformator als Stilvorbild genommen haben. Oder ist und bleibt Luthers ebenso typisches wie effektvolles Wechseln zwischen Latein und Deutsch ein Merkmal seines Individualstils?

Luther war in mindestens zwei Sprachen wirklich zuhause: im Deutschen und im Lateinischen. Wenn das Deutsche seine selbstverständliche Muttersprache war, dann war das Lateinische zumindest seine ihm ebenso vertraute Stiefmuttersprache. Das heißt: Latein war für ihn keine Fremdsprache im Sinne von ‚fremder Sprache'. Linguistisch ausgedrückt: Luther war bilingual. Das hat seine „fliegenden Wechsel" von der einen in die andere Sprache auf jeden Fall begünstigt. Die episodische Verwendung einer fremden Sprache konnte und kann auch als Bildungs- und Prestigesignal dienen. Das kennen wir aus ganz verschiedenen Text- und Gesprächssorten von heute. Für Luther dürfte Sprachprestige kein Motiv gewesen sein.

Literatur

Beyer, Michael (2010): Tischreden. In: Beutel, Albrecht (Hg.): Luther Handbuch. (= UTB: Theologie 3416). 2. Aufl. Tübingen, S. 347–353.

Kawerau, Gustav (1917): Die Bemühungen im 16., 17. und 18. Jahrhundert, Luthers Briefe zu sammeln und herauszugeben. In: Lutherstudien. Zur 4. Jahrhundertfeier der Reformation, veröffentlicht von den Mitarbeitern der Weimarer Lutherausgabe. Weimar, S. 1–28.

Luther, Martin (1930–1984): Weimarer Ausgabe. Abteilung Briefe. 18 Bde. Weimar.

[3] *Etliche Brieffe / des Ehrwirdigen Herrn D. Martini Luthers seliger gedechtnis / an die Theologos auff den Reichstag zu Augsburg geschrieben / Anno M.D.XXX. Von der vereinigung Christi vnd Belials / Auss welchen man viel nützlicher Lehr in gegenwertiger gefahr der Kirchen nemen kan / Verdeudscht* (digital: http://digital.onb.ac.at/OnbViewer/viewer.faces?doc=ABO_%2BZ185222604).

[4] *TOMVS PRIMUS EPISTOLARVM DOCT: MART: LVTHERI SCRIPTARVM AB ANNO M.D.VII. vnsque ad 22. Anno 16656 a Iohanne Aurifabro collectus et editus. Berlini 1579* (digital: http://digital.staatsbibliothek-berlin.de/werkansicht?PPN=PPN820519790&PHYSID=PHYS_0001&DMDID=) und *Tomus Secundus EPISTOLARVM Reverendi Patris D. D. Martini Lutheri, continens scriptas ab anno Millesimo quingentesimo vigesimo useque ad annum vigesimum octauum: A IOHANNE AVRIFABRO Collectus et anno M.D.LXV Islebii editus* (digital: http://reader.digitale-sammlungen.de/de/fs1/object/display/bsb10984401_00001.html).

Schilling, Johannes (2010): Briefe. In: Beutel, Albrecht (Hg.): Luther Handbuch. 2. Aufl. (= UTB: Theologie 3416). Tübingen, S. 340–346.

Schmid, Hans Ulrich (2017): *Ich mêino facta et dicta.* „Code switching“ im frühen Mittelalter. (= Sitzungsberichte der Sächsischen Akademie der Wissenschaften zu Leipzig, Philologisch-Historische Klasse 142,1). Stuttgart/Leipzig.

Volz, Hans/Wolgast, Eike (1970): Geschichte der Lutherbriefeditionen des 16. bis 20. Jahrhunderts. In: Weimarer Ausgabe, Briefe. Bd. 14. Weimar, S. 5–332.

Wolf, Herbert (1980): Martin Luther. Eine Einführung in germanistische Luther-Studien. (= Sammlung Metzler 193). Stuttgart.

Anja Lobenstein-Reichmann

„Wer Christum nicht erkennen wil, den las man faren“[1]. Luthers Antijudaismus

1. Einführung

Der englische Korrespondent der New York Times in Wien, George Eric Rowe Gedye, erinnert sich in seinem 1947 erschienenen Buch „Die Bastionen fielen. Wie der Faschismus Wien und Prag überrannte“ an den Anschluss Österreichs durch die Nationalsozialisten.

> Von meinem Büro am Petersplatz konnte ich auch Wochen hindurch den Lieblingssport des Nazimobs beobachten: jüdische Männer und Frauen wurden gezwungen, auf allen vieren kriechend, den Gehsteig mit einer scharfen Lauge zu reiben, die ihnen die Haut verbrannte, so daß sie sich sofort in Spitalsbehandlung begeben mußten. […] Von Zeit zu Zeit johlte die Menge vor Vergnügen auf. Dies bedeutete dann, daß einer der SA-Männer höhnisch gesagt hatte „Sie brauchen frisches Wasser“ und dabei einen Kübel voll Schmutzwasser über sein Opfer gegossen hatte. […] „Arbeit für die Juden, endlich Arbeit für die Juden!“ heulte die Menge. „Wir danken unserem Führer, er hat Arbeit für die Juden beschafft!“ (Gedye 1947, S. 294 f.)

Im Jahre 1543, also 395 Jahre zuvor, hatte Martin Luther in „Von den Juden und ihren Lügen“ dazu aufgefordert, dass man „die Jůden zur erbeit zwingen“ soll (WA 53, 528, 33),

> das man den jungen starcken Jůden und Jůdin in die hand gebe flegel, axt, karst, spaten, rocken, spindel, und lasse sie jr brot verdienen [1. Mose 3, 19] im schweis der nasen, wie Adams kindern auffgelegt ist, Gene. 3. Denn es taug nicht, das sie uns verfluchten Goijm wolten lassen im schweis unsers angesichts erbeiten, und sie, die heiligen Leute, woltens hinter dem Ofen mit faulen tagen, feisten und pompen verzeren, Und drauff rhůmen lesterlich, das sie der Christen herrn weren von unserm schweis, Sondern man můste jnen das faule schelmen bein aus dem růcken vertreiben. (WA 53, 525, 31 ff. (1543))

Wenn Georg Büchner in seinem Drama *Dantons Tod* (3. Akt) warnt: „Geht einmal Euren Phrasen nach bis zu dem Punkt, wo sie sich verkörpern“ (Büchner 2008), so setzt er wie selbstverständlich voraus, dass Sprache verletzen kann, mehr noch, dass

[1] WA 33, 579, 12 f. (1530).

Abb. 1: Jüdische Geschäftsleute des 3. Wiener Gemeindebezirks wurden im März und April 1938 wiederholt gezwungen, vor zahlreichen Zuschauern Gehsteige zu reiben (Abb. und Erläuterung aus: DÖW – Dokumentationsarchiv des österreichischen Widerstandes, Foto 7857).

sie durch ihre Verkörperung zur tödlichen Waffe wird. Charles S. Peirce nutzt gar die Metaphorik der Strafjustiz und vergleicht das Wort „mit dem Urteil eines Gerichts". „Es ist nicht selbst der rechte Arm des Sheriffs", schreibt er, „doch ist es fähig, sich einen Sheriff zu schaffen und seinem Arm den Mut und die Energie zu verleihen, die ihn wirksam werden lässt" (Peirce 1998, S. 66).

Luthers Urteil, seine Phrasen zu den Juden, sind zweifellos antijudaistisch (vgl. dazu auch Kaufmann 2013, 2014; Kirn 1989; 2013; Oberman 1981). Sie offenbaren antijudaistische Diskursnormative. So will der Theologe und mächtigste Protestant seiner Zeit, Martin Luther, mit solch expliziten Handlungsanweisungen normativ auf die soziale Welt seiner Zeit einwirken. Diskursnormativ heißt dann: normengebend und handlungsanleitend auf die eigene Gesellschaft einwirkend. Eine solche Normengebung kann jedoch nur insoweit erfolgreich sein, als sie in eine bestehende Normenwirklichkeit hineingeschrieben wird, sie also bereits bestehende Diskursnormative als das Normale und Übliche voraussetzt und akzeptiert, sich letztlich an ihnen ausrichtet, sie ausbaut oder vielleicht sogar übertrifft. Greifen Normengebungswille einer berühmten Persönlichkeit und Diskursnorm einer Gesellschaft zusammen, kann ein Text auch nachhaltig diskursnormativ wirken, nämlich dann, wenn seine akzeptierten, vorschreibenden Urteile nicht nur zeitgenössisch akzeptiert, sondern über die Jahrhunderte hinweg vielfältig perpetuiert werden und schließlich noch in den nachfolgenden Generationen so präsent sind, dass diese danach leben, handeln, sie geradezu verkörpern.

Doch ist Luther wirklich das Gericht und sind die Nationalsozialisten der Sheriff? Wie lang kann ein historischer Arm reichen? Kann man ein Ereignis, das im Jahre 1938 stattgefunden hat, in Verbindung bringen mit Texten, die 395 Jahre zuvor publiziert worden sind? Wer die Auseinandersetzungen der letzten Jahre zum Thema verfolgt, gewinnt leicht den Eindruck, dass genau dies üblich zu sein scheint. Der mediale Widerhall des Großereignisses Luther im Reformationsjahrzehnt ist für die einen willkommener Anlass, den Reformator komplexitätsreduziert zum Großvater des deutschen Antisemitismus zu erklären, und für die anderen, ihn geradezu apologetisch aus der historischen Verantwortung zu entlassen. Beide Perspektiven sind weder richtig noch falsch. Sie sind jedoch Ausdruck einer modernen Perspektive auf eine historische Zeit.

Das Zauberwort für einen adäquaten Umgang mit Luther lautet *Historisierung*. Man müsse, so Thomas Kaufmann (2014, S. 15), Luther in seine Zeit hineinstellen, um seine Aussagen verstehen und bewerten zu können, denn dies ist „die angemessene Form der Kritik“ (ebd., S. 174). Die Historisierung der Gestalt Luthers setzt die Historisierung seiner Lebenswelt wie seiner nicht davon trennbaren Sprachwelt voraus. Genau das soll mit diesem Beitrag historisch wie sprachhistorisch versucht werden.

2. Historisierung der antijüdischen Schriften Luthers

2.1 Theologische Prämissen

Wer Luthers Haltung zu den Juden diskutieren möchte, stützt sich in der Regel besonders auf folgende Schriften.

1523	Dass Jesus Christus ein geborener Jude sei
1538	Wider die Sabbather an einen guten Freund
1543 im Januar	Von den Juden und ihren Lügen
1543 im März	Vom Schem Hamphoras und vom Geschlecht Christi
1543 im Juli	Von den letzten Worten Davids
1546	Eine Vermahnung wider die Juden

Doch Luthers Auseinandersetzung mit den Juden und dem Judentum ist fundamentaler Argumentationskontext seiner reformatorischen Theologie. Sie kann nicht auf wenige Schriften reduziert werden, die zudem, nicht ganz unproblematisch, als Luthers „Judenschriften“ kategorisiert werden. So sinnvoll diese Liste auch sein mag, sie blickt mit einem Scheinwerfer auf eine kleine Auswahl an Texten und vernachlässigt die Gesamtschau der theologischen wie philologischen Auseinandersetzung.

Um Luthers antijudaistische Schriften historisch einschätzen zu können, sollte man seine theologischen Prämissen verstehen. Betrachtet man Luthers schriftstellerisches Wirken wie seine Lehr- und Predigttätigkeit, so bildet das Alte Testament von Anfang an das Zentrum seines theologischen Nachdenkens, seines Übersetzens und seiner Auslegungen (von den Dictata super Psalterium 1513/14 bis zur letzten antijudaistischen Schrift, der „Vermahnung wider die Juden“). „Das alte Testament sol man nicht verachten, sondern vleissig lesen“, schreibt er 1523 in „der Vorrede auff das Alte Testament“, denn, „was ist das newe Testament anders, denn ein oͤffentliche predigt vnd verkuͤndigung von Christo, durch die Spruͤche im alten Testament gesetzt, vnd durch Christum erfuͤllet“ (WA Bibel 8, 11; 1523/45).[2] Luthers Reformationstheologie basiert in fundamentaler und später sicher auch fundamentalistischer Weise auf einer protestantisch-christologischen Übersetzung und Interpretation des Alten Testamentes (AT), dessen genuiner Zweck somit nicht in ihm selbst liegt, sondern für Luther vor allem anderen als beglaubigende Vorgeschichte im göttlichen Vorverweis auf den Messias und dessen Heilstat besteht.[3]

> sonderlich ists Gott zu thun umb die offenbarung und erkentnis seines Sons, durch die gantze Schrifft, Alts und Newen Testaments, Alles gehets auff den Son, Denn die Schrifft ist gegeben umb des Messia, oder Weibs samens willen, der alles wider zu recht bringen sol, was die Schlange verderbt hat, Suͤnde, Tod, Zorn weg nemen, Unschuld, Leben, Paradis und Himelreich wider bringen. (WA 54, 88, 10–15 (1543))

Christus ist für ihn das entscheidende Normativ seiner Theologie. Luthers Arbeit am Alten Testament, seine Auseinandersetzung mit den Juden der Bibel wie mit den Juden seiner Gegenwart war immer Arbeit am Protestantismus. Vor allem Luthers übersetzerisches Handeln ist nicht vom reformatorischen Handeln als religions- und gesellschaftsveränderndem Programm zu trennen. Gerade seine Bibelübersetzung ist reformationstheologische Stellungnahme, was das häufig diskutierte Beispiel des *sola fide*, das „allein aus dem Glauben“ als programmatische Formel der Rechtfertigungslehre, am eindrücklichsten zeigt.

Im Zentrum seiner Theologie steht Christus und Luthers fester Glaube, dass nur, wer an Christus und seine Heilstat glaubt, selig werden könne:

[2] So argumentiert er schon 1522 in seiner Predigt zu Joh. 1, 1–14; WA 10. I. 1, 181: „das wortt ist fleysch worden unnd hatt unter unß gewonet“: „alliß, was die Aposteln geleret unnd geschrieben haben, das haben sie auß dem alten testament getzogen; denn ynn demselben ists alliß vorkundigt, was ynn Christo tzukunfftig geschehen sollt. […] Gott hatt das Euangelium von seynem ßon Christo vorsprochen durch die propheten ynn der heyligen schrifft; drumb grunden sie auch alle yhre predigt ynn das alte testament, und ist keyn wortt ym newen testament, das nit hynder sich sehe ynn das allte, darynnen es tzuuor vorkundigt ist.“

[3] Das AT legt damit auch Zeugnis ab über das göttliche Handeln in der Geschichte. Luthers Theologie ist christozentrisch, das heißt, er interpretiert sowohl die Heilige Schrift selbst als auch alle Glaubensinhalte auf Christus hin. Seine reformatorische Erkenntnis, wie er sie selbst beschrieben hat, ist, etwas pointiert formuliert: letztlich eine Wiederentdeckung Christi.

> Alle schrifft und wort gottis weyßen [...] auff Christus leyden, alß er selb bezeugt Luce ultimo, das die geschrifft nit anders ynnehelt, dann vorheyssene gnade unnd ablaß der sunde durch das leyden Christi, das wer ynn yhn gleubt, und niemant anders, selig werde. (WA 10, 1, 187, 29–32 (1517))

Das basale *Solus Christus*, das durch das dreifache *Solus* der Rechtfertigung, durch das *sola gratia, sola fide, sola scriptura* ergänzt wird, negiert nicht nur die Vermittlerinstanz der katholischen Kirche, sondern auch die Werkgerechtigkeit. Nicht die Werke und das Halten des Gesetzes, ein Synonym auch für das Alte Testament, allein der Glaube und die Gnade Gottes machen gerecht.

Damit ist die theologische Motiv- und Ausgangslage umrissen, von der aus man Luthers Auseinandersetzung mit den Juden, letztlich mit jedem betrachten muss, der an den Fundamenten von Luthers Glauben rüttelt. Entsprechend muss er den alttestamentarischen Juden ihren Gesetzesglauben und ihre Werkgerechtigkeit vorwerfen (WA 1, 162, 35; 1517; WA 10. I. 1, 480; 1522), ihre Leugnung der Jungfrauengeburt (WA 11, 314; 1523), der Trinitätslehre, also der Gottheit Christi, vor allem aber ihre Leugnung, dass Christus der Messias ist.

> Das heubt haben sie gemacht zur Gotheit, die schenckel aber die Menscheit Christi, ich wils auf einen hauffen nemen, Denn er wil also viel sagen: Man sol das Osterlemlin gantz und gar auffessen und nichts davon uberlassen. Gantz essen verstehe ich also, das man Christum gar esse und an im alleine hange und nichts anders suche denn in. Dieses wird dienen wider der Jůden glaube, die Christum nicht fůr den rechten heiland halten und fůrgeben, Messias sey noch nicht komen, und auff ein andern Messiam, auff ein andern glauben und auff ein ander lere warten, aber wisse, wer Christum hat, der hat alles auff einen hauffen. (WA 16, 235, 18–26 (1524/27))

Ausgehend von diesen theologischen Prämissen denkt und handelt Luther. So begründet sich auch sein Verhalten gegenüber den zeitgenössischen Juden. Für ihn war die entscheidende Frage, ob die Juden nun, nachdem er ihnen das Evangelium, die Botschaft Christi, zur Verfügung gestellt hat, Christus erkennen, ob sie sich dem Normativ Christus unterwerfen würden.

2.2 Luthers sogenannte „Judenschriften“

Seine Hoffnung, mit der reformatorischen Erkenntnis und der neu übersetzten Heiligen Schrift auch die Juden zum Christentum ziehen zu können, äußert Luther 1523 in „Dass Jesus Christus ein geborener Jude sei“ (WA 11, 307–336).

> Darumb will ich aus der schrifft ertzelen die ursach, die mich bewegen, tzu gleuben, das Christus eyn Jude sey von eyner jungfrawen geporn, ob ich villeicht auch der Juden ettliche mocht tzum Christen glauben reytzen. (WA 11, 314, 25–28 (1523))

Die Papstkirche sei dafür verantwortlich, dass die Juden nicht längst Christen geworden seien, denn „sie haben mit den Juden gehandelt als weren es hunde und nicht menschen“ (ebd., 315, 3 f.), haben ihnen die Botschaft von Christus, die Heilige Schrift vorenthalten:

> Ich habs selbs gehort von frumen getaufften Juden, das, wenn sie nicht bey unser tzeyt das Euangelion gehort hetten, sie weren yhr leben lang Juden unter dem Christen mantel blieben. Denn sie bekennen, das sie noch nie nichts von Christo gehort haben bey yhren teuffern und meystern. (WA 11, 314, 9–13 (1523))

Unbestritten schlägt er hier überraschend gemäßigte Töne an. Er fordert dazu auf: „bruderlich mit den Juden [zu] handeln“ (ebd., 315, 22), da sie „von dem geblutt Christi“, „blut freund, vettern und bruder unsers hern“ seien, während die Christen „schweger und frembdling“ sind (ebd., 26 f.). Er erklärt die üblichen Vorurteile sogar explizit zu „lugen teydingen“ (ebd., 336, 24 f.), z. B. dass sie „Christen blutt haben“ müssen, damit „sie nicht stincken, und weys nicht wes des narren wercks mehr ist, das man sie gleich fur hunde hellt“ (ebd., 25–27). Seine Aufforderung zum nachsichtigen Umgang („das man mus seuberlich mit yhn umbgehen“, und sie „aus der schrifft“ unterrichten, damit „yhr ettliche herbey komen [mochten]“ ebd., 19 f.), mündete jedoch in einer Vorbehaltsklausel, die Thomas Kaufmann als *Reservatio mentalis* (Kaufmann 2014, S. 111) bezeichnet: „Hie will ichs dis mall lassen bleyben, bis ich sehe, was ich gewirckt habe“ (WA 11, 336, 35).

Das Drehkreuz Christus ist von Anfang an konstant und damit seine theologische Position gegenüber der jüdischen Religion. Luthers Skepsis gegenüber den zeitgenössischen Juden basiert auf dieser Grundposition und zieht sich wie ein roter Faden durch sein Werk; das relativiert sein vermeintliches Entgegenkommen. Und tatsächlich zeigte sich im Laufe der nachfolgenden Jahre, dass die erwartete Bekehrungswelle ausblieb, mehr noch, dass sich auch andere innerchristliche Widerstände gegen Luthers Reformation auftaten.

In der „Auslegung des 109. Psalms“ aus dem Jahre 1526 setzt er sich mit einem der sogenannten Fluch- oder Rachepsalmen auseinander. Das anhaltende Elend der Juden lege Zeugnis ab von ihrer fortwährenden Blasphemie und Verstocktheit (WA 19, 610, 10 f.), da sie „gifftig und heslich“ „von Christo reden“ (ebd., 607, 33 f.), ihn „schmehlich ‚Thola‘, Das ist: den erhengeten“ (ebd., 608, 5) nennen.

> Denn sie haltens fuͤr eytel fluͤch und gyfft, was wir von Christo gleuben und leren; Meynen schlecht nicht anders, denn Christus sey ein boͤser bube gewest, der umb seiner boͤsheit willen sey gecreuetzigt mit andern buben. Druͤmb wenn sie yhn nennen, so nennen sie yhn schmehlich ‘Thola’, Das ist: den erhengeten. Denn weil sie das gleuben, das Jhesus ein bube sey gewest, so kans nicht anders sein, sie muͤssen uns Christen fuͤr die aller toͤrichsten, unfletigsten leute halten, so unter der sonnen sind.
> […] Und bleibt also bey yhn ein lecherlich ding, das wir Christen einen buͤbischen und verdampten Juͤden anbeten, als wenn wir Kain odder Absalom fuͤr Goͤtter anbetten. Da sticken sie, das oele ist ynn yhre gebeine gangen, das wasser verdewen sie on auffhoͤren. O ein schrecklich urteyl und exempel Goͤttlichs zorns. (WA 19, 608, 1–20 (1526))

Für Luther waren die Juden mit einem Fluch beladen, der sie so tief vergiftet, „das sie nicht muͤgen eraus komen und den gecreutzigten Jhesu fuͤr einen Herrn und Gott haben“ (WA 19, 608, 14 f.; 1526).

Auch im offenen Brief „Wider die Sabbather an einen guten Freund“ aus dem Jahre 1538 geht es um die Frage nach der Messianität. Luthers Brief ist zum einen eine Ermahnung an die Christen, sich nicht von den Juden „mit jrem geschmeis und lere“ (WA 50, 312, 9) verführen zu lassen, zum anderen will er dem Freund so viel Argumente an die Hand geben, „das jr euch wider die Sabbather schuͤtzen kund und bey ewrem Christlichen glauben rein bleiben“ (ebd., 335, 22 f.). Seine Argumentationsführung besteht im Prinzip in einer Art Sündenregister, das begründen soll, warum die Juden nun „Fuͤnffzehenhundert jar ausser Jerusalem im elende“ (ebd., 313, 12 f.) von Gott verachtet würden. Die Schwere der Schuld wird dabei zum geschichtstheologisch durchschlagenden Beweis für die Messianität Jesu (ebd., 336, 13–17).

Wenige Jahre vor Luthers Tod radikalisiert sich sein Tonfall. Im Jahr 1543 erscheinen „Von den Juden und ihren Lügen“ (Januar 1543), „Vom Schem Hamphoras und vom Geschlecht Christi“ (März 1543) und „Von den letzten Worten Davids“ (Juli 1543). Auch wenn alle drei Schriften wieder thematisch vom Beweis der Messianität, der Gottheit Jesu, des Monotheismus und der Trinität handeln, haben sich nun nicht nur Tonfall und Rhetorik verändert. Aus der bisher doch im Kern theologischen Diskussion wird nun ein gesellschaftsnormatives Politikum. Die Judenmission war gescheitert, und nicht nur das. In Luthers Augen bedrohten die Juden nun die protestantische Lehre durch Proselytenmacherei, so dass er glaubte, mit der Januar Schrift noch einmal gegen „solchem gifftigen furnemen der Juͤden“ (WA 53, 417, 7) vorgehen zu müssen, um den „Glauben zu stercken“ (ebd., 419, 16). Hatte er 1523 die üblichen Vorurteile gegen die Juden noch zu „lugen teydingen“ erklärt, so bedient er sich dieser nun selbst in vollem Ausmaß.

Luther verhöhnt die jüdische Religion, indem er „das halten der andern gesetze“ als „lauter gauckel spiel und Fastnachts larven, ja ein recht gespoͤtte, damit Gott fur ein Narre gehalten wird“, abwertet (WA 53, 443, 30–32), er entehrt die Juden als „Huren“ (ebd., 441, 33), warnt vor ihnen als „falsche[n] lerer[n]“ und „verfuͤrer[n] des Volcks“ (ebd., 494, 14). „Denn sie sinds, die alle wege Gottlos wesen, abgoͤtterey, falsche lere getrieben“ (ebd., 433, 2 f.), die Gottes Wort „verkeren, geitzen, wuchern, stelen, morden (wo sie koͤnnen) und leren solchs jre kinder“ (ebd., 490, 11–13).

> Jch weis wol, das sie solches und alles leugnen. Es stimmet aber alles mit dem urteil Christi, das sie gifftige, bittere, rachgirige, hemische Schlangen, meuchel moͤrder und Teufels Kinder sind, […]. Das ists, […] das ein Christ, nehest dem Teufel, keinen gifftigern, bittern feind habe, denn einen Juͤden, So wir doch niemand so viel guts thun, noch so viel von jemand leiden, als eben von solchen boͤsen Teufels Kindern und Schlangen gezichte. (WA 53, 530, 24–34 (1543))

Nun wiederholt und kumuliert auch Luther alle traditionellen antijüdischen Stereotype und Vorwürfe, angefangen vom Gottesmord an Jesus Christus, dem mit Judas begonnenen Verratstopos, der vermeintlichen Christenverfolgung (WA 53, 495) und des Christenmordes (ebd., 520) z. B. durch Brunnenvergiftungen (ebd., 495) und Ritualmorde (ebd.), über die jüdische Weltverschwörung hin zum jüdischen Schmarotzertum, das parallel zum Materialismus- und Wuchertopos (ebd., 477) gelesen werden muss (vgl dazu auch schon aus dem Jahre 1519/2015: WA 6, 262).

Er behauptet projektiv, die Christen würden von den Juden „on unterlas verspeiet, vermaledeiet, verflucht, gelestert, geschendet“ (WA 53, 481, 12 f.). Maria wäre für sie eine Hure (ebd., 515, 9 f.), Christus ein „kilkropp“ (Kielkropf, >Mißgeburt<, auch im Sinne von >Teufelskind, Wechselbag<[4]) (ebd., 517, 3). Mit ihrer „blutduͤrstige[n], rachgyrige[n], moͤrdische[n] begir“ warteten sie auf ihren Messias, damit dieser „die [23] gantze Welt durch jr Schwert ermorden und umbbringen“ solle (ebd., 433, 18–23). Die Christen seien „fur jren augen nicht menschen, sondern kaum werd, das wir arme wuͤrme von jnen geschetzt“ werden (ebd., 419, 29 f.). Während „sie der welt Herren“ seien, seien „wir jre knechte, ja jr viehe“ (ebd., 489, 37). Mit solchen Hass- und Verschwörungsunterstellungen provoziert Luther die Wut und die Angst der Christen. Seine Rede ist Hassrede bzw. *hate speech* im Sinne Judith Butlers (Butler 2006; Lobenstein-Reichmann 2011, 2013). Wir finden unappettitliche Skatologisierungen des Judentums als „beschissen“ (WA 53, 479, 2), „faul, stinckend“ (ebd., 501, 26), als „betruͤbte neige, garstrige hefen, verdorreter schaum, schimlichte grund suppe und moͤsichtiger pful (ebd., 501, 22 f.), Kriminalisierungen der Juden als „Ertzdiebe“ und „Landreuber“ (ebd., 502, 8), Dehumanisierungen als „ungelerte grobe Esel“ (ebd., 479, 15) „schlangengezichte“ (s. o.) oder „duͤrstige blut Hunde“ (ebd., 520, 9).

> Sage mir, wie viel kan Antiochus mit seinem Abgott und schweinen fleisch opffern erger gewest sein, denn diese Epicurische Sewe und Sewmuͤttere? Wo bleibt hie Haggai wort, das dieses Tempels herrligkeit groͤsser sol sein, denn Salomons Tempel? Ein leiblicher Sewstal kan fur Gott und der vernunfft ein Koͤniglicher Saal heissen gegen diesen Tempel, umb solcher grosser, grewlicher, ungehewrer Sewe willen. (WA 53, 490, 21–26 (1543))

Luther dämonisiert sie nicht nur als „leibhafftige Teufel“ (ebd., 579, 35), er gibt auch Handlungsanweisungen, wie man mit ihnen zu verfahren habe. Das Besondere an der Schrift „Von den Juden und ihren Lügen“ ist genau dieser explizit normative Anweisungscharakter. Unter dem Deckmantel seelsorgerlicher Sorgfaltspflicht entwickelt er nicht nur normative Christustheologie, sondern expliziert auch ein ausgefeiltes weltbezogenes Ausgrenzungsprogramm. Nach langen Wiederholungen und ausschweifenden Gedankenführungen, die dem sprachgewaltigen Luther so gar nicht anstehen, fordert er die Obrigkeit und alle Mitchristen schließlich zu einer „scharf-

[4] http://fwb-online.de/go/kielkropf.s.0m_1494576853

fe[n] barmhertzigkeit“ (ebd., 522, 35) auf, die darin besteht, die Synagogen der Juden zu verbrennen (ebd., 523, 1; 536, 23), ihre Häuser zu zerstören (ebd., 523, 24), ihre Bewegungsfreiheit (ebd., 524, 6 ff.) einzuschränken und vielem mehr. Eine Anweisung besteht darin, sie „zur erbeit“ zu „zwingen“ (ebd., 528, 33) und falls dies nicht ausreiche, sie ganz „wie die tollen hunde aus [zu] jagen“ (ebd., 541, 36 f. u. ö.).

2.3 Luthers Hatespeech

Luthers Antijudaismus ist nach all diesen Zitaten kaum zu leugnen, seine Schuld ist zweifellos, seine Normenvorgaben, linguistisch formuliert: seine Deontiken lexikalisch, satzsemantisch wie textlich, eindeutig. Luther war niemals ein Freund der Juden. Er war es nicht am Anfang seines Wirkens und er war es erst recht nicht am Ende. Für ihn gab es nur eine einzige religiöse Wahrheit, an deren Anerkennung durch eine im Konsens befindliche Heilsgemeinschaft das Seelenheil der Menschheit hing. Nicht mehr und nicht weniger. Das Judentum blieb die andere Religion, die die eigene in Frage stellte und entsprechend verdammt ist: Denn:

> Sie meynen, wo sie das gesetz halten, ßo werden sie selig, wo nit, ßo werden sie vordampt. [Mark. 16, 16] So meynet got widderumb: wer ynn Christum glewbt, der wirt selig; wer nit glewbt, der wirt vordampt Mar. ult. (WA 10. I. 1, 480, 9–12 (1522))

Ein tolerantes Nebeneinander, wie es heute als Ideal propagiert wird, hätte Luther nicht tolerieren können. Er hätte damit Christus verraten, seine Religion, sein Seelenheil. Das ist die Prämisse, mit der Luther zu lesen ist. Insofern ist theologisch keine Entwicklung zwischen dem jungen Luther, seiner Schrift von 1523 hin zu den unsäglichen Pamphleten des Jahres 1543 zu erwarten. In der theologischen Ablehnung blieb er sich treu, aber nicht in seiner frühen Menschlichkeit. Der Rebell war nicht einfach nur konservativ und reaktionär geworden, er war vom Angreifer zum Verteidiger, vom umjubelten Bibelübersetzer zum Übersetzungsdogmatiker, vom Freiheitstheologen zum Ab- und Ausgrenzungsstrategen geworden: Seine Texte haben sich zur Hatespeech entwickelt. Ihr Ziel ist nunmehr die sprachliche wie tatsächliche Ausgrenzung der Juden. Typische Kennzeichen der Hassrede sind auf allen Rängen der Sprache zu finden. Er arbeitet mit verächtlichen Interjektionen, Negativierungsmorphemen, spezieller Abwertungslexik, darunter vor allem speziellen Metaphern zur Dehumanisierung, Pathologisierung, Kriminalisierung, außerdem mit speziellen Namensgebungen (z. B. Schimpfwörtern), satzsemantischen Kollektivierungen, Typisierungen, Subjektschüben, außerdem mit bewusst eingesetzter Deixis, Pronominalisierung, mit Passivierungen, Präsuppositionen, Verschwörungsinszenierungen und vielem mehr (vgl. dazu Lobenstein-Reichmann 2009, 2011, 2012, 2013).

Luther bedient all das in seinen späten Schriften. Aber er bedient es nicht nur gegen die Juden, und er bedient es nicht alleine. Damit stellt sich dem Leser die

Frage nach dem zeitgenössischen Diskurs und danach: Was hat diesen Mann so radikalisiert?

3. Luthers Radikalisierung – ein Diskursphänomen?

Man könnte Luthers späte Schriften als radikale Entgleisungen eines in die Defensive geratenen, depressiven alten Mannes erklären, der, verhärtet durch den Bauernkrieg, enttäuscht von der gescheiterten Judenmission, verärgert über die vielen Abspaltungen der Schwärmerbewegung, getroffen vom Tod seiner Tochter und geschlagen von körperlichen Beschwerden, nunmehr alles daran setzt, zum einen seine Deutungshoheit über das reformatorische Geschehen und die Bibelübersetzung zurückzugewinnen, und zum anderen die Juden zur Feindfigur zu stilisieren, an denen er seine Weltuntergangs- und Endzeitpathologien abarbeiten kann. Dies mag alles zutreffen. Doch sind dies zumeist außertextliche Phänomene.

3.1 Luthers Texttraditionen

Historisiert man Luther text- und diskursgeschichtlich, so steht auch er in Texttraditionen, ist auch er abhängig vom zeitgenössischen Diskursuniversum und keineswegs der Anfang des antijudaistischen Diskurses. Luthers Texte spiegeln also die antijudaistische Norm der Zeit, er ist rezipierender und antwortender, manchmal treibender, oft aber auch getriebener, zunächst bremsender, später radikalisierender Diskursteilnehmer.

Abgesehen vom biblischen Verdammungsurteil über die Juden (Jh. 8, 44), den Angriffen des heiligen Augustinus, speisen sich Luthers Vorstellungen über die Juden intertextuell nachweisbar mindestens aus Nikolaus von Lyra (1270–1349), Paulus von Burgos (1353–1435) und Salvagus Porchetus (gest. ca. 1315). Er war nachweislich aufgehetzt und angetrieben durch Anton Margarithas (1492–1542) Hetzpamphlet „Der ganze jüdische Glaube“, das 1530/31 anlässlich des Augsburger Reichstages publiziert wurde, und sicher auch von Johannes Ecks „Verlegung“ aus dem Jahre 1541 (vgl. dazu Lobenstein-Reichmann 2013, S. 211 ff.). Im Kontext des Protestantismus erschien zudem 1539 in Straßburg Martin Bucers „Judenratschlag“ („Von den Juden, ob und wie die vnder den Christen zu halten seind. Ein Rathschlag“). Auch Bucer hatte Margarithas Ausführungen gelesen.

Es ist anzunehmen, dass Luther auch das Skandalon zu Beginn des 16. Jahrhunderts mit Interesse verfolgt hat. Im Streit des Konvertiten Johannes Pfefferkorn und des Hebraisten Johannes Reuchlin um den Umgang mit den hebräischen Ursprungsschriften des Christentums war es zu heftigen antijudaistischen Auslassungen gekommen, obwohl der Reuchlin-Pfefferkorn-Streit offensichtlich eine innerchristliche Kontroverse war zwischen der konservativen Scholastik der Kölner Dominikaner und dem modernen Humanismus (vgl. dazu Lobenstein-Reichmann 2013, S. 200 ff.).

Um die diskursiven Parallelen oder Texttraditionen einmal anzudeuten, sei Luthers schon zitierte Forderung noch einmal aufgegriffen, die Juden mögen nun endlich auch arbeiten. Die Vorläufertexte zum nationalsozialistischen Aktionsprogramm stammen weniger deutlich von Luther als von Johannes Pfefferkorn, Martin Bucer und Johannes Eck:

> Johannes Pfefferkorn, Brantspiegel Av (Köln 1512): haymlich gemach fegen vnd strossen keren | Des hungers musten sy sich so erneren. | Auch stainbrechen vnd moͤrter tretten | Vnd das vnkrauyt in dẽ felde vß getten| Dan worden sy von anderen synnen. | Wa sy yr broyt mit arbeit gewynnen.

> Martin Bucer Bijv (Straßburg 1539): Ja sie werden jnen auch nicht die sauberen vñ gewinlichere handwerck / vnd nemlich die nicht zuͦ lassen / da man den werd der wercken zuͦ erkentnis / vnnd auff glauben der werckmeister stellen muͦs / sondern werden sie verordenen zuͦ den aller nachguͤltisten / muͤheseligsten / vnd vngewinlichsten arbeiten / Als da sein der bergknappen arbeit / graben / walmachen / stein und holz hauwen / kalckbrennen, schornstein vnnd *cloackfegen* / wasenmeister oder schinder werk treiben / vnd der gleichen.

> Johannes Eck, 90v (Ingolstadt 1541): so solt mans knechtlich halten/ vnd nit so herrlich: in ainer stat gassen seübern/ haimlich gemaͤch raumen/ das vnziuer auff gassen außtragen/ schelmen auß ziehen/ graͤben machen vnd raumen/ vnd sunst mit der hand arbaitẽ.

Die genannten Autoren bilden zusammen mit Thomas Murners vorreformatorischem Pamphlet (Murner, circa 1515) eine antijudaistische Diskurs- und vor allem auch Konsensgemeinschaft, bei der die Normativität der Ansprache wie die Radikalisierungsgrade dennoch unterschiedlich ausgeprägt sind. So appelliert Thomas Murner 1515 nicht nur explizit: „man solt sy vß dem land veriagen (eiiij)“, sondern fordert: „Die solt man einmal gar vß rũten“ bzw.: „Do hett man etlich tusent brandt | die solches gifft erdoedtet handt | Hett man sy verdilket gar | so kemen nit derglichen har“.

Dieser kurze Einblick in nur wenige Schriften legt beredtes Zeugnis davon ab, wie etabliert der Antijudaismus in jener Zeit war und auch wie sehr er sich gegenseitig mit seinen Deontiken beeinflusst hat. Das Beispiel Thomas Murners zeugt außerdem davon, dass die Radikalität der Forderungen keine Folge der Reformation ist, sondern lange zuvor virulent war (vgl. dazu Schreckenberg 1999; Benz 2009). Intertextuell und interdiskursiv sieht man zudem, wie die Topoi sich bis in die Nazizeit perpetuiert bzw. um das Zitat Büchners zu wiederholen, wie sich *die Phrasen verkörpert* haben.

3.2 „Luthers Juden“ – das Ergebnis eines innerkirchlichen agonalen Aushandlungsprozesses

Betrachtet man Luthers späte Schriften im Rahmen des Diskurses und im Vergleich zu seinen nicht minder berühmten Zeitgenossen, so stellten sie keine Radikalisierung dar, eher Einbettung und Rückkehr in den Normendiskurs. Dass dieser Diskurs so lebendig betrieben wurde, konnte jedoch kaum mit real existierenden oder allseits präsenten Juden begründet werden. Selbst Luther war nur wenige Male in seinem Leben wirklich einem Juden begegnet. Sein Judenbild generierte sich aus dem vorherrschenden Diskurs, war ein Konglomerat „diffuser Ängste, kalkulierter publizistischer Aktivitäten, spezifisch aktivierter biblischer Traditionsbestände, auch des Ressentiments, des kulturellen Herkommens, der Phantasie, ein Phantom“, schreibt Kaufmann (2014, S. 16). Es ist aber nicht nur ein passives Rezeptionsphänomen, sondern vor allem Projektionsfläche und aktiv genutzte Argumentationsfigur in den vielfältigen agonalen Aushandlungsprozessen innerhalb des Christentums.

Bei einer genaueren textlinguistischen Annäherung wird deutlich, dass die genannten Texte nahezu grundsätzlich referenzerweitert sind. Sie sind nicht einfach nur mehrfachadressiert und haben polyphonen Charakter, sondern nutzen die Schlagkraft des antijüdischen Ressentiments als konfessionspolitisches Verketzerungsargument. Diese Referenzerweiterung vollzieht sich lexikalisch, satzsemantisch wie textillokutionär. Sie verläuft oft über den christologischen Kern der konfessionellen Auseinandersetzung, nämlich über ein inhaltliches Näherrücken des konfessionellen Gegners an die jüdische Religion und ihre Ablehnung der Messianität, damit folgerichtig des *solus Christus*, der Trinität und der Werk- und Gesetzesgerechtigkeit.

Alle bereits zitierten „Juden“schriften sind in diesem Sinne sowohl referenzerweitert wie mehrfachadressiert, dennoch richtet sich keine davon wirklich an Juden. Selbst Luthers vermeintliche Bekehrungsschrift aus dem Jahre 1523 „Daß Jesus Christus ein geborener Jude sei“ ist eine innerchristliche Verteidigungsschrift, in der Luther Vorwürfen, in seinen Worten: „Lügen“ entgegentritt, mit denen er und seine Lehre judaisiert würden. Man wirft ihm vor, er habe „eyn new ketzerey gepredigt“ (WA 11, 314, 7 f.) und nicht nur die Jungfrauengeburt Marias angezweifelt, sondern auch behauptet, „das Christus Abrahams samen sey“ (ebd., 8). Die eigentliche Intention dieser Schrift war nachgerade nicht die Judenmission, sondern die Häresieabwehr (so auch Kaufmann 2014, S. 68). In „Wider die Sabbather“ wird vor einer vermeintlichen jüdischen Missionierung, vor dem Proselytenmachen, gewarnt. Doch die Sabbather sind keine von Juden bekehrte Christen, sondern eine radikalreformatorisch-christliche Schwärmer- bzw. Täuferbewegung, die seit 1528 in Mähren agierte. „Wider die Sabbather“ richtet sich also nicht gegen Juden, sondern gegen eine judaisierende oder als judaisierend deklarierte innerchristliche Abspaltung. Anders formuliert: Eine schwärmernahe christliche Bewegung wird mit dem Namen *Sabbather* in die Nähe der Juden gerückt und somit schon durch den Namen verketzert. Selbst „Von den Juden und ihren Lügen“ ist keine Ansprache an die Juden. Explizit erklärt er, dass er keine Diskussion mit den Juden über den Glauben (vgl. WA 53, 419, 4 f.) wolle.

> Wir reden jtzt nicht mit den Juͤden, Sondern von den Juͤden und von jrem thun, das unser Deudschen auch wissen muͤgen. (WA 53, 419, 19 f. (1543))

Luthers Adressaten sind wieder die Christen, vom einzelnen Gläubigen bis zur christlichen Obrigkeit. Diese sollten in ihrem eigenen Glauben gestärkt (ebd., 419, 16) werden und in dem von ihm erklärten Sinne mit den Juden verfahren. Doch gerade in den letzten Schriften gibt es tiefensemantisch noch weitere Adressaten: Sebastian Münster und die Hebraisten.

> Luthers Kampf gegen die Juden und ihre Lügen war jedenfalls zugleich ein Kampf gegen christliche Gelehrte, die dem christologischen Zeugnis des Altes Testaments seines Erachtens zu wenig Beachtung schenkten und deshalb dem Verdikt des Judaisierens verfielen. (Kaufmann 2014, S. 110)

Das lateinische Verb *judaisare*, das auch bei Erasmus von Rotterdam als Vorwurf belegt ist,[5] wird im Frühneuhochdeutschen mit *judenzen* und *judeln* übersetzt. Lexikografisch gefasst bedeuten die Verben: >sich so verhalten, wie man es üblicherweise einem Juden zuschreibt<; bei *jüdeln* kommt die übertragene Bedeutung >wuchern< hinzu (vgl. s. v. *judeln* im FWB[6]; vgl. auch: Lobenstein-Reichmann 2009, S. 259; 2013, S. 310). Luther selbst verwendet es gerne mit der Semantik >eine Textstelle im Sinne der jüdischen Religion übersetzen bzw. interpretieren<.

> Wir haben einen grossen vleis bei der bibel gethan vnd auff den sententz gesehen, quae congruit cum grammatica. Noch haben wir dem Münster nicht zu gefallen gethan. O, die Hebrei – ich sag auch von den vnsern – judentzen sehr; drumb habe ich sie auch in eo libello, quem scripsi contra Iudaeos, auch gemeint. (WA TR 5, 5521, 212, 13–17 (1542))

Luther gibt also explizit zu, dass die antijüdische Schrift „Von den Juden und ihren Lügen“ eigentlich auch gegen die Hebraisten gerichtet war, die in seinen Augen einen falschen Sinn in die Bibel hineinbrächten. Entsprechend warnt er vor „der Juͤden unfletigs deuten“, das von Burgos, Lyra und anderen „trewlich beschrieben und fur war statlich verlegt“ worden sei (WA 53, 417, 25 f.; vgl. auch ebd., 480). Was ihn besonders in Sorge versetzt, erklärt er in „Von den letzten Worten Davids“, nämlich dass „man den synn Christi zu weilen faren lesst“, und dass nicht sein dürfe,

5 „Victimas appellari puto, quicquid pertinet ad ceremonias corporales, et aliquid habet affine cum Iudaismo: quod genus sunt delectus ciborum, vestitus praescriptus, ieiunium, sacrificium, preces veluti pensum absolutae, quies diei festi“ (Desiderius Erasmus: Colloquia familiaria, S. 64).

6 http://fwb-online.de/go/judeln.s.3v_1492778358

dass „der Judische verstand also unversehens herein schleicht, wie allen Dolmetzschern geschehen ist“ (WA 54, 30, 23–25). Doch renommierte Hebraisten wie Sebastian Münster brachten sich immer deutlicher in die biblische Übersetzungsdiskussion der Zeit ein, so dass man in Luthers textphilologischen Ausführungen, die einen nicht geringen Teil der sogenannten „Juden“schriften ausmachten, referenzsemantisch oft nicht mehr wirklich erkennen kann, ob mit den Namen *Juden*, *Rabbinern* und *Hebräern* nicht immer wieder auch die christlichen Hebraisten gemeint sind (z. B. WA 53, 480, 1 u. ö.).

> Erstlich wil ich den Ebreisten befohlen sein lassen, ob auch jrgent mehr in der Schrifft das wort ‘intellige’ mit dem wort ‘De’ construirt sey. Jch habs nicht funden, und dů̊nckt mich auch ein mutwille sein. Wens sol heissen ‘De’ als de subiecta materia, hats Ebreisch die praepositio ‘al’, wie auch die Latinischen: Multa super Priamo, etc. Aber das weis ich wol, das die Jůden solche construction an diesem ort nicht beweisen kônnen. (WA 53, 503, 30–36 (1543))

Luther fürchtete um sein persönliches Lebenswerk, um seine Bibelübersetzung, die rechte Biblia, weil er zum einen persönlich stolz auf das ist, was er mit seiner Übersetzung geschaffen hat, zum anderen, weil es nicht irgendein Buch ist, sondern das Manifest des protestantischen Christentums, das er durch die christliche Hebraistik gefährdet sah, weil Münster und andere unter ihnen „das Alte Testament seines Erachtens nicht gebührend christianisierte[n]“ (Kaufmann 2014, S. 139). Er fürchtet also um seine protestantische Reformation, die evangelische Wahrheit und die „alttestamentlichen Beglaubigung des Christentums“ (ebd.), möchte zurück zu einer „eintrechtigen Bibel komen“ (WA 54, 28, 17 f.), nicht zuletzt deshalb, weil er immer deutlicher merkt, wie zersplittert er das Christentum nach seinem Tode zurücklassen muss.

> Also ist jtzt zu unser zeit auch so viel Dolmetzschens, das mit der zeit villeicht […] so viel Biblien komen werden, so mancher klůgel in der Ebreischen sprachen meister sein wird, das da kein ende sein wird. (WA 54, 28, 10–13)

Das unterstellte *Judenzen* ist eine performative Rolle, die unterschiedlich vollzogen werden kann. Luther nutzt den judaisierenden Häresievorwurf nicht erst in den späten Schriften. Schon 1521 behauptet er „Eck […], Emßer und [die] Leyptzischen Theologen“ hätten sein Wort verkehret „auff judisch art, wie die Juden Christus wort außlegten“ (WA 7, 273, 13–15; 1521).

Ich möchte diesen Gebrauch das hermeneutisch-philologische Judenzen im engeren Sinne nennen, da es hierbei zur Kampfrhetorik im Konflikt um die bibelhermeneutische Kompetenzkompetenz genutzt wird. In einem zweiten Sinne geht es um das pragmatisch erweiterte konfessionspolitisch-polemische Judenzen, mit dem jedermann, von Luther aber vor allem konfessionell Andersdenkende, in die Nähe der Juden gerückt und damit nicht nur verketzert, sondern gesellschaftlich diskriminiert und ausgegrenzt werden können.

Letztes setzt eine extensionale Referenzerweiterung voraus, die ich an anderer Stelle als der Primär- und Sekundärstigmatisierung bezeichnet habe (Lobenstein-Reichmann 2009, S. 265; 2013, S. 103). Im Falle der Reformation bestünde die Sekundärstigmatisierung darin, die gesellschaftlich akzeptierten Stigmatisierungen der Juden auf den konfessionellen Gegner zu übertragen. Man schreibt nun auch letzteren die bereits bekannten Prädizierungen (wie *verstockt*, *blind*, *taub*, *gesetzesgläubig*, *materialistisch*, messiasvergessen) zu, oft sogar ohne die Juden als Referenzgruppe oder gar die Stereotype explizit nennen zu müssen, der Vergleich mit der stigmatisierten Gruppe genügt, um beim Rezipienten das ganze bekannte Feld stigmatisierender Einheiten und stigmatisierender Aussagen zu evozieren.

> Dißen heyloͤßen unnd nichtigen glawben leren itzt die vordampten teuffelssynagogen, die hohen schulen Pariß mit yrer schwesternn, sampt den klosternn und allen papisten. (Luther, WA 10. I. 2, 24, 14–16 (1522))

Wichtig ist, dass im Prozess des Sekundärstigmatisierens alle Negativprädizierungen repetiert, perpetuiert und konserviert werden. Auch wenn der konfessionelle Andere gemeint ist, werden die Juden immer mitdiskriminiert und mitverketzert. Sie sind damit nicht nur die Prügelknaben, sondern im konfessionellen Kampf auch die Prügel.

Dies kann man systematisch durch alle Schriften Luthers verfolgen. Immer wieder setzt er das Jüdische als verketzerndes Vergleichsmoment gegen die Papisten oder Schwärmer ein (vgl. z. B. WA 19, 602, 11 ff.; WA 33, 578, 13–17 u. ö.).

> Der Tuͤrcke, Tattern, Juͤden sind weit nirgent so eine boͤse Moͤrdergruben, als die Bepstliche Kirche in diesem stuͤcke, Denn sie verleugnen allein Christum, und keren den ruͤcken gegen jm, Aber diese nemen jn hierin fur sich, verspeien, verspotten, lestern, besuddeln und martern jn, und spielen ein viel grewlicher Passion mit jm, weder jm leiblich von Juͤden geschach. (Wider Hans Worst, WA 51, 492, 4–9 (1541))

> Also, was die Papisten nur lehreten, das war Alles opus operatum. Mich gemahnet ihrer Regeln und Traditionen sonst wie der Juden, wie sie denn viel von den Juden genommen haben. (WA Tr 5, 199, 13–15 (1542))

> Wie das ytzt die Bisschove thun, sihet man wol. Daruͤmb haben sie auch das ampt verloren und sind andere an yhre stat komen, wie Matthias an Judas stat. Denn sie sind Judas worden. (WA 19, 600, 33–35 (1526))

Doch auch die Funktionalisierung der Juden als argumentatives Kampfmittel um die evangelische Wahrheit ist keine Erfindung Luthers, sondern gehört zur diskurstaktischen Strategie solcher Rhetoriken. Man kann zeigen, dass es sowohl auf protestantischer wie auf katholischer Seite regelmäßig eingesetzt wurde und die Kontrahenten gegenseitig in die Defensive trieb (vgl. dazu Lobenstein-Reichmann, demn.). Andreas Osiander wird von Johannes Eck in dessen „Verlegung“ nicht nur als *Ju-*

denvater verketzert, sondern zusammen mit Luther und dem Protestantismus insgesamt judaisiert (Lobenstein-Reichmann 2013, S. 230 u. ö.). Ähnliches widerfährt den „Schwärmern“ Karlstadt, dem Gründer des Münsteraner Täuferreiches, Bernd Rothmann, und vielen anderen. Sekundärstigmatisierungen betreffen alle und treffen alle: Juden, Schwärmer, Papisten, Protestanten. Zwingli reagierte angesichts des Judaisierungsvorwurfes sogar mit einer eigenen Schrift (1524). Je mehr man sich im konfessionellen Diskurs dagegen verteidigen musste, desto aggressiver nutzte man ihn selbst, richtete ihn gegen die anderen und grenzte sich desto schärfer gegen die Juden ab.

Das interaktionale Spiel des gegenseitigen Judenzens ist meiner Meinung nach zentrales Radikalisierungsmotiv im konfessionellen Kampf der Reformationszeit. Denn es konnte jeden treffen und traf jeden, auch Luther. Man kann mit Thomas Kaufmann feststellen, dass die „wechselseitigen ‚Judaisierungen‘ der tief verfeindeten christlichen Konfessionsrivalen“ „das Ihre dazu bei[trugen], das ‚Jüdische‘ als hassenswerte, perverse Depravation kulturell breitenwirksam einzuprägen bzw. eine entsprechende Mentalität zu befestigen“ (Kaufmann 2014, S. 89). Sie sind dann in ihren jeweils unterschiedlichen sprachlichen Ausformulierungen Teil einer Pragmagrammatik und Pragmasemantik der antijudaistischen Gewalt, wie sie als Norm heute noch üblich ist. Luthers antijudaistische Schriften sind prinzipiell Teil eines innerchristlichen Diskurses zum Zwecke, innerchristliche Konflikte zu bearbeiten oder konfessionelle Streitigkeiten auszutragen. Die Juden werden somit nicht nur zum auszugrenzenden Religionsfeind, sondern auch zum Ausgrenzungsargument im eigenen Religionsdiskurs funktionalisiert. Zwar gilt die Luther’sche Polemik, besonders in den späten Schriften, trotzdem mit aller Radikalität den Juden, doch muss man zwischen einer Oberflächen- und einer Tiefenrhetorik unterscheiden, bei der mehrere Gegnerschaften gleichzeitig verhandelt werden. Während an der Oberfläche vermeintlich ein Religions- und Antijudaisierungsdiskurs bedient wird, geht es auf einer Tiefenebene in der Regel um agonale Zentren, die innerkonfessionell relevant sind.

Die Radikalisierung Luthers ist im Rahmen eines allgemeinen christlich-konfessionellen Diskursphänomens zu verorten, bei dem die Juden zum Opfer eines propagandistischen Doppelspiels werden. Die Adversus-Judaeus-Literatur (u. a. von Johannes Eck, Thomas Murner, Martin Luther und anderen) wird zum Teil extra oder zumindest im doppelten Kampfmodus verfasst, um nicht nur die Juden zu treffen, sondern auch den jeweiligen konfessionellen Gegner zu verketzern. Gezwungen, sich gegen den unterstellten Häresieverdacht zu verteidigen, radikalisiert sich die Abgrenzung, bei der wiederum „trübe Quellen einer populären Judenfeindschaft“ (Kaufmann 2014, S. 138) zu wichtigen Antriebskräften der innerkonfessionellen Diskussion genutzt, neu erzeugt, mit Zustimmung rezipiert und verbreitet werden. Der antijudaistische Diskurs der Zeit wäre damit nur ein Oberflächendiskurs, der von einem Tiefendiskurs begleitet, motiviert und nicht selten sogar angetrieben ist. Sieht man ihn von den versteckten Absichten seiner Verfasser und von seinen tatsächlichen Funktionen her, so ist er ein Diskurs innerchristlicher Selbstvergewisserung, Gruppenbildung und Identitätskonstitution in glaubens- und identitätsunsicheren Zeiten und nur noch oberflächlich betrachtet ein ausschließlicher Abgrenzungsdiskurs gegen Juden.

Die sprachliche Marginalisierung ist in ihrer Gesamtschau dann als eine einschließende Strategie zu bewerten, die einen anderen ausgrenzt bzw. ausschließt, um den inneren Zusammenhalt einer Gemeinschaft, deren Sinnstiftungsfrieden und deren neue Eigenidentität im Unterschied zu anderen neu entstandenen Eigenidentitäten zu etablieren und aufrechtzuerhalten. Dieser Eingrenzungs- und gleichzeitige Ausgrenzungsdiskurs bildet in der ersten Hälfte des 16. Jahrhunderts als Oberflächen- wie als Tiefendiskurs ein eigenes, in sich geschlossenes Diskursuniversum, bei dem die Diskursteilnehmer, die Rederechte, die thematischen Beschränkungen wie die sprachlichen Redemuster feststehen und nahezu ausschließlich auf Seiten der Christen liegen. Zum Tiefendiskurs wird er textillokutionär in dem Augenblick und in dem Maße, in dem man ihn zur Klärung innerchristlicher Verwerfungen nutzt, die Juden zum Diskursgegenstand, gleichsam zur Verfügungsmasse in einer anderen Auseinandersetzung macht.

Genau diese kommunikative Strategie funktioniert auch heute noch. Luther zur eigenen Entlastung allein an den Pranger zu stellen, hilft nicht weiter.

4. Literatur

4.1 Primärliteratur

Bucer, Martin (1539): Von den Juden, ob und wie die vnder den Christen zu halten seind. Ein Rathschlag. Straßburg.

Eck, Johannes (1541): Eines Judenbüchleins Verlegung: Ains Juden Büechlins Verlegung darin ain Christ, gantzer Christenhait zuo Schmach, will es geschehe den Juden Unrecht in Bezichtigung der Christen Kinder Mordt. hierin findst auch vil Histori, was Übels und Büeberey die Juden in allem teütschen Land, und andern Künigreichen gestift haben. Ingolstadt. Weissenhorn. 96 Bl. Mikroreprod. (UB Heidelberg). [Der Transkription wurde das Digitalisat der Bayerischen Staatsbibliothek München zugrundegelegt: BSBMünchen: VD 16 E 383].

WA = D. Martin Luthers Werke. Kritische Gesamtausgabe. I. Abt.: Werke, 60 Bde. II. Abt.: Tischreden, 6 Bde. III. Abt. Die dt. Bibel, 12 Bde. IV. Abt. Briefwechsel, 16 Bde. Weimar 1883 ff.

Desiderius Erasmus: Colloquia familiaria / Vertraute Gespräche. Übersetzt, eingeleitet und mit Anmerkungen versehen v. Werner Welzig. 4., unveränderte Aufl. 2016 (unveränderter Nachdruck der Sonderausgabe 1995, basierend auf der 1. Aufl. 1967) (= Erasmus von Rotterdam. Ausgewählte Schriften 6). Darmstadt.

Antonius Margaritha (1530): Der gantz judisch Glaub mit sampt einer gründtlichen und warhafften anzeygunge Aller Satzungen / Ceremonien / Gebeten Haymliche vnd offentliche Gebreüch / deren sich dye Juden halten / durch das gantz Jar / Mit schőnen und gegründten Argumenten wyder jren Glauben. Durch Anthonium Margaritham. Augsburg.

Thomas Murner (circa 1515): Enderung vn[d] schmach der bildung Marie von de[n] Juden bewissen. vn[d] zu ewiger gedechtnüsz durch Maximilianu[m] den römische[n] keyser zu male[n] verschaffet in der lobliche[n] stat kolmer, vo[n] da[n]nen sy ouch ewig vertriben syndt. Straßburg.

Pfefferkorn, Johann: Brantspiegell [fängt an:] Abzotraiben vnd aus zulesche[n] eines vngegrunte[n] laster buechleyn mit namen Auge[n], spiegell So Johannes Raichlein lerer der rechten, gegen vnd wyder mich Johannes Pfefferkorn erdicht, gedruckt, vn[d] offentlich vormals vßgeen hat lassen Dar gege[n] ich mey[n] vnschult allen menschen gruntlich tzu verneme[n] vn[d] tzu vercleren in desez gegenwyrdige[n] buechgelgyn gena[n]t Brantspiegell. gethan hab. Collen [1512] BSB: [VD16 P 2287].

Huldrich Zwingli (1524): Ein flyssige vnd kurtze vnderrichtung wie man sich von lügen (dero diese zyt nit on geuerd voll louffend) hůten vn bewaren sol. Getruckt zū Zürich durch Christophorum Froschouer.

4.2 Sekundärliteratur

Benz, Wolfgang (2009): Handbuch des Antisemitismus. Judenfeindschaft in Geschichte und Gegenwart. Berlin.

Büchner, Georg (2008): Dantons Tod. Stuttgart.

Butler, Judith (2006): Haß spricht. Zur Politik des Performativen. Frankfurt a. M.

FWB = Frühneuhochdeutsches Wörterbuch. Hg. v. Anderson, Robert R. [für Band 1]/Goebel, Ulrich/Lobenstein-Reichmann, Anja [Einzelbände]/Reichmann, Oskar [Bände 3 und 7 in Verbindung mit dem Institut für deutsche Sprache; ab Bd. 9, Lieferung 5 im Auftrag der Akademie der Wissenschaften zu Göttingen]. Berlin/New York 1989 ff. Siehe auch: https://fwb-online.de/

Gedye, George Eric Rowe (1947): Die Bastionen fielen. Wie der Faschismus Wien und Prag überrannte. Wien.

Kaufmann, Thomas (2013): Luthers „Judenschriften". Ein Beitrag zu ihrer historischen Kontextualisierung. 2., durchges. Aufl. Tübingen.

Kaufmann, Thomas (2014): Luthers Juden. Stuttgart.

Kirn, Hans-Martin (1989): Das Bild vom Juden im Deutschland des frühen 16. Jahrhunderts. Dargestellt an den Schriften Johannes Pfefferkorns. (= Texts and studies in medieval and early modern Judaism 3). Tübingen.

Kirn, Hans-Martin (2013): Das Bild vom Juden im Deutschland des frühen 16. Jahrhunderts. In: Lorenz, Sönke/Mertens, Dieter (Hg.): Johannes Reuchlin und der „Judenbücherstreit". (= Tübinger Bausteine zur Landesgeschichte 22). Ostfildern, S. 83–105.

Lobenstein-Reichmann, Anja (2009): Stigma – Semiotik der Diskriminierung. In: Liebert, Wolf-Andreas/Schwinn, Horst (Hg.): Mit Bezug auf Sprache. Festschrift für Rainer Wimmer. (= Studien zur deutschen Sprache 49). Tübingen, S. 249–271.

Lobenstein-Reichmann, Anja (2011): Sprachliche Ausgrenzung im Mittelalter: Die deutschen Predigten Bertholds von Regensburg. In: Dies./Reichmann, Oskar (Hg.): Frühneuhochdeutsch. Aufgaben und Probleme seiner linguistischen Beschreibung. Hildesheim, S. 553–582.

Lobenstein-Reichmann, Anja (2012): Sprachgeschichte als Gewaltgeschichte. Ein Forschungsprogramm. In: Bär, Jochen/Müller, Marcus (Hg.): Geschichte der Sprache – Sprache der Geschichte. Probleme und Perspektiven der historischen Sprachwissenschaft des Deutschen. Oskar Reichmann zum 75. Geburtstag. (= Lingua Historica Germanica 3). Berlin, S. 127–158.

Lobenstein-Reichmann, Anja (2013): Sprachliche Ausgrenzung im späten Mittelalter und in der Frühen Neuzeit. Berlin/Boston.

Lobenstein-Reichmann, Anja (demnächst): „Der judenuater macht die juden besser dann die Luterischen“. Johannes Eck und Andreas Osiander – Antijüdische Stigmatisierungspraxis als konfessionspolitische Waffe. In: Die Welt jenseits von Luther. Fundamentalismen und Transformationen vor und nach 1517. Hg. v. Huth, Volkhard/Schenk, Gerrit Jasper.

Oberman, Heiko A. (1981): Wurzeln des Antisemitismus. Christenangst und Judenplage im Zeitalter von Humanismus und Reformation. Berlin.

Peirce, Charles Sanders (1998): Phänomen und Logik der Zeichen. Deutsche Ausgabe des „Syllabus on Certain Topics of Logic“ von 1903. Hg. und übers. v. Helmut Pape. Frankfurt a. M.

Schreckenberg, Heinz (1999): Die christlichen Adversus-Judaeos-Texte und ihr literarisches und historisches Umfeld. 4., überarb. und erg. Aufl. Frankfurt a. M. (= Europäische Hochschulschriften Reihe 23, Theologie, 172).

WALTER HAAS

Etliche wörtly geenderet: Luthers Bibel und die Zürcher Bearbeitung

1. *als es wider bey vnns getruckt ward*

In den fünf Jahren zwischen 1529 und 1534 erschienen fünf vollständige deutsche Bibeln im Druck:[1]

1529 Schöffer, Worms (Reinitzer 1983, Nr. 101);
1531 Froschauer, Zürich („alemannisch", Reinitzer 1983, Nr. 124);
1533 Dietz, Lübeck („niederdeutsch", Reinitzer 1983, Nr. 96);
1534 Quentel, Mainz (Reinitzer 1983, Nr. 117 „Dietenberger Bibel");
1534 Lufft, Wittenberg (Reinitzer 1983, Nr. 97).

Aus der Auflistung geht nicht hervor, dass alle fünf Bücher im Wesentlichen die Übersetzung Martin Luthers bieten. Seine Verdeutschung kam zwar erst 1534 als letzte der fünf in der buchhändlerischen Form „Gesamtbibel" auf den Markt, aber sie hatte schon seit mehr als einem Jahrzehnt eine enorme Wirkung ausgeübt. Zur Erinnerung: Im September 1522 hatte Luther sein Neues Testament erstmals im Druck erscheinen lassen und seither an der Übersetzung weitergearbeitet. Bis zu seinem Tode gab er laufend neu übersetzte oder neu bearbeitete Bibelteile heraus, allein in Wittenberg 16 Auflagen des Neuen Testaments.[2] Luthers reformatorische Tätigkeit hatte seinen Namen überall bekannt gemacht, erst recht nach seiner Verurteilung als Ketzer 1521. Das mag einer der Gründe dafür sein, dass die erste Ausgabe des Neuen Testaments den Übersetzer nicht nannte, es war aber auch der Grund dafür, dass der Druckort *Vuittemberg* auf dem Titelblatt genügte, um den Urheber zu identifizieren. Auch der allererste Nachdruck, der im Herbst 1522 bei Adam Petri in Basel herauskam, verschweigt den Übersetzer (Abb. 1).

Doch im Exemplar, das Petri dem Karthäuserkloster in Kleinbasel geschenkt hatte, vermerkte der Bibliothekar handschriftlich: „[…] text des Núwen testaments […]

[1] Bei den einzelnen Bibel-Ausgaben wird, wenn möglich, auf den reich illustrierten Katalog Reinitzer (1983) verwiesen. Besonderheiten der Fraktur, wie das „lange s", Nasalstriche und dergleichen werden in den Zitaten nicht wiedergegeben.

[2] Reinitzer (1983, S. 114 ff.). Die Zahlen bis 1546 bei Besch (2008, S. 148).

Abb. 1: Der erste Nachdruck von Luthers Neuem Testament durch Adam Petri, Basel. Dezember 1522, auf dem Titelblatt 1523. Signatur: KiAr J I 7:1 – Persistenter Link: http://dx.doi.org/10.3931/e-rara-700

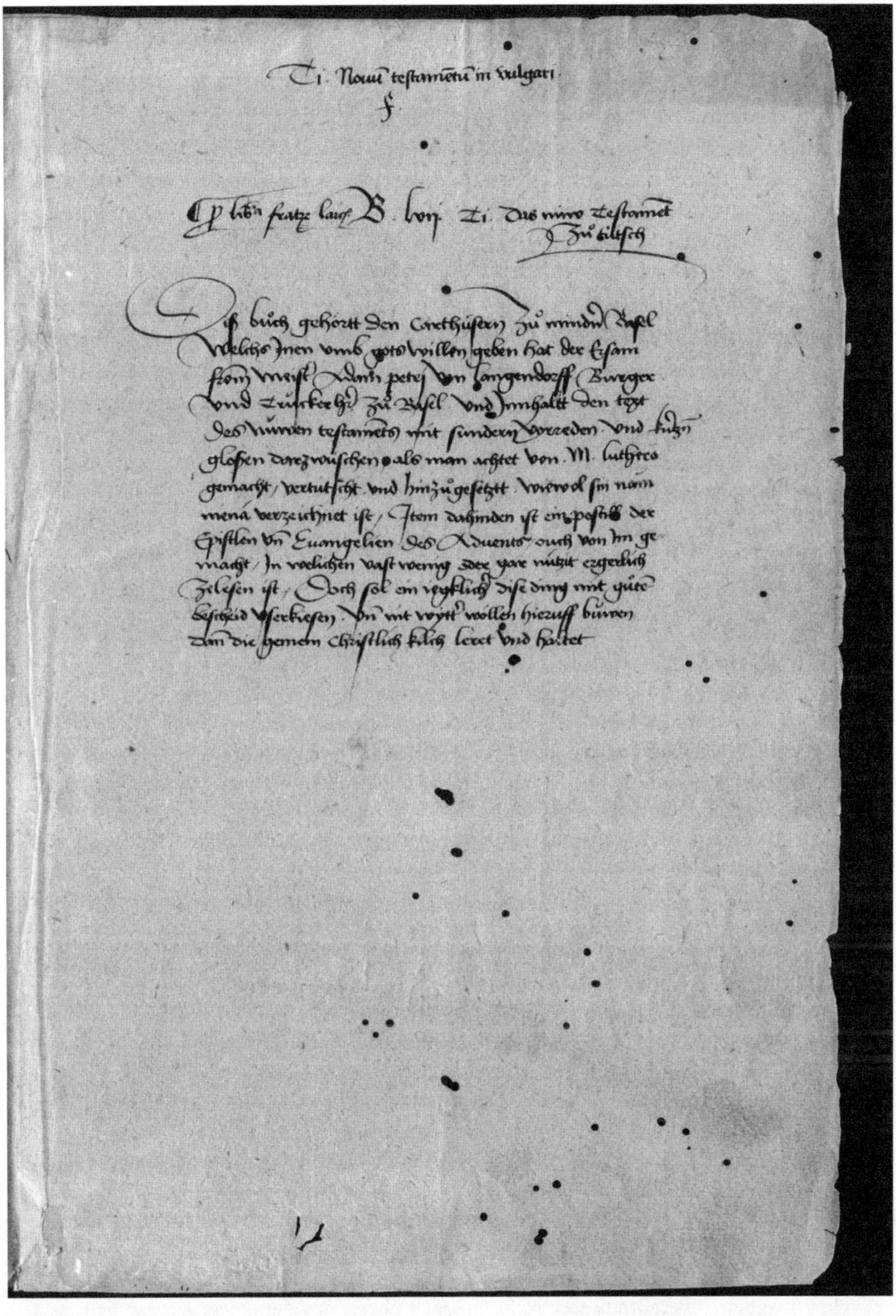

Ti. Novu testamentu in vulgari
f

Cp libri fratz lauf B. lorj. Ti. Das nüw testament
Zu tütsch

Dis buch gehört den Carthüsern zu mindern Basel
welchs inen umb gots willen geben hat der Ersam
from wyser meister peter von Langendorff Burger
und Zückerbeckh zu Basel Und innhalt den text
des nüwen testaments mit sundern vorreden und kurtzen
glosen darzwüschen, als man achtet von M. luthero
gemacht, vertütscht und hinzugesetzt, wiewol sin nam
niena verzeichnet ist, Item dahinden ist ein postill der
Epistlen un Euangelien des Advents ouch von im ge-
macht, In welichen vast wenig oder gar nützit ergerlichs
zelesen ist, Doch sol ein yeglich dise ding mit güte
bescheid userkiesen, Un nit wytt wöllen hieruff buwen
dann die gemein Christlich kilch leret und haltet

Abb. 2: Bemerkung des Bibliothekars in Petris Nachdruck des Neuen Testaments von 1522.
Signatur: KiAr J I 7:1 – Persistenter Link: http://dx.doi.org/10.3931/e-rara-700

als man achtet von M. Luthero gemacht […] wiewol sin nam nienä verzeichnet ist.“[3] (Abb. 2).

In der Folge wurde der Bibeldruck zu einem zentralen Geschäftsbereich aller grösseren Buchdrucker. Um 1530 nun war das Erscheinen einer Vollbibel zu erwarten. Sie versprach sicheren geschäftlichen Erfolg, obwohl das Prinzip *sola scriptura* nicht zu einer allgemein akzeptierten Auslegung des altorientalischen Buchs führte.[4] Der Attraktivität der Bibel schadete dies nicht, im Gegenteil.[5]

Auf das Bedürfnis nach deutschen Bibeltexten antworteten zahllose *Nachdrucke* (Abb. 3).

Sie waren für die flächendeckende Verbreitung der neuen Übersetzung wichtiger als die „Originalausgaben“. Besch (2008, S. 148) rechnet bis zu Luthers Tod 1546 mit 260 Nachdrucken seiner Bibel oder von Teilen davon. Lange hatten die Drucker die Wittenberger Ausgaben oder einen der Nachdrucke kopieren können, bis Luthers Übersetzung wegen Krankheit und Arbeitsüberlastung des Reformators ins Stocken kam, was er dem Wirken böser Mächte, nicht zuletzt auch Zwinglis, zuschrieb.[6] Viele Drucker übernahmen nun die fehlenden Teile anderswoher, die Zürcher übersetzten manches selbst.[7]

3 http://dx.doi.org/10.3931/e-rara.

4 Die dogmatischen Streitigkeiten der Reformierten lieferten den Katholiken Argumente gegen die neue Konfession. Vgl. z. B. die antireformatorische Schrift „Fragstuck des Christlichen Glaubens“ des schottischen Jesuiten Hay, die 1585 in der Übersetzung von Sebastian Werro zum ersten Druck im schweizerischen Freiburg wurde und sogleich zwei Auflagen erlebte. Freiburger Buch (1985, S. 46).

5 Für Besch ist nicht Luther verantwortlich für die sprachgeschichtliche Bedeutung seiner Übersetzung, sondern die Bibel: „Der Bibel kommt die Hauptrolle zu […], nicht Luther. […] Die ‘grossdeutsche’ Schrifteinigung […] ist für uns das herausragende Ergebnis der Entwicklung – von Luther aus gesehen nur ein Nebenprodukt, im heutigen Ausmass vor Luther und seiner Zeit überhaupt noch nicht denkbar.“ (Besch 2003b, S. 454). – Grundlegend für die Epoche sind die Arbeiten von Besch (1987, 2003a, b).

6 Für Luther war klar, dass der Satan ihn mit den Schriften seiner Gegner „hyndern“ wollte, vor allem sollte er „die heiligen schrifft ligen lassen“ („Vom Abendmahl Christi“, WA 26, S. 262). In dieser Schrift nennt Luther Zwingli durchgehend *Zwingel,* was eine dialektale Diminutiv-Form sein könnte (Regli 1981), eher aber eine Vergröberung: Luther liebte es, die Namen seiner Gegner zu verballhornen. Das hatte schon Murner bemerkt und kongenial Luthers Spottnamen *Murrnarr* durchgehend für sich selbst übernommen. In seiner Replik „Das die Wort Jesu Christi …“ (1528) spricht Zwingli den Wittenberger mit „lieber Luther“ an – so penetrant, dass die Anrede kaum nur freundlich gemeint sein konnte …

7 In der *Vorred* zur Bibel Zürich 1531 nennen sie die von den „Dienern der Wittenbergischen Kirchen“ übernommenen Teile, betonen aber, „das die diener der kirchen zů Zürich in den Propheten / im Job / Psalter / in den Sprüchen Salomons / Ecclesasta / Gsangbůcheren / ein bsundere vnnd eigne vertolmåtschung (die man hierinn findt) habend“.

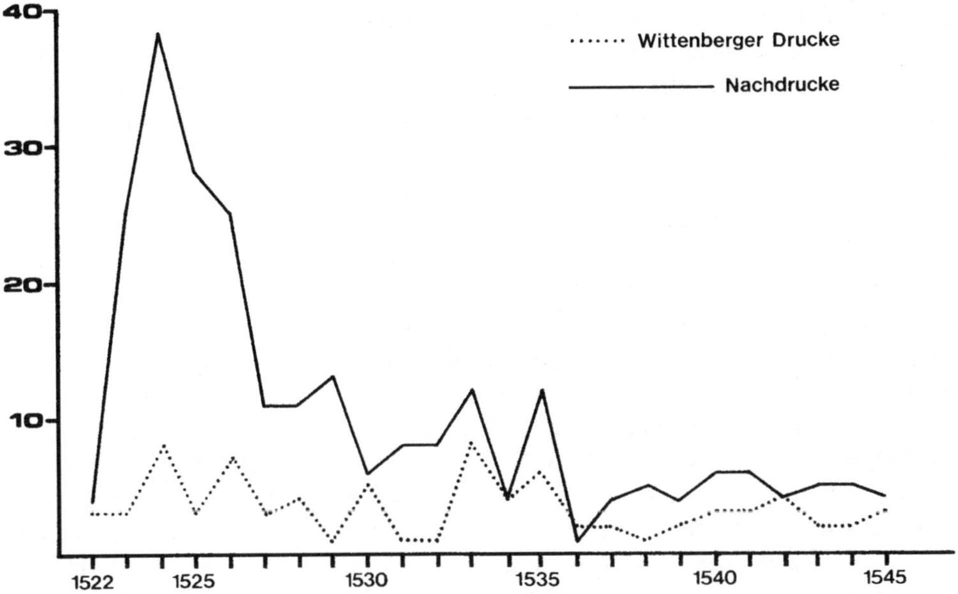

Verhältnis der Wittenberger Drucke der Lutherbibel zu den ‚Nachdrucken'.

Abb. 3: Originalausgaben und Nachdrucke der Lutherbibel. Reinitzer (1983, S. 125)

2. Von Wittenberg nach Basel in drei Monaten

Man hat sich daran gewöhnt, von der „Zürcher Bibel" zu sprechen, wie man von der „Luther-Bibel" spricht. Aber die Zürcher selber legten Wert auf die Feststellung, dass ihre Bibel auf weite Strecken Luthers Übersetzung war: Es war Luther, der die Mühe einer neuen Verdeutschung aus den Ursprachen geleistet und ihr seinen Stempel aufgedrückt hatte. Die Attraktivität von Luthers Text beruhte natürlich auf seinem reformatorischen Hintergrund, dann aber auch auf Luthers intensiver philologischer und theologischer Auseinandersetzung mit den Originaltexten und auf seinen konsequent zielsprachenorientierten Übersetzungsprinzipien, die er im „Sendbrief vom Dolmetschen" exemplifizierte.

Die Herausforderung für das Buchgewerbe bestand darin, Luthers Leistung schnell und flächendeckend unter die Leute zu bringen. Unter den damaligen technischen und logistischen Bedingungen war das nur durch intensiven und dezentralisierten Nachdruck des Originals möglich. Bücher wurden aus finanziellen Gründen in relativ kleinen Auflagen gedruckt und waren zunächst für den lokalen Markt bestimmt.[8] Da noch keine Sprachform existierte, die im ganzen „deutschen" Sprach-

[8] Hartweg (2000, S. 1687). – Wenn Drucker wie der Zürcher Froschauer regelmässig Messen besuchten, ging es hauptsächlich um den Tausch eigener gegen fremde Drucke, die man dann „zu Hause" auf den Markt bringen konnte.

gebiet einheitlich angewandt werden konnte, gehörte es zur Aufgabe des Nachdruckers, seine Produkte in eine am Druckort vertraute regionale Sprachform *einzupassen*. So heisst es in der *Vorred* zur Zürcher Bibel von 1531, man habe „(als es wider bey vnns getruckt ward) [...] etliche wörtly [...] nach vnserem oberlendischen teütsch [...] geenderet".[9]

Aus Konkurrenzgründen musste der Nachdruck eines aktuellen Buchs so schnell wie möglich erfolgen, bevor ein anderer Drucker einem zuvor kam; auch die obrigkeitlichen Privilegien boten keinen wirksamen Schutz vor Nachdrucken. Der erste Nachdruck von Luthers Septembertestament erschien schon im Dezember 1522 in Basel bei Adam Petri, also an der entgegengesetzten Ecke des hochdeutschen Sprachgebiets, professionell gedruckt und eingepasst in die dortige Druckersprache, ein Beweis für den hohen Stand des Gewerbes am Oberrhein, aber auch eine Illustration für das Funktionieren der Buchverbreitung (Stopp 1976; Hartweg 2000).

Wegen der Kürze der Zeit, die sich Adam Petri gab, mussten wohl die meisten Einpassungen vom humanistisch gebildeten Setzer während des Satzes vorgenommen werden. Es hat ihm die Aufgabe erleichtert, dass er es mit Schreibsystemen zu tun hatte, zwischen denen aufgrund ihrer linguistischen Verwandtschaft regelmässige Beziehungen bestanden. So konnte er das „sächsische" <y> oft einfach durch <i> ersetzen:

Wittenberg (WI)		Basel (BS)
hyntzu	→	*hinzuo*
eyn	→	*ein*
hynden	→	*hinden*

Die oberdeutschen Apokopen waren problemlos durchzuführen:

yhre	→	*jr*

Andere Entsprechungen waren komplizierter. Die Wittenberger druckten z. B. nach ihrem Regionalbrauch keine <ü>-Umlaute und benutzten für /u/ wie für die Umlaute durchgehend den einfachen Buchstaben <u>:

Wi	*Gesund*	BS	*Gesund*	/u/	
Wi	*Iunger*	BS	*Iünger*	/ü/	
Wi	*wuste*	BS	*wůste*	/üe/	‚die Wüste'

Wi druckte auch den alten Diphthong /uo/ nicht mehr und gab ihn mit einfachem <u> wieder:

Wi	*mutter*	BS	*můter*	/ue/

Im Ostmitteldeutschen waren zudem /ü/ in offener Silbe und altes /üe/ zusammengefallen,[10] auch sie wurden beide mit dem Buchstaben <u> gedruckt (*fule*, *anruret*).

9 Beispiele für eine Reihe von Sprachlandschaften finden sich bei Haas (2008).

10 Monophthongierung von /üe/, Dehnung in offener Silbe bei *füle*.

Das gantz
Nüw Testament recht
grüntlich vertütscht.
Mit gar gelerten vnd richti
gen vorreden / vnd der schwä=
resten örteren kurtz / aber
gůt vßlegung.
Ein gnůgsam register wo
man die Epistlen vnd Euan
gelien deß gantzen jars
in disem Testament
finden söl.
Getruckt durch Christopho
rum Froschouer zů Zürich
Anno M. D. xxiiij.

STADT
BIBLIOTHEK
IN ZURICH.

Abb. 4: Nachdruck von Luthers Neuem Testament durch Christoffel Froschauer, Zürich. 1524. Zentralbibliothek Zürich. Signatur: Zwingli 241 – Persistenter Link: http://dx.doi.org/10.3931/e-rara-2010

Diese Menge etymologisch teilweise verschiedener <u>-Schreibungen des Omd. musste der Basler Setzer wieder auf die „etymologischen" Buchstaben verteilen. Er konnte dazu keine mechanische Regel anwenden, er musste als „vergleichender Linguist" arbeiten, und dabei half ihm seine konservative lokale Sprache. Die Vorgehensweise erläuterte Sebastian Helber in seinem Syllabierbüchlein (Helber 1593).[11]

Der erste *Zürcher* Nachdruck von Luthers *Neuem Testament* durch Froschauer folgt 1524 dem Basler Nachdruck Petris.[12]

Von Froschauers Einpassungen in die lokale Druckersprache ist lautlich am auffälligsten das Fehlen der Diphthonge in *wyb* ‚Weib', *vß* usw. Die Monophthong-Schreibungen waren damals seit wenigen Jahrzehnten am Oberrhein aus der Druck-Mode gekommen.[13]

Bei der Flexion der Verben hält Froschauer mit der Einheitsendung *-end* im Plural des Indikativs am einheimischen kanzleisprachlichen Brauch fest.[14] Auch beim Modus folgt Froschauer dem einheimischen Brauch und unterscheidet im Plural den Indikativ vom Konjunktiv:

Präsens					
Indikativ:	*wir*	*machend*	Konjunktiv:	*wir*	*machind*
	ir	*machend*		*ir*	*machind*
	sy	*machend*		*sy*	*machind*

3. *etliche wörtly nach vnserem oberlendischen teütsch geenderet*

Die Einpassung hatte die auffälligsten Folgen, wenn sie zu einem Austausch von Wörtern führte, etwa wenn das Wittenberger *ymant* in Zürich durch *neißwar* ersetzt wurde, das Wittenberger *ich fule* durch *ich empfind.*

[11] *Technisch* trug zur Komplizierung bei, dass nicht in allen Setzkästen sämtliche Umlautzeichen der oberrheinischen Drucker vorhanden waren, *sprachlich*, dass manche Entwicklungsprozesse sowohl im Schriftdialekt wie in den Mundarten noch im Gange, ihre Resultate also noch variabel waren.

[12] Zentralbibliothek Zürich; Zwingli 241. Persistenter Link: http://dx.doi.org/10.3931/e-rara-2010.

[13] Anfänglich machte Froschauer sogar einen Unterschied zwischen den grossformatigen Bibel-Drucken, die für die heimischen Kanzeln bestimmt waren und die alten Monophthonge aufwiesen, und den kleinformatigen, auch für den Export geeigneten Bibeln mit den modernen Diphthongen. Vgl. Leemann-Van Elck (1940, S. 60).

[14] Im Westen ergab sich dadurch ein Unterschied zu den Mundarten, die dort bis heute einen zwei- oder gar dreiformigen Verbalplural bewahrt haben. In den modernen Mundarten kommt ein Einheitsplural mit dem Flexiv *-end* nur noch ganz im Osten vor: SDS 3, Karte 34 (Hotzenköcherle (Hg.) 1975) – In der Kanzleisprache waren die Verhältnisse nicht ganz variationsfrei: *-end* war in allen Personen vorherrschend; über die Varianten s. Betzén (1921, § 80 (Allgemeines)); Grammatik des Frühneuhochdeutschen 4 (1988); Frnhd. Grammatik (1993, § M 83).

Byland (1903, S. 23) hat eine Reihe solcher Ersetzungen zusammengestellt. Ein Blick in seine Listen zeigt, dass sehr ähnliche Paare überwiegen: *beutel : bütel*; *blitz : blitzg*; *bildnis : bildnus*; *denckmal : denckzeichen*; *dornstrauch : dornstuden* usw.

Traditionell werden solche bedeutungsähnlichen Paare durch Glossare erklärt. Schon der Abrogans aus dem 8. Jahrhundert folgte diesem Verfahren, und in der gleichen Tradition steht das Glossar, das Adam Petri 1523 seinem zweiten Nachdruck des Lutherschen *Neuen Testaments* angefügt hat.[15]

Für den *Drucker* waren die Glossare das einfachste lexikalische Hilfsmittel, das man auch von einem Kollegen übernehmen konnte; Petris Glossar ist denn auch mehrfach nachgedruckt worden. Für den *Leser* aber war das Zürcher Verfahren angenehmer, die *wörtly* direkt im Text zu ersetzen. Das Glossar erscheint demgegenüber als wenig praktische Zugabe, die aber auf dem Titelblatt werbewirksam aufgeführt werden konnte.

Als eine Art der Einpassung in die regionale Sprache können auch manche der Doppelformeln gesehen werden, die im Zürcher Text häufig sind:

Deut. 4,42:	
Luther 1534	wer seinen Nehesten tod schlegt vnuersehens
Zürich 1531	wår seinen nåchsten zů todt schlůge vnuersehens oder vngefård

Luthers einfaches *vnuersehens* wird in Zürich durch die Doppelformel *vnuersehens oder vngefård* wiedergegeben. Vielleicht fassten die Zürcher die beiden Wörter nicht als völlig gleichbedeutend auf und wollten das erste durch das zweite Glied präzisieren. Aber Doppelformeln waren seit dem 14. Jahrhundert auch als rhetorisches Schmuckmittel beliebt, vor allem in juristischen Texten.[16] Doppelformeln konnten also sowohl der Übersetzungsgenauigkeit dienen oder humanistischem Stilideal entsprechen. Der Zürcher Text wurde dadurch auf jeden Fall schwerfälliger und weniger eingängig zitierbar.

Eine weitere Möglichkeit, ungewohnte Wörter zu erklären, wendeten die zwinglianisch-kalvinistischen Basler Drucker des 17. Jahrhunderts an, die den Luthertext

[15] Abgedruckt u. a. bei Volz (1972 S. 259* ff.) – Ernst E. Müller (1979) hat gezeigt, dass die Interpretamente eines solchen Glossars nicht unbesehen der Druckersprache des Druckorts zugeschrieben werden dürfen, sondern auch aus landschaftlich unterschiedlichen Quellen stammen und Fehler aufweisen können. Und natürlich erfassen sie nie den vollständigen Wortschatz des nachgedruckten Textes.

[16] Stammler (1954, S. 19–35) – „[Im Wortschatz] lässt sich die Sprachverschiedenheit ein Stück weit durch Summierung der einzellandschaftlichen Ausdrücke überwinden. Die ‘Doppelformel’ gewinnt grosse Bedeutung, ja sie wird geradezu zu einem Charakteristikum des 15. und der ersten Hälfte des 16. Jh. […] Erst mit Luther setzt ein Prozess ein, der die unvollkommene Addition durch überordnende Auswahl zu ersetzen trachtet, der einem der jeweils konkurrierenden Wörtern zur schriftsprachlichen Gültigkeit verhilft und die übrigen in die Mundarten oder in die Vergessenheit abdrängt.“ (Besch 1967, S. 336).

getreu übernahmen, aber mit erläuternden und konfessionell „korrekten“ Marginalien versahen.

Im Ganzen hielten sich die einpassenden Veränderungen in bescheidenem Rahmen, und dies legt den Gedanken nahe, dass sie gar nicht in erster Linie der Verständlichkeit dienten. Sie sollten vielmehr einem fremden Text etwas von seiner Fremdheit nehmen und damit seine Akzeptanz erhöhen.[17]

4. *nam mein New Testament fast von wort zu wort*

Die Nachdrucke der frühen Neuzeit werden heute gerne als Plagiate[18] oder gar als Raubdrucke bezeichnet.[19] *Plagiat* zielt auf den moralischen Defekt eines Autors, der das Werk eines andern kopiert, um es sozusagen als Sklave für sein eigenes Ansehen arbeiten zu lassen. *Raubdruck* fehlt sowohl im *Grimmschen Wörterbuch* wie im *Deutschen Rechtswörterbuch*. Das erstaunt wenig, da der Ausdruck nur in einem juristischen Kontext berechtigt ist, der den Begriff des *geistigen Eigentums* kennt. Natürlich konnte man seit jeher ein Buch stehlen – aber nur als *materiellen* Gegenstand. Erst seit dem 19. Jahrhundert beginnt der rechtliche Schutz des *geistigen* Eigentums. Dreihundert Jahre früher konnten die Bearbeiter und Nachdrucker von Luthers Bibel ihre Arbeit als Beitrag zur Verbreitung von Gottes Wort auffassen, *vmb welches wir nit vom tolmätschen (so verr er allein auff Gottes eer sicht) verhaßt / sonder billich geliebet werden söllend.*[20]

Im Lichte der *Sprachgeschichte* wird die moralkritische Komponente des Plagiatbegriffs sinnlos: Ohne Nachahmung gibt es keine sprachliche Innovationen. Die Omnipräsenz der Lutherschen Bibelübersetzung gehörte zu den Faktoren, die das Neuhochdeutsche mitgeformt und durchgesetzt haben. Und beides war nicht zuletzt dem intensiven Nachdruck geschuldet, gerade auch durch Katholiken und Kalvinisten. Beide Gruppen konnten von der Qualität des Luthertexts profitieren und ihnen „anstössige“ Stellen durch „rechtgläubige“ Eingriffe entschärfen.[21] Hieronymus Emser, der Luthers Neues Testament weitgehend übernommen, aber mit antireformatorischen Randglossen versehen hatte, ärgerte Luther ungemein, nicht zuletzt

[17] Diese Funktion hat auch heute noch in deutschen Texten, die in der Schweiz gedruckt werden, der Ersatz von <ß> durch <ss>. Obwohl die meisten Schweizer Leser am Zeichen selber keinen Anstoss nehmen, es beim Lesen nicht einmal bemerken, würde <ß> einen Text als „unschweizerisch“ verfremden.

[18] z. B. Reinitzer (1983, S. 115) über Emsers Nachdruck des Neuen Testaments von 1527.

[19] Die Bibel. Lutherbibel revidiert (2017, S. 52).

[20] Bibel (1531, ZH Vorred).

[21] In der Schweiz waren kalvinistisch entschärfte Luther-Bibeln vor allem in Basel, später auch in Schaffhausen beliebt, so z. B.: „BIBLIA. Das ist: Die gantze heilige Schrifft / Durch D. Martin Luther verteutscht: Mit D. Pauli Tossani hiebevor aussgangnen Glossen vnd Außlegungen […]“, Basel: Mangoldt 1665.

wegen seiner sehr ähnlichen Sprache: Auch Emser war ja in Sachsen gedruckt worden. Im *Sendbrief vom Dolmetschen* lässt Luther die Bemerkung fallen, Emser habe ihm sein Testament „gestohlen" (Volz 1972, S. 244*) – ein Hinweis auf ein modernes Verständnis von geistigem „Eigentum".[22] *Sprachgeschichtlich* wichtiger ist, dass Emsers Fassung in die katholische Bibel Dietenbergers einging, die ihrerseits während gut zwei Jahrhunderten fleissig nachgedruckt wurde[23] und dazu beitrug, Sprache und Stil des Reformators auch den Katholiken vertraut zu machen.

5. *Einer triffts baß als der ander*

Für die Zürcher waren (mit humanistischer Folgerichtigkeit) einzig die Urtexte unmittelbar Gottes Wort, nicht aber die Übersetzungen in andere Sprachen. Sie begrüssten es deshalb ausdrücklich, dass zu ihrer Zeit *mehrere* Versionen entstanden, und sie verglichen die Arbeit der Übersetzer mit dem Bemühen von Schützen, den *Zwäck*, also den Nagel in der Mitte der Schiessscheibe, zu treffen:

> Das aber etlich vermeynend mancherley translationen machind zweytracht im glauben vnd im volck Gotts / ist falsch. […] Darumb wir Gott billich lobend / das […] so vil sind / die […] die gschrifft / zů eeren Gottes vnnd nutzbarkeyt seynes volcks vertolmätschend / da ein yetlicher (gleych als so vil miteinandern schiessend) vermeynt zum nächsten den zwäck zeträffen. Vnnd obs jnen gelych nit allen geraatet / so schüßt doch einer näher zuhin dann der ander /einer triffts baß dann der ander / es kanns auch einer baß dann der ander. (Zürich 1531, Vorred)

Die Zürcher wenden sich 1531 mit diesen Ausführungen direkt gegen Luther, der 1530 in seinem *Sendbrief vom Dolmetschen* dezidierte Ansichten über das richtige Übersetzen präsentiert hatte. Der triumphalistische Stil des *Sendbriefs* irritierte die Zürcher, obwohl ihnen das literarische Vorbild des 2. Korintherbriefs natürlich nicht entgehen konnte.[24] Die Idee der Zürcher, dass unterschiedliche Übersetzungen das

[22] Mit dem „Stehlen" des Textes hätte Luther sich nach mittelalterlichem Brauch noch abfinden können: „Denn was er yn wenig orten geflickt vnd geendert hat (wie wol mirs nicht alles gefellet) So kann ichs doch wol leiden / vnd schadet mir sonderlich nichts / so viel es den text betrifft / darumb ich auch nie da wider hab wöllen schreiben." (Volz 1972, S. 244*). Der Stein des Anstosses für Luther waren Emsers apologetische Bemerkungen. Mit diesen beschäftigt sich Luther aber nicht im Einzelnen, weil er in dieser Schrift v. a. die Angriffe gegen seine Einfügung des Worts *sola* zurückweisen will.

[23] Von „insgesamt 58 Auflagen" spricht Reinitzer (1983, S. 203), von „annähernd 100 Ausgaben" im Verlauf von 250 Jahren spricht Schildenberger (Hg.) (1965, S. 262 f.) – selbst in den Auflagenzahlen macht sich noch in der Mitte des 20. Jahrhunderts die konfessionelle Parteilichkeit bemerkbar.

[24] Schon 1527 jedoch hatte Zwingli Luther vorgeworfen, dass er sich die Bibelübersetzung als eigenes Verdienst zuschreibe, ohne der Vorgänger und Mitarbeiter zu gedenken – von

Verständnis des Originals *förderten*, hatte schon die Bibellesungen geprägt, die Zwingli im Zürcher Grossmünster eingerichtet hatte. Dort[25] lasen Theologen einen Text in den verschiedenen biblischen Sprachen vor, und die Versammlung diskutierte die „korrekte“ Bedeutung. Ein Teilnehmer[26] schildert den Verlauf der Sitzungen so:

> In dem allem wirt nit underlassen das, [...] so dem zuhörenden etwas bessers geoffenbaret, der redend schwig und sich berichten lass. Also da, so einer redt, der ander verstat es besser, zeigt er es früntlich an, der redend nimpt es früntlich uf, damit der war und clar verstand uf die ban gefürt werde.[27]

Luther wie die Zürcher verlangten eine adäquate Übersetzung, die „der vrsprünglichen Ebraischen vnd Griechischen waarheyt“ folgte, wie es auf dem Zürcher Titelblatt steht, und beide bemühten sich, die biblischen Sprachen zu lernen.[28] Luther legte Wert darauf, dass die Übersetzung auch sprachästhetisch dem Original gerecht werden sollte: „Jch hab mich des geflissen ym dolmetschen / das ich rein vnd klar teutsch geben möchte.“[29] Mit „rein“ meint er idiomatisches Deutsch – so eben wie „die mutter jhm hause“ und „der gemeine man auff dem marckt“ sich ausdrücken würden. Mit „klar“ ist die Verständlichkeit gemeint (Volz 1972, S. 246*). Es geht *nicht* um „populäre“ Sprache, sondern um die Zielsprachen-Orientierung der Übersetzung: Sie sollte die undeutsche Nachahmung fremdsprachiger Muster vermeiden, denn „die lateinischen buchstaben hindern aus der massen seer gut deutsch zu reden“ (Volz 1972, S. *246). Den Zürchern war die philologische Genauigkeit wichtiger, und mit der *konfessionellen Entfremdung* von Wittenberg wurden auch die *diatopischen Unterschiede* zwischen den beiden Regionalsprachen als störender empfunden. In seiner Schrift von 1528 gegen Zwinglis Abendmahlsauffassung bezeichnet Luther die Sprache des Zürchers als ein „filtzicht zötticht deudsch“, das zu verstehen ihm „warlich schweer“ sei:[30] Dem konfessionellen Bruch folgte der sprachliche.

Gottes Hilfe ganz zu schweigen: „So man ye betrachtet, welche uns die gschrifft fürgetragen habind durch das mittel und instrument der spraachen, so muostu Erasmum zuo unseren zyten unnd Vallam vor etwas jaren zuo eym und den frommen Reuchlin und Pellicanum am andren erkennen. On dero hilff weder du noch andre nützid wärind, so verr allein der mensch unnd nit gott der urhaber sölt erkennt werden.“ (Zwingli, Digitale Texte Nr. 107, S. 816 f.). – Der Humanist Lorenzo Valla (um 1406–1457) gilt als Begründer der modernen Textkritik.

25 Ab 1525, bezeichnet als *lectorium*, später als *Prophezei*, Opitz (2015, S. 66 f.).

26 Johannes Kessler (um 1502–1574).

27 Zit. nach Riedweg (2000, S. 210.)

28 Für Luther war Melanchthon neben Aurifaber und anderen ein wichtiger Experte, für Zwingli waren es Jakob Ceporin (Wiesendanger), Leo Jud und eine Reihe weiterer Kollegen.

29 Sendbrief, Volz (1972, S. *245).

30 Vom Abendmahl Christi. Bekenntnis. 1528. WA 26, S. 374. – Diese Stelle widerspricht der für Luther sonst angenommenen Toleranz gegenüber der deutschen „Mehrsprachigkeit“, die etwa Schützeichel (1967, S. 91) hervorhebt.

6. *man lasse mir mein dolmeztschen mit friden*

> Wer mein dolmetzschen nicht wil / der las es anstehen / der Teuffel dancke yhm / wers vngerne hat oder on meinen willen vnd wissen meistert. Sols gemeistert werden / so wil ichs selber thun. Wo ichs selber nicht thu / da lasse man mir mein dolmetzschen mit friden / vnd mache ein iglicher was er wil fur sich selbs. (Volz 1972, S. *248)

In diesem Punkte unterschied sich Luther grundsätzlich von den Zürchern: Zwingli hatte in den Gremien seiner Stadt gelernt, Kompromisse einzugehen, und er übertrug diese Haltung auch auf das Übersetzen.[31] Für ihn ging es um einen *konsensfähigen, immer verbesserbaren Übersetzungstext, keinen "Urtext"*. Der „Dolmetzsch" Luther dagegen reklamierte nicht nur Eigentumsrechte an seiner Übersetzung, die für ihn der Autorität des Urtexts sehr nahe kam, und an der deshalb ohne seine Zustimmung niemand etwas verändern durfte. Er vertritt eine „modernere", individualistischere Sicht des geistigen Eigentums, die er folgerichtig mit „Copyright-Zeichen", etwa der sog. Luther-Rose, verteidigen will. Dabei ging es ihm jedoch, im Unterschied zu den modernen Diskussionen, nicht um das Autorenhonorar,[32] sondern um den „rechten" Glauben – freilich wie er ihn nach seinem prophetischen Selbstbild verstand. Sein Einsatz für den eigenen Wortlaut sollte die Gläubigen vor seelischem Schaden bewahren – und warum nicht gleichzeitig die Wittenberger Drucker vor materiellem? Die Verdienste der Nachdrucker für den Erfolg der Reformation hat Luther dabei allerdings übersehen.

7. *… dass sie aus meinem dolmetschen und teutsch / lernen teusch reden vnd schreiben …*

Dass seine Sprache die Sprache sogar seiner Gegner beeinflusst hat, entging Luther natürlich nicht. Aber die alte Mär, wonach er das Neuhochdeutsche geschaffen habe, hat nicht er in die Welt gesetzt.[33] Eine neue Sprache wäre für sein Anliegen wenig

[31] „Noch mehr als die Kommentare trägt die 'Zürcher Bibel' den Charakter einer Gemeinschaftsarbeit." (Gäbler 1983, S. 94). Vgl. die grundlegende Arbeit von Himmighöfer (1995), die allerdings Zwinglis persönlichen Beitrag „unzwinglisch" stark betont, wohl um ihn aus kalvinistischer Sicht luther-ähnlicher erscheinen zu lassen. Schenker (1977) betont ebenfalls Zwinglis Beitrag, aber „realistischer", indem er Zwinglis sichere ad-hoc-Übersetzungen von Bibelstellen für seine Predigten mit dem Wortlaut der Zürcher Bibel vergleicht und nicht einfach die Zürcher Bibel Zwingli zuschreibt.

[32] „Denn ich habe keinen heller da fur genomen noch gesücht / noch damit gewonnen." (Volz 1972, S. *248).

[33] Eine neue populäre Kulturgeschichte des 16. Jahrhunderts titelt noch immer fröhlich: „Als unser Deutsch erfunden wurde" (Preisendörfer 2016).

zielführend gewesen, und dass Luther selber denn auch die Zusammenhänge anders sah, geht klar aus der häufig zitierten Stelle aus den Tischgesprächen hervor:

> Nullam certam linguam Germanice habeo, sed communem, ut me intelligere possint ex superiori et inferiori Germania. Ich rede nach der Sechsischen cantzley, quam imitantur omnes duces et reges Germaniae; alle reich-stette, fürsten höfe schreiben nach der Sechsischen cantzleyen vnser churfürsten. Ideo est communissima lingua Germaniae, Maximilianus et elector Fridericus imperium ita ad certam linguam definierunt, haben also alle sprachen in eine getzogen. (WA Tischreden 2, 2758b 1532)[34]

Für Sachsen trifft die Bemerkung nicht schlecht zu. Nach der sorgfältigen Untersuchung von Kettmann (1969) hatte dort die Kanzleisprache während Luthers Jugendjahren einen Neuerungsschub erlebt, der bis 1500 zu einer süd(östlich) umgestalteten Sprachform führte. Wenn auch noch nicht „alle sprachen in *eine* getzogen" waren, so waren sich die *mitteldeutschen* Schreibsprachen innert kurzer Zeit doch sehr viel ähnlicher geworden, und dies konnte einen überzogenen Eindruck von der Vereinheitlichung des Deutschen erwecken.[35] Luther ging denn auch von einer bereits geschehenen Spracheinigung aus, die er dem Wirken des Kaisers und des sächsischen Kurfürsten zuschrieb. Aber anders als er annahm, war die Sprache seines Kurfürsten noch keineswegs „die allgemein übliche deutsche Sprache", sie musste es erst noch in einem Prozess des Ausgleichs werden, und ihre Annahme auf dem gesamten Sprachgebiet war noch nicht garantiert. Dass bei diesen langdauernden Prozessen Luthers Bibel eine zentrale Rolle spielte, scheint sicher. Mitspieler waren zunächst die zahllosen Drucker, welche die Bibel in ihr Programm aufnahmen, deren Sprache in die eigene einpassten und öfter auch mit unautorisierten Varianten versahen, die Luther auf deren Unsorgfalt zurückführte: „Vnd sey jderman gewarnet fur andern Exemplaren / Denn ich bisher wol erfaren / wie vnuleissig vnd falsch vns andere nachdrücken" (Volz 1972, S. 276*). Mitspieler waren besonders auch die unzähligen Deutschen, welche die Bibel lasen, auswendig lernten und mit ihrem

[34] Übersetzung (vgl. Wolf 1980, S. 19): *Ich habe im Deutschen keine besondere Sprache, sondern die allgemein übliche, damit mich die Leute aus dem hoch- und niederdeutschen Sprachraum verstehen können. Ich rede nach der Sächsischen Kanzlei unserer Kurfürsten, der alle Fürsten und Könige in Deutschland nacheifern. Alle Reichsstädte und Fürstenhöfe schreiben nach der sächsischen Kanzlei unserer Kurfürsten. Daher ist es die allgemein üblichste deutsche Sprache. Maximilian und Kurfürst Friedrich haben das Reich so zu einer bestimmten Sprache gebracht, haben also alle Sprachen in eine vereinigt.*

[35] Ein den Schweizern naheliegendes Beispiel bietet der Hallenser Salzjunker Hans von Waltheym, der 1474 durch die Schweiz reiste und seine Reiseeindrücke aufschrieb – in einer Sprache, die dem Mittelhochdeutschen noch nahe stand, gerade wenn man sie mit Luther vergleicht: „Vff den oster abind rethen wir geyn Fryborg yn Vchtland, III myle. Die herberge ist zcu deme Blauwen Thorme. Do assen wir zcu myttage, vnd noch mittage gingen wir zcu der bicht, vnd wir bleben den ostertag do vnd entpfingen do das heylige sacrament." (Haas 1992, S. 17).

eigenen „Akzent“ zitierten – ob mündlich oder schriftlich, ob als Freunde oder als Feinde.

Sprachgeschichtlich wichtig ist ferner, dass nicht nur die Nachdrucker die Vorlage veränderten, sondern auch Luther selber;[36] noch in der posthumen Ausgabe von 1546 finden sich letzte Verbesserungen von seiner Hand. Dies gab dem Prozess eine gewisse Elastizität: Es ging *nicht* einfach um die Durchsetzung *einer* kanonischen Sprachform, es blieb Platz für das Finden einer weiträumig üblicheren Form. Wenn z. B. die Nachdrucker Luthers *erbeit* durch *arbeit* ersetzten und die Lutherbibel diese zweite Form später übernahm, dann ging es nicht um ein Verstehensproblem, sondern um die Findung einer grossräumigeren Form, um „Sprachausgleich“. Diese Elastizität ging nach Luthers Tod verloren.

1563 wandte sich der Wittenberger Korrektor Christoph Walther gegen die Orthographie der Frankfurter Bibeldrucke. Er vertritt die Unveränderlichkeit der Wittenberger Sprachform und spricht sich auch gegen die Einpassung in andere landschaftliche Druckersprachen aus, mit der Intransingenz des Meisters:

> Möchte aber einer sagen / Es ist im selben Lande die gewonheit also zu reden / schreiben vnd drücken. Antwort / Gewohnheit hin gewonheit her / Lutherus wil seine Sprach vnd Erbeit in seinen Büchern vngeendert /vngetadelt vnd vngemeistert haben. (Volz 1972, S. 276*)

Luthers Bibel war zum kanonischen Text geworden[37] und seine Sprache damit nicht mehr gewöhnliche Sprache. Sie blieb vorbildliche, ja heilige Sprache über die Zeit ihrer „weltlichen“ Geltung hinaus.

8. *Wir sind überzeuget, daß diese Verbesserungen keinem einzigen verständigen Leser mißfallen werden*

Die Zürcher Bibel entging dem kanonischen Schicksal,[38] die Kirche selber modernisierte ihren Text alle hundert Jahre und bestimmte damit zumindest in den Schulen des alten Zürich die „Sprachnorm“.[39] Die Zürcher Bibel dokumentiert die Ver-

[36] Vgl. dazu das Beispiel *triestern > trebern* (> *schoten*) in Haas (2008, S. 131 ff.).

[37] „Dass die zur Vulgata gewordene Luthersche Uebersetzung in der Zeit der Orthodoxie von keiner Seite her irgendwelche Verbesserungen mehr zuliess, das ist aus den spätern pietistischen Streitigkeiten zur Genüge bekannt.“ (Mezger 1876, S. 211).

[38] Ausser in Ansätzen bei den Täufern, die in Zürich verfolgt wurden und in andere Regionen emigrieren mussten, vgl. Fluri (1922). Trotzdem versuchten sie, der „Froschauer-Bibel“ treu zu bleiben. 1744 liessen sie in Strassburg die Ausgabe Zürich 1536 so buchstabengetreu wie möglich nachdrucken; von dieser Ausgabe veranstalteten amerikanische Menonniten und Hutterer einen reprographischen Nachdruck: Denver, Pennsylvania, 1975.

[39] Zollinger (1920, S. 100 f.).

änderungen der Schweizer Druckersprache und ihre Annäherung an grossräumigere Varietäten.[40]

In einem *Neuen Testament* des Zürcher Druckers Johann Wolff um 1592 lautet Lukas 8,43 folgendermassen:

> Wie sy aber alle låugnetend / hat Petrus sampt denen / die bey jhm warend / gesprochen: Meister / das volck tringet vnnd truckt dich / vnnd du sprichst: Wer hat mich angeruͤrt? Vnnd Jesus hat gesprochen: Es hat mich etwar angeruͤrt: dann ich empfind / daß ein krafft von mir außgangen ist.

In *es hat mich etwar angeruͤrt* drückt das Perfekt wie üblich Vorzeitigkeit aus. Auffällig dagegen ist der Gebrauch des „Perfekts“ als Erzähltempus in: *Petrus hat gesprochen; Vnnd Jesus hat gesprochen.* Die ältern und wieder die modernen Versionen benutzen hier das Präteritum: *Vnd Jesus sprach.* Wolffs NT dokumentiert so den Ersatz des *Präteritums* durch das *Präsensperfekt.*[41] Dieser sog. „Präteritumsschwund“ gilt als charakteristisch für die oberdeutschen Mundarten,[42] er konnte aber auch in der lokalen Schriftsprache auftauchen: Die Schriftsprache war noch immer in den Mundarten *fundiert*, in denen die Menschen die volle Kompetenz besassen.

1629 versprach der Zürcher Antistes Breitinger, die Bibel dem Volke wieder in seiner „Eidgenösischen, anerbornen mutterspraach“ geben zu wollen.[43] Es war offensichtlich das letzte Aufwallen eines betont schweizerischen Sprachbewusstseins in der Zürcher Bibel. Schon 1665/69 wurde sie wieder radikal überarbeitet, aber durchaus *nicht* im Sinne der *anerbornen Mutterspraach.* Vielmehr beruhte die Ausgabe auf einer der sorgfältigsten Bearbeitungen der Zürcher Bibel, die sprachlich in Richtung eines zeitgenössischen „barocken“ Deutsch zielte.[44] In der Ausgabe von 1772 endlich hat man „die ganze Schreibart nach […] dem nun einmal in ganz Deutschland angenommenen Sprachgebrauche“ eingerichtet: „Wir sind überzeuget, daß diese Verbesserungen keinem einzigen verständigen Leser mißfallen werden. […] Ehedem bekümmerte man sich eben nicht gar sehr um die Reinigkeit der Sprache.“ (Zürich 1772, Vorwort). Diese Ausgabe wurde allerdings vehement abgelehnt, da sie ein als „rationalistisch“ diskreditiertes „Real-Wörterbuch“ enthielt. Die „Reinigkeit“ der Sprache dagegen, also die Übernahme gesamtdeutscher Muster in

[40] Vgl. den vollen Titel von Zollinger (1920): „Der Übergang Zürichs zur neuhochdeutschen Schriftsprache unter Führung der Zürcher Bibel“.

[41] Moderne Terminologie der Duden-Grammatik (2005).

[42] Jörg (1976, S. 179) datiert den *Beginn* dieses „Schwunds“ in der Mundart in die ersten Jahrzehnte des 16. Jahrhunderts. Dort war die Entwicklung im Laufe des 17. Jahrhunderts mit wenigen Ausnahmen abgeschlossen.

[43] Mezger (1877, S. 222) stellte demgegenüber keine einschlägigen Wortschatzänderungen fest. Allerdings verrät seine an sich verdienstvolle Arbeit auf jeder Seite, dass sie seinerzeit mit ungenügenden philologischen und technischen Mitteln hergestellt werden musste.

[44] Als Korrektor wirkte Johann Wilhelm Simmler, der 1648 mit Gedichten im Stile Opitz’ hervorgetreten war.

Grammatik und Lexikon, wurde nach dem „Kulturschub der sechziger Jahre“[45] auch im Süden nicht mehr prinzipiell in Frage gestellt. Seither hat die Zürcher Kirche immer für eine Übersetzung gesorgt, die dem jeweiligen Stand der Theologie und der „Grammatik“ entsprach. Die jüngste vollständige Neubearbeitung erschien 2007.

9. Literatur

9.1 Bibelausgaben

Dietenberger 1587 = Bibell / Das ist / Alle Bůcher Alts vnd News Testaments / nach Alter in Christlicher Kyrchen gehabter Translation trewlich verteutscht / vnd mit vielen heilsamen Annotaten erleucht / Durch D. Johan Dietenberger. Cőln Gerwin Calenius vnd die Erben etwan Johan Quentels. 1587.

Luther 1522 = Das Newe Testament Důtzsch. Vuittemberg.
[Wittemberg 1522: Melchior Lotther].
Reske S. 993 f. Reprint: Witten und Berlin 1972.

Luther/Petri 1522 = DAs new Testament / yetzund recht grüntlich teutscht.
[Basel 1522 Dezember, auf dem Titel:] 1523 [Adam Petri].
Reske S. 65 f. Universitätsbibliothek Basel Ki.Ar.J.I.8

Luther 1534 = Biblia / das ist / die gantze Heilige Schrifft Deudsch. Mart. Luth.
Wittemberg 1534: Hans Lufft.
Reske S. 996 f. Reprint: Köln 2002.

Luther 1545 = Das ist : Die gantze heilige Schrifft / Deudsch / Auffs new zugericht. D. Mart. Luth. Wittemberg 1545: Hans Lufft.
Reske S. 996 f. „Ausgabe letzter Hand“. Reprint: Stuttgart 1967.

Luther 1912 = Die Bibel oder die ganze Heilige Schrift des Alten u. Neuen Testaments nach der deutschen Übersetzung D. Martin Luthers. Nach dem 1912 vom Deutschen Evangelischen Kirchenausschuss genehmigten Text. Stuttgart: Privilegierte Württembergische Bibelanstalt.

Luther 2017 = Die Bibel nach Martin Luthers Übersetzung. Lutherbibel revidiert 2017. Mit Apokryphen. Jubiläumsausgabe 500 Jahre Reformation. Mit Sonderseiten zu Martin Luthers Wirken als Reformator und Bibelübersetzer. Stuttgart 2016.

Volz 1972 = Die gantze Heilige Schrifft Deudsch. Letzte zu Luthers Lebzeiten erschienene Ausgabe. Herausgegeben von Hans Volz unter Mitabeit von Heinz Blanke, Textredaktion Friedrich Kur. Darmstadt: Wissenschaftliche Buchgesellschaft 1972.

Zürich 1524 = DAs gantz Nüw Testament recht grüntlich vertütscht.
Zürich 1524: Christoffel Froschouer.
Reske S. 1039 f. Schweizerische Nationalbibliothek, Dq 3.

Zürich 1531 = Die gantze Bibel der vrsprünglichen Ebraischen vmd Griechischen waarheit nach / auffs aller trweüwlichest verteütschet. Zürich 1531: Christoffel Froschouer. [Reprint Zürich 1983, mit einem Beitrag von Hans Rudolf Lavater].

45 Ruppert (1984, S. 126); von Polenz (1994, S. 11 ff.).

Zürich [1536, 1744] 1975 = Die gantze Bibel, das ist alle bücher allts vnnd neüws Testaments / den vrsprünglichen spraachen nach, auffs aller trewlichest verteütschet. Denver PA: Amos B. Hoover and Macmillan Colony, Cayley, Alberta, Canada 1975.

Zürich 1592? = Das gantz New Testament recht grundtlich verteutschet. Zürych bey Johanns Wolffen [o.J., um 1592].

Zürich 1667 = BIBLIA: Das ist / Die gantze heilige Schrift : Darinn begriffen alle Bůcher des Alten und Neuen Testaments [...]. Bey Joh. Jacob und Heinrich Bodmer. Zürich 1667.

Zürich 1772 = Die Bibel, das ist: Alle Bücher der ganzen Heiligen Schrift, des Alten und Neuen Testaments. [...] Auf das Neue und mit Fleiss wieder übersehen. Sammt [...] einem nützlichen Register. Bey David Gessner Gebrüdere, und bey Orell, Gessner, Füsslin und Compagnie. Zürich 1772.

Zürich 2007 = Zürcher Bibel 2007. Genossenschaft Verlag der Zürcher Bibel beim Theologischen Verlag Zürich 2007.

9.2 Sonstige Literatur

Besch, Werner (1967): Sprachlandschaften und Sprachausgleich im 15. Jahrhundert. Studien zur Erforschung der spätmittelhochdeutschen Schreibdialekte und zur Entstehung der neuhochdeutschen Schriftsprache. (= Bibliotheca Germanica 11). München.

Besch, Werner (2003a): Die Entstehung und Ausformung der neuhochdeutschen Schriftsprache/Standardsprache. In: Besch, Werner/Betten, Anne/ Reichmann, Oskar/Sonderegger, Stefan (Hg.): Sprachgeschichte. Ein Handbuch zur Geschichte der deutschen Sprache und ihrer Erforschung. (= Handbücher zur Sprach- und Kommunikationswissenschaft 3). 2. Aufl. Berlin/New York, S. 2252–2296.

Besch, Werner (2003b): Deutsche Sprache im Wandel. Kleine Schriften zur Sprachgeschichte. Frankfurt/Bern.

Besch, Werner (2008): Deutscher Bibelwortschatz in der frühen Neuzeit. Auswahl – Abwahl – Veralten. Frankfurt/Bern.

Betzén, Ture (1921): Formenlehre der Sprache Zwinglis. Diss. Lund. Greifswald.

Byland, Hans (1903): Der Wortschatz des Zürcher Alten Testaments von 1525 und 1531 verglichen mit dem Wortschatz Luthers. Eine sprachliche Untersuchung. Berlin.

Duden (2005): Die Grammatik. 7. völlig neu erarbeitete und erweiterte Auflage. (= Der Duden in zwölf Bänden, Bd. 4). Mannheim/Leipzig/Wien/Zürich.

Ebert, Robert Peter/Reichmann, Oskar/Solms, Hans-Joachim/Wegera, Klaus-Peter (1993): Frühneuhochdeutsche Grammatik. (= Sammlung kurzer Grammatiken germanischer Dialekte A. 12). Tübingen.

Fluri, Adolf (1922): Bern und die Froschauerbibel. Mit besonderer Berücksichtigung der sog. Täufertestamente. In: Blätter für bernische Geschichte, Kunst und Altertumskunde 18, S. 218–266.

Freiburger Buch = Das Freiburger Buch 1585-1985. Katalog der Ausstellung 400 Jahre Buchdruck in Freiburg. Kantons- und Universitätsbibliothek Freiburg/Schweiz 1985.

Gäbler, Ulrich (1983): Huldrych Zwingli. Eine Einführung in sein Leben und sein Werk. München.

Göttelmann, Gustav (1928): Der vokalische Lautstand bei Zwingli. Diss. Giessen. Gelnhausen.

Grammatik des Frühneuhochdeutschen = Moser, Hugo/Stopp, Hugo/Besch, Werner (Hg.) (1970–1988): Grammatik des Frühneuhochdeutschen. 7 Bde. Heidelberg.

Haas, Walter (1992): Hans von Waltheyms Pilgerreise und sein Besuch in Freiburg (1474). In: Freiburger Geschichtsblätter 69 (1992), S. 7–39.

Haas, Walter (2008): „On schaden verwandlet". Über den Umgang der frühen Nachdrucker mit Luthers Verdeutschung des Neuen Testaments. In: Besch, Werner/Klein, Thomas (Hg.): Der Schreiber als Dolmetsch. Zeitschrift für deutsche Philologie, Sonderheft zu Band 127, S. 119–149.

Hadorn, Wilhelm (1925): Die deutsche Bibel in der Schweiz. Leipzig. (= Die Schweiz im deutschen Gestesleben 39).

Hartweg, Frédéric (2000): Die Rolle des Buchdrucks für die frühneuhochdeutsche Sprachgeschichte. In: Besch, Werner/Betten, Anne/Reichmann, Oskar/Sonderegger, Stefan (Hg.): Sprachgeschichte. Ein Handbuch zur Geschichte der deutschen Sprache und ihrer Erforschung. (= Handbücher zur Sprach- und Kommunikationswissenschaft 3). 2. Aufl. Berlin/New York, S. 1682–1705.

Head, Randolph (2014): Unerwartete Veränderungen und die Herausbildung einer nationalen Identität: Das 16. Jahrhundert. In: Kreis, Georg (Hg.): Die Geschichte der Schweiz. Basel, S. 193–245.

Helber, Sebastian (1593): Teutsches Syllabierbüchlein, Nemlich Gedruckter Hochteütscher sprach Lesenskunst. Freiburg /Schweiz. Edition: Gustav Roethe. Freiburg i.B./Tübingen 1882.

Himmighöfer, Traudel (1995): Die Zürcher Bibel bis zum Tode Zwinglis (1531). Darstellung und Bibliographie. (= Veröffentlichungen des Instituts für europäische Geschichte Mainz, im Auftrag der Abteilung Religionsgeschichte. Bd. 154). Mainz.

Joerg, Urs/Hoffmann, David Marc (Hg.) (1997): Die Bibel in der Schweiz. Ursprung und Geschichte. Basel.

Jörg, Ruth (1976): Untersuchungen zum Schwund des Präteritums im Schweizerdeutschen. (= Basler Studien zur deutschen Sprache und Literatur 52). Bern.

Käßmann, Margot/Rösel, Martin (Hg.) (2016): Die Bibel Martin Luthers. Ein Buch und seine Geschichte. Leipzig.

Kettmann, Gerhard (1969): Die kursächsische Kanzleisprache zwischen 1486 und 1546. Studien zum Aufbau und zur Entwicklung. (= Veröffentlichungen des Instituts für Deutsche Sprache und Literatur 34). 2. Aufl. Berlin.

Leemann-van Elck, Paul (1940): Die Offizin Froschauer. Ein Beitrag zur Geschichte der Buchdruckerkunst anlässlich der Halbjahrtausendfeier ihrer Erfindung. Zürich/Leipzig.

Mezger, Johann Jakob (1876): Geschichte der deutschen Bibelübersetzung in der schweizerisch-reformirten Kirche. Basel: Bahnmaier's Verlag. [Reprint „books on demand", Vero Verlag, Norderstedt].

Müller, Ernst Erhard (1979): Wer war der Verfasser des Petriglossars? In: Löffler, Heinrich/ Pestalozzi, Karl/Stern, Martin (Hg.): Standard und Dialekt. Studien zur gesprochenen und geschriebenen Gegenwartssprache. Fs. Heinz Rupp. Bern/München, S. 177–192.

Opitz, Peter (2015): Ulrich Zwingli. Prophet, Ketzer, Pionier des Protestantismus. Zürich.

Polenz, Peter von (1990): Martin Luther und die Anfänge der deutschen Schriftlautung. In: Grosse, Rudolf (Hg.): Sprache in der sozialen und kulturellen Entwicklung. Beiträge eines Kolloquiums zu Ehren von Theodor Frings (1886–1968). (= Abhandlungen der sächsischen Akademie der Wissenschaften zu Leipzig, Phil.-hist. Klasse 73, 1). Berlin.

Polenz, Peter von (1994): Deutsche Sprachgeschichte vom Spätmittelalter bis zur Gegenwart. Bd. 2: 17. und 18. Jahrhundert. 2. überarbeitete und ergänzte Auflage. Berlin/New York.

Polenz, Peter von (2000): Deutsche Sprachgeschichte vom Spätmittelalter bis zur Gegenwart. Bd. 1: Einführung, Grundbegriffe. 14. bis 16. Jahrhundert. Berlin/New York.

Preisendörfer, Bruno (2016): Als unser Deutsch erfunden wurde. Reise in die Lutherzeit. Berlin.

Regli, Ivo (1981): Die Suffixe -el und -li in altoberdeutschen Personennamen. Diss. Freiburg/Schweiz.

Reinitzer, Heimo (1983): Biblia deutsch. Luthers Bibelübersetzung und ihre Tradition. (= Ausstellungskataloge der Herzog August Bibliothek 40). Wolfenbüttel.

Riedweg, Christoph (2000): Ein Philologe an Zwinglis Seite. Zum 500. Geburtstag des Zürcher Humanisten Jacob Wiesendanger, gen. Ceporinus (1500–1525). In: Museum Helveticum. Schweizerische Zeitschrift für klassische Altertumswissenschaft 57, 3. S. 201–219.

Ruppert, Wolfgang (1984): Bürgerlicher Wandel. Zur Geburt der modernen deutschen Gesellschaft im 18. Jahrhundert, Fischer Taschenbuch, Frankfurt a. M./New York.

Schenker, Walter (1977): Die Sprache Huldrych Zwinglis im Kontrast zur Sprache Luthers. (= Studia Linguistica Germanica 14). Berlin/New York.

Schildenberger, Johannes (Hg.) (1965): Die Bibel in Deutschland. Das Wort Gottes und seine Überlieferung im deutschen Sprachraum. Stuttgart.

SDS 3 = Hotzenköcherle, Rudolf (Hg.) (1975): Sprachatlas der deutschen Schweiz. Bd. 3. Formengeographie. Bern.

Schützeichel, Rudolf (1967): Zur Entstehung der neuhochdeutschen Schriftsprache. In: Nassauische Annalen 78, S. 75–92.

Sonderegger, Stefan (1984): Geschichte deutschsprachiger Bibelübersetzungen in Grundzügen. In: Besch, Werner/Reichmann, Oskar/Sonderegger, Stefan (Hg.): Sprachgeschichte. Ein Handbuch zur Geschichte der deutschen Sprache und ihrer Erforschung. (= Handbücher zur Sprach- und Kommunikationswissenschaft 1). Berlin/New York, S. 129–185.

Sonderegger, Stefan (2003): Aspekte einer Sprachgeschichte der deutschen Schweiz. In: Besch, Werner/Betten, Anne/Reichmann, Oskar/Sonderegger, Stefan (Hg.): Sprachgeschichte. Ein Handbuch zur Geschichte der deutschen Sprache und ihrer Erforschung. (= Handbücher zur Sprach- und Kommunikationswissenschaft 3). 2. Aufl. Berlin/New York, S. 2825–2888.

Stammler, Wolfgang (1954): Zur Sprachgeschichte des 15. und 16. Jahrhunderts. In: Stammler, Wolfgang: Kleine Schriften zur Sprachgeschichte. Berlin, S. 19–35.

Stopp, Hugo (1976): Schreibsprachwandel. Zur grossräumigen Untersuchung frühneuhochdeutscher Schriftlichkeit. (= Schriften der Philosophischen Fachbereiche der Universität Augsburg 6). München.

Stucki, Heinzpeter (1996): Das 16. Jahrhundert. In: Geschichte des Kantons Zürich, Bd. 2. Zürich, S. 172–281.

Volz, Hans (1972): Anhang und Dokumente. [Zum Nachdruck von Luther 1545]. Darmstadt.

WA = D. Martin Luthers Werke. Kritische Gesamtausgabe. Weimar: Böhlau 1883 ff.

Wolf, Herbert (1980): Martin Luther. Eine Einführung in germanistische Luther-Studien. (= Sammlung Metzler 193). Stuttgart.

Zollinger, Jakob (1920): Der Übergang Zürichs zur neuhochdeutschen Schriftsprache unter Führung der Zürcher Bibel. Diss. Zürich. Freiburg i. B.

Zwingli, Ulrich: [Zwinglis Werke werden zitiert nach der elektronischen Ausgabe:] Huldrych Zwingli Werke. – www.irg.uzh.ch/static/zwingli-werke/.

NORBERT RICHARD WOLF

„…, dass Reformation kein abgeschlossener Prozess ist, sondern stets fortgeschrieben werden muss.“ Bibelrevisionen 1522 bis 2017

Das Titelzitat stammt von der evangelischen Theologin Margot Käßmann (2016, S. 14). Sie beendet damit die Einführung in das Buch ‚Die Bibel Martin Luthers‘, das aus Anlass der Revision 2017 erschienen ist. Margot Käßmann versucht in diesem Artikel, Luthers Bibelübersetzung allgemein zu charakterisieren und nahezu jede Distanz von Luther zur Gegenwart zu verneinen. Übersetzen ist für sie der „Versuch, in der eigenen Zeit und Sprachrealität die dem Ursprungstext angemessenen Wörter zu finden“ (ebd., S. 9 f.). Gleichzeitig sieht Käßmann in Luthers Bibelübersetzung einen Akt der Aufklärung:

> Menschen konnten selbst nachlesen, wurde frei zum eigenen Urteil über Glaubens- und Gewissensfragen – und damit oftmals eine Bedrohung für Diktatoren und Ideologien. Das ist wohl die größte Leistung von Luthers Bibelübersetzung. Sie ermöglicht es Menschen, selbst zu denken. (Ebd., S. 10 f.)

Die Bibelübersetzung ist Aufklärung (so Margot Käßmann), und Reformation ist ebenfalls Aufklärung. In diesem Sinn ist die Aufklärung und somit auch die Reformation niemals abgeschlossen.

Und in diesem Sinn begann bekanntlich die Reformation im September 1522, als Luthers Übersetzung des Neuen Testaments erschien. Das ‚Septembertestament‘ – auch das ist bekannt – wurde ein großer Erfolg, sodass sehr schnell das ‚Dezembertestament‘ „in einer lexikalisch-syntaktisch verbesserten Fassung“ (Seyferth 2016, S. 22) folgen musste.

Heimo Reinitzer (1983, S. 114–116) führt zwischen dem Erscheinen des Septembertestaments 1522 und Luthers Tod im Jahre 1545 insgesamt 36 vollständige Ausgaben und Teilausgaben der deutschen Bibel auf. Dies zeigt, dass Luther einen großen Teil seines Lebens an seiner Bibelübersetzung gearbeitet hat.

Von Bedeutung ist, dass Luther bei jedem Schritt auch das schon Vorhandene überarbeitet, verbessert hat. Mit anderen Worten, jede Ausgabe der Lutherbibel ist von Anfang an eine Revision, deren Ziele wir noch werden rekonstruieren müssen. Die Ziele der Luther’schen Revisionen sind bestimmt von den Zielen seiner Bibelübersetzung überhaupt:

> Es ging nicht um irgendeine Übersetzung, es ging auch nicht um eine schönere oder bessere Übersetzung. Es ging bei dieser Übersetzung um die Präsentation einer Bibel, die fortan die einzige Grundlage des christlichen Glaubens darstellen sollte. […] Die Möglichkeit einer Berufung aller war an die Sprache aller gebunden. Die Grundlage des christlichen Glaubens musste folgerichtig einer Übersetzung anvertraut werden. (Göttert 2017, S. 259)

Grundlage für dieses Bibelverständnis ist das sog. ‚*Sola-Scriptura*-Prinzip': „An die Stelle der amtskirchlichen Lehrautorität tritt allein die Heilige Schrift (sola scriptura), die sich selbst auslege (sui ipsius interpres)."[1] Das *Sola-Sciptura*-Prinzip macht – das wurde schon erwähnt – eine allgemein verbindliche und verständliche Bibel notwendig. Für Luther ist die Bibel das Wort Gottes; in seiner Schrift ‚Von der Freiheit eines Christenmenschen' (1520) sagt Luther explizit, dass das Evangelium die Christen frei mache:

> Czum funfften, Hatt die seele keyn ander dinck, widder yn hymel noch auff erden, darynnen sie lebe, frum, frey und Christen sey, den das heylig Evangely, das wort gottes von Christo geprediget. […] So mussen wir nu gewiß seyn, das die sel kan allis dings emperen on des worts gottis, und on das wort gottis ist yhr mit keynem ding beholffen. (Luther 1520/2011, S. 21)

Das *heylig Evangely, das wort gottes von Christo geprediget*, ist die Bibel bzw. das Neue Testament. Da dieses *von Christo geprediget* ist, also von Gott stammt, kann es nicht um (irgend)eine Bibel gehen, sondern um nicht mehr und nicht weniger als um die Bibel, die in der Folge Luther für die Deutschen erzeugen will.

> Der vom Reformator in seinem Kampfe gegen das Papsttum seit 1519 verfochtene Grundsatz der Alleingültigkeit der Heiligen Schrift als höchste Autorität in Glaubensfragen legte beinahe zwangsläufig den Gedanken einer neuen und wirklich guten Bibelverdeutlichung nahe. (Volz 1972, S. 49*)

Damit wendet sich Luther vehement gegen die Tradition der lateinischen Kirche. Sie hatte die ‚Vulgata', die Übersetzung ins Lateinische durch den Kirchenvater Hieronymus am Ende des 4. Jahrhunderts, geradezu kanonisiert und diesem Text alleinige Geltung zugesprochen. „Das gegenreformatorische Konzil von Trient erklärte die Vulgata 1546 zum allein gültigen Bibeltext" (Beutel 2016, S. 63). Übersetzungen in die Volkssprache(n) waren zwar nicht verboten, aber auch nicht erwünscht. Die Angst vor Häresien – insbesondere nach den ‚Erfahrungen' mit den Waldensern und den Katharern – überdeckte den Wunsch, das heilige Buch der Christen allen zugänglich zu machen.

[1] Vgl. https://www.uni-muenster.de/FNZ-Online/politstrukturen/reformation/unterpunkte/reform.htm [Stand: 13.4.2017].

Hieronymus war nicht der Erste, der die Bibel in eine andere Sprache übersetzte; wohl aber war er der Erste, der Wirkung hatte. Doch auch Hieronymus hatte Schwierigkeiten, weil ihm einige seiner Zeitgenossen Textverfälschung vorwarfen. In einem Brief an seinen Freund Pammachius (‚Ad Pammachium de optimo genere interpretandi‘) versuchte er, sich bzw. seine Übersetzungsarbeit zu rechtfertigen; in Auseinandersetzung mit Horaz und Cicero plädiert der Kirchenvater für eine sinngemäße (*sensus de sensu*) und nicht für eine wörtliche (*verbum de verbo*) Übersetzung, allerdings mit einer wesentlichen Einschränkung:

> ego enim non solum fateor, sed libera uoce profiteor me in interpretatione Graecorum absque scripturis sanctis, ubi et uerborum ordo mysterium est, non uerbum e uerbo, sed sensum exprimere de sensu. (Hieronymus 1910, S. 508)

> Ich gestehe und bekenne mit allem Freimut, daß ich bei der Übersetzung griechischer Texte, abgesehen von den heiligen Schriften, wo selbst die Anordnung der Worte ein Geheimnis ist, nicht Wort für Wort, sondern sinngemäß übertrage. (Hieronymus 1936–37)

Die Bibel ist also *verbum de verbo* zu übersetzen. Und dies gilt weitestgehend im ganzen Mittelalter: Wenn sich ein Übersetzer an die ganze Bibel oder auch ‚nur‘ an das Neue Testament macht und davon alle kanonisierten Bücher in kanonisierter Reihenfolge übersetzt, dann tut er dies *verbum de verbo*. Lediglich ‚biblische Wissensliteratur‘, also Bücher, die nicht das Wort Gottes wiedergeben wollen, sondern Bibelwissen verbreiten, etwa Evangelienharmonien, Plenarien, Perikopenbücher u. dergl., werden sinngemäß übersetzt. Es ist daher problematisch, davon zu sprechen, dass es „72 deutsche Bibelübersetzungen vor Luthers Septembertestament“ (Beutel 2016, S. 66) gegeben habe.

Immerhin gab es vor Luther einige Bibeldrucke. Den Anfang machte die sog. Mentel-Bibel, die 1466 als erste gedruckte Bibel in Straßburg erschien. Der Drucker Johannes Mentel oder Mentelin hatte schon mit dem Druck einer lateinischen Bibel gute Geschäfte gemacht und wollte mit einer deutschen Bibel „den guten Absatz jenes ersten Erzeugnisses“ (Volz 1972, S. 35*) zumindest wiederholen. Als Text wählte er eine „schon vor rund hundert Jahren von einem Anonymus in der Nürnberger Gegend angefertigte[] Verdeutschung“ (ebd.). Hans Volz (ebd.) bewertet diese Übersetzung:

> Diese war jedoch alles andere als eine Meisterleistung; denn abgesehen von recht mangelhaften Lateinkenntnissen schloß sich der Übersetzer gar zu eng an seine Vorlage an; daneben war es aber auch ziemlich schlecht um seine Sprachkunst bestellt.

Der Tatbestand ist sicherlich richtig erfasst, doch die Bewertung urteilt wohl allzu sehr von Luthers deutscher Bibel aus. Wir haben mit dem Mentel-Text eine prototypische *Verbum-de-Verbo*-Übersetzung vor, die nach übereinstimmender Meinung von Theologen und Germanisten keinen Eigenwert hatte, sondern dem damals nicht besonders gut ausgebildeten Klerus beim Verstehen des lateinischen Originals helfen sollte.

In der jüngsten Vergangenheit hat der sog. ‚Österreichische Bibelübersetzer‘ (ÖBü) für Furore gesorgt, aufgrund eines großen Forschungs- und Editionsprojekts gerade auch in den Medien. Der ÖBü hat um 1330 die Evangelien (‚Klosterneuburger Evangelienwerk‘) und Teile des Alten Testaments (‚Schlierbacher Altes Testament‘) bearbeitet. Gelobt wird vor allem die sprachliche Leistung des ÖBü, „seine hervorragenden sprachlichen Kenntnisse im Deutschen wie im Lateinischen und seine Kenntnisse bereits vorhandener Übersetzungen“ (Zinkant 2016). Schließlich wird etwas großmundig konstatiert: „Wäre der Buchdruck damals bereits erfunden gewesen, womöglich hätte der ÖBü die Reformation 200 Jahre früher angeschoben“ (ebd.). Dies dürfte indes etwas zu euphorisch gedacht sein. Das Werk des ÖBü ist keine Bibelübersetzung im vorhin zitierten Sinn, sondern eine Evangelienharmonie oder ein Bibelkommentar, der zunächst eine kurze Passage in Übersetzung darbietet und diese übersetzte Stelle dann ausführlich kommentiert. Bei einem solchen Werk ist eine „paraphrasierend sinnwahrende[]“ (Beutel 2016, S. 66) *Sensus-de-Sensu*-Übersetzung nicht nur möglich, sondern auch angebracht.

Es gab ja noch ein weiteres ‚Hindernis‘, die Bibel in eine Volkssprache zu übersetzen, das „Konzept der drei Heiligen Sprachen“ (Seebold 2000, S. 13). Es sind dies die Sprachen, in denen nach Jo 19,20 die Inschrift auf dem Kreuz Jesu abgefasst war: *Vnd es war geschrieben auff Ebreisch / Griechisch / vnd Latinische sprach* (Luther 1545/1967). Das Wort Gottes konnte nach mittelalterlichem Verständnis nur in einer der drei heiligen Sprachen geoffenbart werden. Auch in diesem Punkt bedeutet Luthers Ansatz nahezu eine Revolution: Er vergleicht das Deutsche mit den drei heiligen Sprachen, stellt fest, dass das Deutsche dem Griechischen ähnlicher sei als Latein und gibt deshalb dem Deutschen den Vorzug vor dem Lateinischen:

> Aber die deutsche Sprache ist die allervollkommenste, hat viel Gemeinschaft mit der griechischen Sprache. (Luther TR 4 [1916], S. 79)

Die deutsche Sprache bekommt den Status einer heiligen Sprache.

Dazu kommt noch, dass im Jahre 1519 Erasmus von Rotterdam die griechische Version des Neuen Testaments herausgab. Damit stand die Originalfassung in einer verlässlichen Edition zur Verfügung. Der griechischen Version wurde überdies eine neue Übersetzung ins Lateinische beigegeben. Auf diese Weise wurde deutlich, dass die Übersetzung der Bibel ins Lateinische kein Akt der Offenbarung, sondern eine von Menschen gesetzte Tat ist. Der sprachliche Ausdruck dieser menschlichen Tat ist nahezu beliebig. Wie seinerzeit Dominikanermystiker wie Meister Eckhard und Johannes Tauler für eine ‚andere Wissenschaft‘ die deutsche Sprache herangezogen (vgl. Wolf 2012), so ist für Luther das Deutsche die Sprache der anderen oder neuen Theologie. Wie dem auch sei, Hans Volz (1972, S. 42*) zählt nur noch Hebräisch und Griechisch zu den heiligen Sprachen.

Die theologische Beschäftigung mit Sprache manifestiert sich besonders deutlich in Luthers ‚Sendbrief vom Dolmetschen' (1530). Der vollständige Titel dieser Schrift lautet ‚Ein Sendbrieff / von Dolmetschen / vnd Fürbitte der Heiligen'. Durch die koordinative Verknüpfung mit der Wortgruppe *Fürbitte der Heiligen* wird explizit gesagt, dass auch das Dolmetschen ein theologisches Problem ist. Daraus folgt, dass es sich nicht um einen translatologischen Essay handelt, sondern um eine antipapistische Streitschrift. Adressat des Sendbriefs ist eine ungenannte Person: *Dem Erbarn und fursichtigen N. meinem günstigen Herrn und freunde*. Dieser Freund hat Luther zwei Fragen gestellt: *Erber fursichtiger lieber Herr und freund, ich hab ewer schrifft entpfangen mit den zwo questionen odder fragen, darin yhr meines berichts begert*. Die erste Frage lautet:

> Erstlich warumb ich zun Römern am dritten capitel / die wort S Pauli Arbitramur hominem iustificari ex fide absque operibus / also verdeutsch habe. Wir halten / das der mensch gerecht werde on des gesetzs werck / allein durch den glauben‹ / Und zeigt daneben an / wie die Papisten sich vber die massen vnnütze machen / weil ym text Pauli nicht stehet das wort Sola <Allein> und sey solcher zusatz von mir nicht zu leiden ynn Gottes wortten etc. (Luther 1530/1983, S. 481)

Es handelt sich also in Röm 3,28 um den Zusatz der Adjektivform *sola* zum Substantiv *fides* resp. *glaube*, und dies gegen den Wortlaut in der Vulgata:

> arbitramur enim iustificari hominem per fidem sine operibus legis. (Vulgata 2010)

Auch das griechische Original enthält keine Entsprechung für *sola*. Aber schon im Septembertestament heißt es:

> So halten wyrs nu, das der mensch gerechtfertiget werde, on zu thun der werck des gesetzs, alleyn durch den glawben. (Luther 1522/1883)

Um die translatologisch-theologischen Problemen genauer zu verstehen und ihre Konsequenzen zu begreifen, werfen wir einen ersten Blick auf verschiedene Revisionen des Bibeltextes durch Luther, und zwar im Anschluss an die Ausgabe des Neuen Testaments vom Jahre 1545 durch Hans-Gert Roloff (1989) (Luther 1545/1989). Band 2 dieser Ausgabe enthält alle lexikalischen, morphologischen und syntaktischen Varianten aus sechs Luther-Versionen; ich wähle daraus aus:

A: Septembertestament 1522
B: Dezembertestament 1522
C: Erste Gesamtbibel 1534
E: Gesamtbibel 1545[2]

[2] Roloff bringt auch die Varianten der Gesamtbibel 1541, die er mit der Sigle D versieht. Diese bleibt hier außer Betracht.

Da – fast möchte ich sagen: natürlich – auch die Orthographie variiert, habe ich alle in der Folge zitierten Stellen nicht nur den angegebenen Ausgaben entnommen, sondern auch in den einschlägigen Faksimile-Ausgaben überprüft. Zurück zu Röm 3,28:

A: So halten wyrs nu / das der mensch gerechtfertiget werde / on zu thun der werck des gesetzs / alleyn durch dē glawben /
B: So halten wyrs nu / das der mensch gerechtfertiget werde / on zu thun der werck des gesetzs / alleyn durch den glawben /
C: So halten wir es nu / das der mensch gerecht werde / on des Gesetzes werck / allein durch den glauben.
E: So halten wir es nu / Das der Mensch gerecht werde / on des Gesetzes werck / alleine durch den Glauben.

Kurz einige Hinweise zur Orthographie:

- In den späteren Fassungen ist das ‚sächsische y' weitgehend durch i ersetzt.
- Die Kontraktion *wyrs* in A und B ist in C und E aufgelöst.
- Am Ende des Satzgefüges steht in CE ein Punkt, in AB eine Virgel. Einzelne Teile des Satzes und Ganzsätze werden deutlich(er) durch unterschiedliche Interpunktionszeichen voneinander getrennt.
- A und B sind weitgehend identisch, in A wird einmal ein Nasalstrich als Kürzel gesetzt.

Bedeutender, weil bedeutungstragend, sind hingegen zwei Abweichungen vom griechischen Original und vom Wortlaut der lateinischen Vulgata: Zum einen das vom Übersetzer hinzugefügte *allein(e)*, das Luther im ‚Sendbrief vom Dolmetschen' kaum begründet, aber das uns deutlich zeigt, dass Luther „auch seinen theologischen Überzeugungen nach" übersetzt, dass er „diese in seine Übersetzung hinein[trug]" (Göttert 2016, S. 416).

Die zweite Abweichung vom Original ist die geänderte Wortfolge. Der lateinische Text lautet:

> arbitramur enim iustificari hominem per fidem sine operibus legis. (Vulgata 2010)

Zuerst nennt die Bibel den Glauben und danach die Werke des Gesetzes. Luther dreht diese Reihenfolge um. Die Präpositionalgruppe ‚durch den Glauben', die durch die Fokuspartikel ‚allein' schon betont wird, wird in die Endposition des Satzes, die ‚Eindrucksstelle', gerückt, wodurch sie noch einmal hervorgehoben wird. Das lexikalische Mittel Fokuspartikel und das syntaktische Mittel Eindrucksstelle kooperieren hier.

Die lateinische passivische Verbform *iustificari*, griech. δικαιοῦσθαι (dikaiūsthai) gibt Luther im Jahre 1522 verbal wieder: *gerechtfertiget werde*. In den späten Fassungen setzt er statt des Partizips II ein Adjektiv: *gerecht werde*. Dadurch ändert sich die Konstruktion: Das Passiv, das eine Verbalhandlung durch ein nicht genanntes Agens ausdrückt, wird durch das Vollverb *werden* mit dem prädikativen Adjektiv *gerecht* ersetzt. Das griechische Verb δικαιόω hat die Bedeutung „rechtfertigen, als gerecht hinstellen, für gerecht erklären, als gerecht behandeln" (Bauer 1988, S. 397); Bauer (ebd.) notiert dazu: „Paulus [...] verwendet das Wort fast ausschließlich vom Urteil Gottes." Dietzfelbinger (2016, S. 665) gibt in seiner Interlinearübersetzung die passivische Form mit „gerechtgesprochen wird" wieder.

Das Alles will sagen, dass es Gott ist, der den Menschen als gerecht hinstellt, für gerecht erklärt, und dass dies der Mensch nicht selber tun kann. Im Gegensatz dazu steht die prädikative Fügung *gerecht werden*, weil hier kein Agens mehr handelt, sondern ausgedrückt wird, dass der Mensch eine bestimmte Eigenschaft bekommt. In der späteren Fassung also braucht es nicht mehr den handelnden Gott, sondern der glaubende Mensch wandelt sich aufgrund seines Glaubens.

Dazu fügt sich eine weitere Änderung: Im Jahre 1522 schreibt Luther *on zu thun der werck des gesetzs*, und dies gegen den Wortlaut des Originals (χωρὶς ἔργων νόμου [chōrís ergōn nomou] – *sine operibus legis*). Damit betont Luther, dass der Mensch nicht tätig zu werden braucht. Später setzt er nur die Präpositionalgruppe *on des Gesetzes werck*, die in deutlicher Opposition zu *durch den Glauben* steht; das Eine ist nicht notwendig, das Andere hilft *allein*.

Schon diese eine Stelle aus dem Römerbrief, der ja für Luther eine besondere Bedeutung hatte, zeigt eindrucksvoll, dass die Textrevisionen, an denen Luther zeit seines Lebens arbeitete, in erster Linie dem besseren Ausdruck seiner Theologie dienten. Es ist für uns dabei nicht von Belang, ob Luther zu einem späteren Zeitpunkt neue oder verbesserte Erkenntnisse verarbeitete oder ob es ihm am Anfang nicht gelungen war, alle seine Intentionen optimal zu verbalisieren. „Daß durch Textvarianzen exegetische Nuancen zum Vorschein kommen und Modifikationen der Sprache auf die Rezeption theologischer Inhalte zurückwirken, ist unbestritten" (Seyferth 2016, S. 10 f.).

Das haben natürlich auch Luthers Gegner gesehen. Hieronymus Emser, den Luther in seinem ‚Sendbrief vom Dolmetschen' den „Sudler zu Dresen" nennt, bringt ebenfalls im Jahre 1527 eine Übersetzung des Neuen Testaments heraus, die als ‚Korrekturbibel' zu verstehen ist, Auf dem Titelblatt der Ausgabe 1532 heißt es explizit:

> Das gantz neü testament ‖ So durch den Hochgelerten D. Hierony= ‖ mum Emser verteütscht [...] angezeigt / wie ‖ Martinus Lutther dem rechten Text (dem Hussischen ex= ‖ emplar nach) seins gefallens / ab vnd zugethan / vnnd ver= ‖ endert hab [...] (Emser 1532)

Die Stelle Röm 3,28 lautet bei Emser 1532:

> Dann wir halten dafür / das der mensch gerechtfertiget werde / durch den glauben / on die werck des gesetzs.]

Am Ende des Verses steht eine eckige Klammer, die als Verweiszeichen auf eine Marginalglosse zu verstehen ist:

> **Lutther** [allein durch dē glauben] glosirt darbey / das d' glaub alle gesetz erfülle.

Fast wörtlich gleich übersetzt Johannes Eck (1537):

> Dan wir halten dafür / das der mensch gerecht fertigt werd durch den glauben / on die werck des gesetzs.

Auch wenn die Gegner Luthers den Wortlaut der Lutherbibel weitestgehend übernommen haben, bleiben sie der eigenen Doktrin treu, genauso, wie Luther seiner Überzeugung treu bleibt und, wie gesagt, sein ganzes Leben lang bestrebt ist, seinen Text zu verbessern.

Ich habe anhand der Ausgabe von Hans-Gert Roloff die Varianten im Lukas-Evangelium durchgezählt und bin auf 484 Differenzen gekommen, eine doch ziemlich große Zahl, die zeigt, wie intensiv Luther an seinen Revisionen gearbeitet hat.

Nehmen wir als ein Beispiel noch Lk 1,52–54, und zwar drei Verse aus dem ‚Magnificat', dem Lobhymnus Mariens:

AB: Er hat die gewalltigen von dem stuel gestossen / vnd die nydrigen erhaben / Die hungerigen hat er mit guttern erfullet / vnd die reichen leer gelassen. Er hatt der barmhertzickeyt gedacht / vnd seynem diener Jsrael auff geholffen /

CE: Er stösset die Gewaltigen vom stuel / Vnd erhebt die Elenden. Die Hungerigen füllet er mit Güttern / Vnd lesst die Reichen leer. Er dencket der Barmhertzigkeit / Vnd hilfft seinem diener Jsrael auff.

Im lexikalischen Bereich fällt der Ersatz von ‚niedrig' durch ‚elend' auf. Beide Adjektive sollen als Wiedergabe von griech. ταπεινός (tapeinós) dienen, dem lat. *humilis* antspricht. ταπεινός bedeutet hier „niedrig, gering, unbedeutend" und bezieht sich auf „Stellung, Macht und Ansehen" (Bauer 1988, S. 1603). Im Vergleich zu ‚niedrig', das das griechische und das lateinische Adjektiv adäquat übersetzt, ist ‚elend' eine Umdeutung: Es bedeutet zur Luther-Zeit schon häufig ‚arm'. Der Gegensatz zwischen oben und unten wird umgedeutet zur Opposition ‚mächtig' und ‚elend/arm', was sicher der Erfahrung eines Großteils des Publikums der Luther'schen Übersetzung entspricht.

Bedeutungsvoll ist auch die Änderung des Tempus: Das September- und das Dezembertestament setzen die Verben in diesem Textstück in das Perfekt, das das Vergangenheitstempus Aorist des griechischen Originals und das Perfekt der lateinischen Vulgata wiedergibt. Das deutsche Perfekt drückt aus, dass eine Handlung vollzogen ist und ihre Wirkung in der Gegenwart von Sprecher und Hörer noch andauert, was gewissermaßen rückblickend beurteilt werden kann. In den Fassungen von 1534 und 1545 setzt Luther das generelle Präsens, Gott handelt permanent so;

diese Art zu handeln ist eine zeitlose Eigenschaft Gottes. Wiederum entscheidet sich Luther im Laufe seiner Revisionsarbeit für Formulierungen gegen das Original, aber im Sinn seiner Theologie. Hieronymus Emser bringt die Luther'schen Perfektformen, während Johannes Eck, der ja von Luther weniger abhängig ist, im zweiten Teil der Satzreihe das Präsens setzt:

> Emser: Er hat abgesetzt die gewaltigen von dem stůl / vnd erhaben die nidrigen.
> Eck: Er hat abgesetzt die gewaltigen von dem stůl / vnd erhäbt die demütigen.

Die verbale Klammer kommt bei beiden Übersetzer-Autoren nicht vor.

Im ‚Sendbrief vom Dolmetschen' rechtfertigt Luther die Partikel ‚allein' durch einen massiven Angriff auf seine Gegner:

> Also habe ich hier Roma.3. fast wohl gewist / das ym Lateinieschen vnd krigischen text das wort (solum) nicht stehet / vnd hettē m ich solchs die papisten nicht dürffen leren. War ists. Dise vier buchstaben s o l a stehen nicht drinnen / welche buchstaben die Eselsköpff ansehen / wie die kue ein new thor / Sehen aber nicht das gleichwol die meinung des text ynn sich hat / und wo mans wil klar und gewaltiglich verteutschen / so gehoret es hinein / deñ ich habe deutsch / nicht lateinisch noch kriegisch reden wöllen / da ich teutsch zu reden ym dolmetzschen furgenomen hatte. (Luther 1530/1983, S. 486)

Zwar spricht Luther vom *wort solum*, doch im konkreten Kontext bezeichnet er *sola* nur als *vier buchstaben*, nicht als ein Wort. Buchstaben sind nicht imstande, die *meinung des text* wiederzugeben:

> Denn die lateinischen buchstaben hindern aus der massen seer gut deutsch zu reden. (Luther 1530/1983, S. 487)

Über das Verbum *reden* braucht in unserem Zusammenhang nicht geredet zu werden. Das Lateinische kennt eben nur Buchstaben, doch die zutreffende theologische Botschaft der Bibel braucht keine Buchstaben, sondern ein ‚sehr gutes Deutsch'. Die, die schlechtes Deutsch *reden*, die sind ‚Esel und Buchstabilisten', wobei das Suffix *-ist(e)* eine Haltung oder Überzeugung signalisiert:

> Also / wenn der verrheter Judas sagt Matthei .26. Vt quid perditio hec? Vnd Marci .14. Vt quid perditio ista vngenti facta est? Folge ich den Eselen vnd buchstabilisten / so mus ichs also verdeudschen / Warumb ist dise verlierung der salben geschehen? Was ist aber das fur deutsch? Welcher deutscher redet also / Verlierung der salben ist geschehen? (Luther 1530/1983, S. 487)

Hier geht es tatsächlich um deutschen Sprachgebrauch; dennoch gilt, wie schon gesagt: Schlechter Sprachgebrauch verhindert eine gute Botschaft. Es kann nicht angehen, nach lateinischen Buchstaben zu reden, weshalb eine Übersetzung der Bibel ins Deutsche unumgänglich ist. Ebenso ist es notwendig, permanent am guten

Deutsch zu arbeiten und es zu verbessern, damit die Menschen in den Besitz der Bibel kommen können. Die erste Phase der Bibelrevision ist also die Phase einer theologisch motivierten Revision, die sich Luther selbst zur Aufgabe gestellt hat.

Gleichwohl, es bleibt festzuhalten, dass Luther nicht allein an der Verbesserung des deutschen Bibeltextes arbeitete, sondern immer fachkundige Kollegen um sich hatte: „Melanchthon bildete mit dem Theologen Caspar Cruciger, dem Hebraisten Matthäus Aurogallus und [Georg] Rörer [als Protokollführer und „Korrektor in der Druckerei von Hans Lufft"] den engeren ‚Revisionsbeirat'" (Michel 2016, S. 247). Im Jahre 1545 erschien die letzte Ausgabe der gesamten Bibel zu Luthers Lebzeiten; und die letzten Korrekturen, an denen Luther (mit)gearbeitet hatte, „fanden [...] erst in die nach Luthers Tod erschienene Bibelausgabe von 1546 Eingang. Der Druck dieser Bibel begann zwar noch zu Lebzeiten Luthers, hatten aber den Makel, dass er erst nach dessen Tod fertiggestellt wurde" (ebd., S. 249).

Georg Rörer schrieb in einem Nachwort zur Ausgabe 1546:

> Jn diesem druck, sind zuweilen wörter, zu weilen auch gantze sententz oder sprüche, in der Epistel an die Römer, durch aus, desgleichen in der j. an die Corinther auch durch aus, vnd nachmals in der 2. bis auffs 4. Cap. geendert vnd gebessert, durch den lieben herrn vnd Vater D. Mart. Luther. Welcher auch willens war, die andern Episteln hin aus all zu mal, Item S. Johan. offenbarung, darnach alle Euangelisten, auch dermassen furzunemen, vnd darin (neben den andern Herrn, die er hierin allzeit zu hülffe name) auch etliche wörter vnd sententz, klerer vnd deudlicher ins deudsch zu bringen, wie er in obgedachten Episteln angefangen hatte, wo der liebe Gott jn nicht zuuor, aus dieser argen welt, zu sich in sein ewig reich [...] genomen hette. (DB 6, 1929, S. LIII)

Rörer, der Revisionsprotokollant, bestätigt noch einmal die Existenz des „Revisionsbeirats" und auch die Tatsache, dass Luther bis zuletzt an den Formulierungen seiner Bibelübersetzung gearbeitet hat. Dennoch hat sich schon früh die Überzeugung durchgesetzt, dass die Bibel-Ausgabe von 1545 als Ausgabe letzter Hand anzusehen ist, da diese „noch von Luther autorisiert worden" sei, „was man von der Ausgabe von 1546 nicht nicht mit Sicherheit sagen könne" (Michel 2016, S. 252). Die Bibel vom Jahre 1545 war als Ausgabe letzter Hand gewissermaßen kanonisiert; und als kanonisierte Version bedurfte sie keiner Revision mehr.

Dennoch ging die Revisionsarbeit nach Luthers Tod zunächst weiter, wobei sie weniger den deutschen Text, sondern mehr die Glossen betraf; dazu wurden tatsächliche oder vermeintliche Druckfehler korrigiert. Die Arbeit am Bibeltext hingegen wurde, wenn überhaupt, darauf beschränkt, die Fassung von 1545 wiederherzustellen. Allerdings waren die Ausgaben in den folgenden zwei Jahrhunderten nicht einfach buchstabengetreue Nachdrucke; ganz im Gegenteil, die Orthographie wurde stets aufs Neue dem jeweils geltenden Usus angepasst. Wenn also im 17. Jahrhundert noch Luther als sprachliches Vorbild genannt wurde, dann war es, was die Orthographie betrifft, immer ein modernisierter Luther. (Vgl. Wolf 2000).

Die Frage, ob die Version von 1545 oder die von 1546 die Fassung letzter Hand sei, spielte in einem weiteren Zusammenhang auch nach Luthers Tod noch eine Rolle; der Streit wurde endgültig 1577 (‚Konkordienformel‘) und schließlich 1580 (‚Konkordienbuch‘) beigelegt.

> Die Konkordienformel sollte die Zerwürfnisse beilegen, welche nach Luthers Tod 1546 zwischen den schwäbischen und niedersächsischen Lutheranern dadurch entstanden waren, dass insbesondere Kursachsen der milden Melanchthonschen Richtung (Philippismus) folgte, während das ernestinische Sachsen und Württemberg streng lutherisch blieben (Gnesiolutheraner).[3]

Es ging wieder einmal um das Problem der Gnade, bei dem Philipp Melanchthon etwas mehr im Sinn des Humanismus den freien Willen des Menschen betonte. Luther hatte seine Gnadenlehre vor allem aus dem paulinischen Römerbrief entwickelt; und dieser Römerbrief war für den Bibeldruck von 1546 neben den beiden Briefen an die Korinther überarbeitet worden; die Gnesiolutheraner fürchteten bei dieser Überarbeitung den Einfluss Melanchthons, sodass die Fassung von 1545 bevorzugt wurde, was sich dann auch bei der Einigung auf die Konkordienformel niederschlug. Und das ‚Konkordienbuch‘, das auch weitere „Bekenntnisschriften (‚Die drei Hauptsymbole‘, Augsburger Konfession, Melanchthons ‚Apologie‘, Schmalkaldische Artikel, Melanchthons ‚Tractatus de potestate papae‘, Luthers ‚Großer‘ und ‚Kleiner Katechismus‘, ‚Catalogus testimoniorum‘)“ enthält, wurde „im Umlaufverfahren von 86 Fürsten und Reichsständen sowie ungefähr 900 Theologen unterschrieben; im Jubiläumsjahr der Augsburger Konfession (1580) wurde sie in Dresden als K[onkordienbuch] veröff[entlicht] und so zum Bekenntnisbuch des Luthertums“ (Denzler/Andresen 2004).

Im 18. Jahrhundert wurde die Diskussion um die Fassungen von 1545 oder 1546 wieder aufgenommen, wenn auch nicht vehement; grundsätzlich wurde nichts geändert. Der Kirchenhistoriker Stefan Michel erwähnt, dass erst die Edition der Rörer'schen Revisionsprotokolle es ermöglichte, auch die Ausgabe von 1546 als eine Ausgabe letzter Hand anzusehen (Michel 2016, S. 255). Auswirkungen auf spätere Bibelrevisionen hatte dies indes nicht. Der Luther'sche Wortlaut der Bibel wurde für unantastbar angesehen.

Nach der ersten Phase der Bibelrevisionen, der Phase der theologischen Revisionen, hat eine zweite begonnen, die wir die Phase der orthographischen Revisionen nennen können. Andere Versuche, wie etwa die der Pietisten, finden außerhalb der lutherischen Kirchen statt und haben nur wenig Wirkung.

Im 19. Jahrhundert kommt es zur Gründung von Bibelgesellschaften auch im deutschen Sprachraum. Vorläufer war die Cansteinsche Bibelanstalt, die 1710 von Karl Hildebrand Freiherr von Canstein unter pietistischem Einfluss gegründet wur-

[3] Vgl. Die Konkordienformel von 1580. Formula Concordiae. Unter: www.theologische-links.de/downloads /…/1580 %20Die%20Konkordienformel.rtf [Stand: 28.4.2017].

de; er veröffentlichte in diesem Jahr einen „Ohnmaßgebende[n] Vorschlag, wie Gottes Wort den Armen um einen geringen Preis in die Hände zu geben sei“ (Steiner 2004); diesen Plan ermöglichte der Stehsatz, der nun die Herstellung neuer Auflagen ganz wesentlich verbilligte. „Bis zum Tode des Gründers wurden 100000 NT in 28 Auflagen und 40000 Bibeln in 16 Auflagen, bis 1804 rund 3 Mill. Bibeln verbreitet.“ (Steiner 2004). Die erste landeskirchliche Bibelanstalt war die Württembergische Bibelanstalt; 1812 erließ König Wilhelms I. ein Dekret mit dem

> Privileg einer ‚Bibelanstalt für die ärmeren Volksklassen in dem prot. Teil des Königreichs Württemberg‘. Ihre Tätigkeit beschränkte sich daher zunächst auf das eigene Land, hat sich aber im 19. Jh. weiter ausgedehnt. Im 20. Jh. überflügelte ihre Produktion alle anderen B. G.en in Deutschland. (Steiner 2004)

Heute heißt diese Anstalt ‚Württembergische Bibelgesellschaft‘ und ist immer noch für die Herausgabe von Lutherbibeln (und auch anderen Bibelfassungen) verantwortlich. Auf katholischer Seite gibt es seit 1933 das ‚Katholische Bibelwerk‘ mit Sitz ebenfalls in Stuttgart; diese Einrichtung hält in Deutschland die Rechte der katholischen ‚Einheitsübersetzung‘.

Im 19. Jahrhundert folgten mehrere weitere Bibelgesellschaften, die bis heute bestehen und es nicht geschafft haben, sich zu einer einheitlichen lutherischen Bibelgesellschaft zu verbinden.

> Nur die Mitarbeit an der Revision der Übersetzung M. Luthers führte sie zeitweilig zusammen. Erst 1919 kam es zur Bildung eines ‚Ausschusses der deutschen Bibelgesellschaften‘ und 1948 zur Begründung des ‚Verbandes der ev[angelischen] Bibelgellschaftenen in Deutschland‘, der aber die Selbständigkeit jeder B. G. bestehen läßt. (Steiner 2004)

Da besonders für die reformierten Kirchen – in unserem Fall geht es vornehmlich um die lutherischen Kirchen – der Rückgriff auf die Bibel, zuvörderst des Neuen Testaments die Grundlage des Selbstverständnisses sind, muss es auf die Dauer geradezu als Ärgernis empfunden worden sein, dass „gegen die Mitte des 19. Jh.s […] die Luther-Bibel in einem Dutzend verschiedener Rezensionen um[lief]“ (Strathmann 2004). Damit liefen die evangelischen Kirchen Gefahr, das einigende Band, die gemeinsame Lutherbibel, zu verlieren. Zudem war Luthers Bibelsprache nicht mehr allgemein verständlich, und die neutestamentliche Editionsphilologie hatte neue und bessere Quellen gefunden, als sie seinerzeit Erasmus und Luther zur Verfügung standen, sodass auch manche Stellen neu übersetzt werden sollten. „Demnach handelt es sich bei der Bibelrevision um ein kirchlich-theologisches Problem von weitesttragender Bedeutung“ (Strathmann 2004), was dann auch zu mehreren kirchenamtlichen Versuchen der Bibelrevision schon im 19. Jahrhundert führte.

Drei Problemfelder bestimmen die Debatte fast im ganzen 19. Jahrhundert:

- Wie kann der historische Luther-Text zeitgemäß erneuert werden?
- Wie konnte die Entwicklung der Orthographie berücksichtigt werden?

- „In welchem Maße“ hat „eine Revision der morphologischen Weiterentwicklung des Neuhochdeutschen Rechnung zu tragen“? (Schmidt 2001, S. 43)

Folgende Stationen der Revisionsdiskussion und -arbeit möchte ich hervorheben (nach Fricke/Meurer 2001, S. 32):

1857 „Die Bibelgesellschaften einigen sich darauf, in Zukunft einen einheitlichen, revidierten Text zu verbreiten.“

1863 „Die Eisenacher Konferenz der Landeskirchen beschließt die Revision der Lutherbibel und legt Richtlinien fest.“

1892 „*Erste kirchenamtliche Revision abgeschlossen*: ‚Durchgesehen nach dem von der Deutschen Evangelischen Kirchenkonferenz genehmigten Text‘.“

1912 „*Zweite kirchenamtliche Revision*: ‚Neu durchgesehen nach dem vom Deutschen Evangelischen Kirchenausschuß genehmigten Text‘.“

Die Ausgabe der Lutherbibel von 1912 sollte dann längere Zeit Bestand haben, sie wird heute noch aufgelegt, allerdings mit neuer Orthographie.

1885 wurde auf Empfehlung der Preußischen Haupt-Bibelgesellschaft eine „sprachliche[] Kommission“ gebildet, „‚deren Mitglieder teils gelehrte Kenner der Sprachgeschichte, teils anerkannte Meister der Volkssprache wären‘“ (Breest 2001, S. 315). Innerhalb und außerhalb dieser Kommission kam es zu permanenten und teilweise sehr hitzigen Diskussionen v. a. über die Behandlung tatsächlicher oder vermeintlicher Archaismen in Luthers Sprache. Interessant ist dabei, dass schon damals Luthers gewissermaßen kanonisierter Wortlaut im Mittelpunkt der Diskussion stand und die Tatsache, dass religiöse Sprache – man möchte sagen: immer – zu archaischen Sprachformen und Ausdrücken tendiert.

Das Ergebnis von all dem, die schon erwähnte Bibel von 1912, mutet uns heute überaus altertümlich an. Allein der Anfang des Lukas-Evangeliums (Lk 1,1–3) zeigt das schon:

> [1]SJntemal sichs viel vnterwunden haben / **zu stellen die Rede** von den Geschichten / so vnter vns ergangen sind / [2]Wie vns das gegeben haben / die es von anfang selbs gesehen / vnd Diener des Worts gewesen sind / [3]Habe ichs auch fur gut angesehen / nach dem ichs alles von anbeginne erkundet habe / Das ichs zu dir / mein guter **Theophile** / **mit vleis ordentlichen** schriebe / (Luther 1545/1967)

> [1]Sintemal sich’s viele unterwunden haben, **Bericht zu geben** von den Geschichten, so unter uns ergangen sind, [2]wie uns das gegeben haben, die es von Anfang selbst gesehen und Diener des Worts gewesen sind: [3]habe ich’s auch für gut angesehen, nachdem ich’s alles von Anbeginn **mit Fleiß** erkundet habe, daß ich’s dir, mein guter **Theophilus**, **in Ordnung** schriebe, (Luther 1912)

Der auffälligste Unterschied zwischen diesen beiden Fassungen ist die Orthographie: Während bei Luther der frühneuhochdeutsche Usus zu beobachten ist, ist die Version von 1912 ja 10 Jahre nach In-Kraft-Treten der Beschlüsse der Zweiten Orthographischen Konferenz erschienen, was sich sowohl in der Wortschreibung, vor allem der Laut-Buchstaben-Zuordnung, vor allem aber der konsequenten Großschreibung der Substantive äußert. Die Interpunktion hat 1912 ebenfalls den modernen Stand erreicht; Kontraktionsformen wie *sichs* und *ichs* werden 1912 zwar beibehalten, aber mit Apostroph morphologisch gekennzeichnet.

Die lexikalischen Unterschiede sind nicht sehr zahlreich: Der verbale Phraseologismus *die Rede stellen* wird ersetzt durch *Bericht geben*. Luther klammert den substantivischen Teil aus, wodurch er das Präpositonalattribut *von den Geschichten* direkt anschließen kann. Dem Luther'schen Adverb *ordentlichen* entspricht 1912 die Präpositionalphrase *in Ordnung*, und der Eigenname *Theophilus* begegnet 1912 nicht mehr in der Form des lateinischen Vokativs.

Andererseits wird 1912 die kausale Subjunktion *sintemal* beibehalten, obwohl sie zu dieser Zeit schon veraltet gewesen sein dürfte; das Grimm'sche Wörterbuch bucht fast nur Beispiele aus dem Frühneuhochdeutschen (DWb 10/I 1905, Sp. 1211–1215). Und Paul (2002, S. 915) notiert dazu: „kanzleispr[achlich] sehr üblich und bei Lu[ther], heute arch[aisch]". Doch die Luther-Lektüre zeigt, dass diese Subjunktion nicht nur „kanzleisprachlich" sehr häufig vorkommt, sondern auch in der sicherlich nicht kanzleisprachlichen Bibel. Es hat den Anschein, dass auch noch im Jahre 1912 das Wort so eng mit Luther in Verbindung gebracht wurde, dass man es nicht durch das moderne *weil*, *da* oder *zumal* ersetzte.

Die Luther'sche Syntax wird 1912 weitestgehend beibehalten, auch wenn sie nicht leicht durchschaubar ist. Dennoch kann diese Revision als deutlicher Modernisierungsschritt angesehen werden, wie zwei ältere Drucke, und zwar von 1784 und 1858, zeigen:

> 1Sintemal sich es viele unterwunden haben, zu stellen die rede von den geschichten, so unter uns ergangen sind: 2Wie uns das gegeben haben, die es vom anfang selbst gesehen und diener des worts gewesen sind: 3habe ich es auch für gut angesehen, nachdem ich es alles von anbeginn erkundet habe, daß ich es zu dir, mein guter Theophile, mit fleiß ordentlich schriebe, (Luther 1784)

> 1Sintemal sich es viele unterwunden haben, zu stellen die Rede von den Geschichten, so unter uns ergangen sind; 2Wie uns das gegeben haben, die es vom Anfang selbst gesehen, und Diener des Worts gewesen sind: 3Habe ich es auch für gut angesehen, nachdem ich es Alles von Anbeginn erkundet habe, daß ich es zu dir, mein guter Theophile, mit Fleiß ordentlich schriebe, (Luther 1867)

In beiden Fällen ist der alte Wortlaut noch vorhanden, die Orthographie ist indes modernisiert, wobei 1867 auch die Großschreibung der Substantive die Norm zu sein scheint, nicht aber 1784, wo nur die Eigennamen groß geschrieben werden.

Zusammenfassend sei erwähnt, dass Wörter des Alltags im Jahre 1912 modernisiert erscheinen; das zeigt sich z. B. bei Verwandtschaftsbezeichnungen, deren Feld sich von der Lutherzeit an grundlegend umstrukturiert hat:

Mt 8,14

VND Jhesus kam in Peters haus / vnd sahe / Das seine **Schwiger** lag vnd hatte das Fieber. (Luther 1545/1967)

Und Jesus kam in des Petrus Haus und sah, daß seine **Schwiegermutter** lag und hatte das Fieber. (Luther 1912)
Und JEsus kam in Petri Haus und sahe, daß seine **schwieger** lag, und hatte das fieber. (Luther 1784)

Und Jesus kam in Petri Haus und sahe, daß seine **Schwieger** lag, und hatte das Fieber. (Luther 1867)

Mt 10,35

Denn ich bin komen / den Menschen zu erregen wider seinen Vater / vnd die Tochter wider jre Mutter / vnd die **Schnur** wider jre **Schwiger**. (Luther 1545/1967)

Denn ich bin gekommen, den Menschen zu erregen gegen seinen Vater und die Tochter gegen ihre Mutter und die **Schwiegertochter** gegen ihre **Schwiegermutter**. (Luther 1912)

Denn ich bin gekommen den menschen zu erregen wider seinen vater, und die tochter wider ihre mutter, und die **schnur** wider ihre **schwieger**. (Luther 1784)

Denn ich bin gekommen, den Menschen zu erregen wider seinen Vater, und die Tochter wider ihre Mutter, und die **Schnur** wider ihre **Schwieger**. (Luther 1867)

Auch in diesem Bereich bewahren die Fassungen des 18. und des 19. Jahrhunderts den alten Wortlaut, obwohl Johann Christoph Adelung, der Lexikograf der Goethe-Zeit, zum Lemma *Schwieger* notiert:

veraltetes Wort, die Schwiegermutter zu bezeichnen, welches unter andern auch in der Deutschen Bibel mehrmahls vorkommt. (Adelung 1798/2001)

Und zu *Schnur*:

ein im Hochdeutschen veraltetes, noch im Oberdeutschen übliches Wort, des Sohnes Frau, die Schwiegertochter zu bezeichnen. (Adelung 1798/2001)

Jo 18,13

vnd füreten jn auffs erste zu Hannas / der war Caiphas **Schweher** / welcher des jars Hoherpriester war. (Luther 1545/1967)

und führten ihn zuerst zu Hannas; der war des Kaiphas **Schwiegervater**, welcher des Jahres Hoherpriester war. (Luther 1912)

Und führeten ihn aufs erste zu Hannas; der war Caiphä **Schwäher**, welcher des jahrs hoherpriester war. (Luther 1784)

und führten ihn aufs erste zu Hannas, der war Caiphas **Schwäher**; welcher des Jahres Hoherpriester war. (Luther 1858)

In diesem Fall passt Adelungs Befund zu den beiden anderen Bezeichnungen:

> Der Schwäher, [...] ein im Hochdeutschen veraltetes Wort, den Schwiegervater zu bezeichnen. (Adelung 1798/2001)

Luthers Wortlaut ist so stark, dass er auch theologisch nicht relevante Wortschatzelemente bis zum Ende des 19. Jahrhunderts bestimmt. Für die Version von 1912 wurde in den entsprechenden Gremien nahezu jede Kleinigkeit, darunter auch die Kommasetzung ausführlich und kontrovers diskutiert. Nun, die kirchenamtlichen Stellen waren damals zufrieden, wie im „Bibelblatt der Preußischen Haupt-Bibelgesellschaft" zu lesen ist:

> Wer vieles bringt, wird allen etwas bringen. Es wird anerkannt werden müssen, daß die neue Bibelausgabe die Sprache der Gegenwart redet, ohne doch Luthers Werk in irgend etwas Wesentlichem zu nahe zu treten. (Breest 2001, S. 333)

Dennoch:

> Knapp acht Jahre nach dem Abschluß der zweiten kirchenamtlichen Bibelrevision wurde bereits die dritte in die Wege geleitet, zwar zunächst noch nicht als kirchenamtliche, doch bereits einige Jahre später dann auch von der offiziellen Kirche mit verantwortet. Dieser Revisionsprozess sollte bis 1984 andauern. Er begann 1921 auf Initiative der Bibelgesellschaften. (Fricke 2001, S. 155)

Hauptgrund für den neuerlichen Wunsch nach Revision dürften die zahlreichen lexikalischen und syntaktischen Archaismen gewesen sein, die die „drohende Gefahr" zu sehen vermeinten, „daß die Lutherbibel den Charakter der Volksbibel verliere", so die Initiative der Bibelgesellschaften (zit. Fricke 2001, S. 155). Doch die Zeitläufte waren einer neuerlichen Revision nicht günstig gesinnt. Immer wieder war die Alternative ‚Luthers Sprache vs. Verständlichkeit' letztlich ungelöster Gegenstand zahlreicher Diskussionen. So hält das Protokoll einer Tagung in Hannoversch Münden im Oktober 1952 fest:

> Einig waren sich alle Kommissionsmitglieder im Blick auf gewisse Rahmengrundsätze:
> (1) Geändert wird der Luthertext nur, wo Luther einen falschen Urtext vor sich hatte oder den Urtext falsch übersetzt hat.
> (2) Geändert werden alle Worte die einen Bedeutungswandel durchgemacht haben oder heute völlig ungebräuchlich sind.
> Ohne Not wurde der Luthertext in keinem Fall beiseite geschoben.
> (Fricke 2001, S. 175)

Dazu kam die deutsche Teilung, die nicht auch noch in der Bibel zutage treten sollte. Gleichwohl, auf allgemeine Grundsätze konnte man sich nicht einigen. Man „scheiterte daran, daß man einen Text von dieser Bedeutung und Qualität nicht ‚umkleiden' kann, ohne ihn erheblich zu beschädigen" (Lippold 1985, S. 13). Der Rat der Evangelische Kirche Deutschland (EKD) beschloss am 23./24. Oktober 1981: „Das Kriterium ‚Treue gegenüber Luthers Sprache' ist dabei von gleichem Gewicht wie das Kriterium ‚Verständlichkeit'". (Lippold 1985, S. 13).

Im Jahre 1975 hatte es schon eine Revision des Neuen Testaments gegeben, die allerdings sehr bald als zu modern empfunden wurde. Walter Jens veröffentlichte in der Hamburger Wochenzeitung ‚Die Zeit' im Jahre 1976 einen Essay mit dem provokanten Titel „Mord an Luther" (Jens 1976). Jens geht aus von dem Nietzsche-Zitat:

> Das Meisterstück der deutschen Prosa ist […] das Meisterstück ihres größten Predigers: Die Bibel war bisher das beste deutsche Buch. Gegen Luthers Bibel gehalten ist fast alles übrige nur ‚Literatur'.

Dem stellt Jens das Neue Testament von 1975 gegenüber:

> Nietzsches berühmte Sentenz […] gilt dem Werk eines Schriftstellers, dessen Prosa mündlich war: gesprochene Rede, klingende Worteinheiten, rhythmisierende Akzentfolgen, melodisch tönende Klauseln am Ende der Sätze. Sie gilt nicht dem revidierten Luther-Text von 1975.

Die Begründung für dieses harte Urteil:

> Ein Buch von Luther aber ist es nicht. Wo einst, mit Nietzsche zu reden, die Sätze schlugen und sprangen, stürzten und liefen, da rinnen sie heute in geordneten Bahnen dahin. Von der Dialektik zwischen der Verwegenheit und dem Kalkül, das Luthers Arbeitsweise charakterisiert (erst der dreiste Entwurf, dann das Bedenken und jahrelange Feilen im Kreis der Getreuen), ist nur noch das Kalkül übriggeblieben.

Jens illustriert dies mit dem Beginn der Weihnachtsgeschichte:

- „Es begab sich aber zu der Zeit / Das ein Gebot von dem Kaiser Augusto ausgieng / das alle Welt geschetzt würde": Das ist Prediger-Rede; da hängt, wie Luther das genannt hat, der Pfarrer die Zitzen von der Kanzel herab und gibt dem Volk die Milch, die es braucht; da wird mit Rhythmen gespielt und, sobald der Hörer in Gefahr gerät, sich von den Akzent-Wiederholungen einlullen zu lassen, der Rhythmus, in einem Akt unvermuteten Gegenden-Strom-Schwimmens, plötzlich zerbrochen.

- „Es begab sich aber zu der Zeit, daß ein Erlaß von dem Kaiser Augustus ausging, alle Welt sollte sich für die Steuer eintragen lassen": Das ist Philologen-Deutsch, mit ein paar Lutherschen Versatzstücken drapiert – ein Kauderwelsch der Unentschiedenheit. Wenn schon zeitgemäß, warum dann nicht „in jenen Tagen befahl Kaiser Augustus"? Weshalb auf halbem Wege stehengeblieben und „sich für die Steuer eintragen lassen" – kurios, die Formulierung! –, statt „sich in die Steuerlisten eintragen zu lassen"?

Die Änderungen des Neuen Testaments 1975 zeigte sich vor allem in drei Bereichen (vgl. Lippold 1985, S. 15):

- Das finite Verb wurde in Nebensätzen konsequent in Endstellung gebracht.
- Vor allem in finalen Nebensätzen wurde das finite Verb nicht mehr in den Konjunktiv, sondern in den Indikativ gesetzt.
- Weitgehend konsequent wurde moderner Wortgebrauch realisiert. Das fällt besonders an Verba dicendi auf, bei denen *sagen* als Redeeinleitung das ältere *sprechen* ersetzte.

Aufgrund der zahlreichen Kritik wurde der Revisionstext von 1975 zum Probetext degradiert und die geplante Bearbeitung zur „Rückrevision“ (Lippold 1985, S. 15) erklärt. Fundamentales Prinzip der Revision war es, das „Verständnis für die theologische Prägung der Bibelübersetzung Luthers“ (ebd., S. 19) zu erhalten und zu vertiefen. Das Ergebnis wollen wir an einigen Stellen (aus ebd., S. 23 ff.) beobachten.

1 Petr 1,10–11

> 10Nach dieser Seligkeit haben gesucht und geforscht die Propheten, die von der Gnade geweissagt haben, die für euch bestimmt ist, 11und haben geforscht, auf welche und was für eine Zeit der Geist Christi deutete, der in ihnen war und zuvor bezeugt hat die Leiden, die über Christus kommen sollten, und die Herrlichkeit danach. (Luther 1984)

In Vers 10 wird, gegen die alltagssprachlichen Prosanormen, zuerst die verbale Klammer *haben gesucht und geforscht* geschlossen und erst danach das Subjekt gesetzt, das durch diese Position deutlich hervorgehoben wird. In Vers 11 wird der Relativsatz *der in ihnen war* in der normgerechten Serialisierung formuliert; wenn man hier ebenfalls ausklammerte (*der war in ihnen*), dann wäre dieser Teilsatz nicht mehr als relativer Nebensatz erkennbar, sondern nur als Hauptsatz, der mit einem Demonstrativum beginnt. Auf diese Weise bleibt auch der zweite Teilsatz [*der*] *zuvor bezeugt hat die Leiden* als Relativsatz erkennbar, in dem das Objekt in ‚Eindruckstellung‘ gerückt worden ist. Damit ist auch Luthers originale Wortfolge im Vergleich zum Neuen Testament 1975 wieder hergestellt; die zentralen theologischen Begriffe ‚Propheten‘, ‚Leiden‘ und ‚Herrlichkeit‘ sind Luthers Intention gemäß deutlich hervorgehoben.

> 10*Nach welcher seligkeit haben* vnd geforschet die **Propheten** / die von der zukünfftigen Gnade auff euch geweissaget haben / 11Vnd haben geforschet / auff welche vnd welcherley zeit deutet der geist Christi / der in jnen war / vnd zuuor bezeuget hat die **Leiden** / die in Christo sind / vnd die **Herrligkeit** darnach / (Luther 1545/1967)

Anders verfährt Luther 1984 in **Mt 16,18**:

> Und ich sage dir auch: Du bist Petrus, und auf diesen Felsen will ich meine Gemeinde bauen, und die Pforten der Hölle sollen sie nicht überwältigen.

Hier folgt Luther 1984 der Proberevision von 1975 und nicht dem Original, das das Akkusativobjekt *meine Gemeine* durch Ausklammerung deutlich betont:

> Vnd ich sage dir auch / Du bist Petrus / vnd auff diesen Felsen wil ich bawen meine Gemeine / Vnd die Pforten der Hellen sollen sie nicht vberweldigen.

Der Revisionstext von 1912 behält die Luther'sche Serialisierung noch bei:

> Und ich sage dir auch: Du bist Petrus, und auf diesen Felsen will ich bauen meine Gemeinde, und die Pforten der Hölle sollen sie nicht überwältigen. (Luther 1912)

Die katholischen ‚Einheitsübersetzungen' von 1980 und 2016 – dies sei am Rande erwähnt – klammern nicht aus:

> Ich aber sage dir: Du bist Petrus und auf diesen Felsen werde ich meine Kirche bauen und die Mächte der Unterwelt werden sie nicht überwältigen. (Einheitsübersetzung 1980 und 2016)

In einer scheinbaren Kleinigkeit kann auch die Gefahr von Fehldeutungen, die ein allzu enges Anlehnen an Luther mit sich bringen, zutage treten. Das verbale Syntagma *sollen sie nicht überwältigen* entspricht der griechischen Futurform κατισχύσουσιν „werden den Sieg davontragen" (Dietzfelbinger 2016, S. 72). Im älteren Deutsch drückt die Periphrase *sollen* + Infinitiv häufig ein Futurum aus, das dann auch in den modernen katholischen Übersetzungen begegnet, während das moderne *sollen* hier viel schwächer wirkt.

An dieser Stelle manifestiert sich in der Wortwahl ein deutlicher ekklesiologischer Kontrast zwischen den beiden Konfessionen. In der Übersetzung Hieronymus Emsers lautet Mt 16,18:

> Vnd ich sag auch dir / du bist Petrus vnd auff disen felß will ich bawen mein kirchen. Vnd die pforten der hellen sollen sie nicht überweldigen. (Emser 1532)

Emser glossiert seine Wortwahl *kirchen*, die ja fortan die katholischen Übersetzungen bestimmt:

> Im latein stehet / Ecclesiam / das heist nicht eyn yegliche gemeyne / sonder allein die samlung der Christgleubigen / so zum glauben berůffen / vnd der Christlichen kirchen eingeleibt sein / darumb sie dann ein kirch genant wird. (Emser 1532)

Auch Johann Eck wählt in seiner Bibel-Übersetzung von 1537 *kirchen*.

Es überrascht nicht, dass Emser sich auf den lateinischen Wortlaut beruft. Im Griechischen steht an dieser Stelle ἐκκλησία, das nicht mehr und nicht weniger „Gemeinde als Zusammenfasslung d. an e. Ort lebenden Christen" (Bauer 1988, S. 486) bedeutet.

Hieronymus Emser und Johann Eck können sich dabei auf die Tradition stützen. Schon der erste deutsche Bibeldruck, die Mentelin-Bibel, die 1466 in Straßburg gedruckt wurde, setzt den zentralen Begriff ‚Kirche‘:

> Vnd ich sag dir: das du bist petter vnd auf disen stain bawe ich mein kirchen: vnd die thor der helle mügent nit wider sy. (Kurrelmeyer 1904, S. 63)

Das mitteldeutsche Evangelienbuch des Matthias Beheim vom Jahre 1343 hingegen formuliert diese Stelle ganz anders:

> Und ich sage dir: wan du bist Pêtrus, und ûf disen stein wil ich bûwin mîne cristenheit, und die pforten der helle invormûgen sich nicht wider sie. (Beheim 1343/1867, S. 40)

Luther wendet sich also bewusst gegen die Tradition und stellt sich auf diese Weise gegen die altkirchliche Ekklesiologie. Über weitere Wortschatzphänomene wollen wir im Zusammenhang mit der jüngsten Luther-Revision von 2017 sprechen.

Ziemlich schnell nach Erscheinen der Lutherbibel 1984 regte sich Kritik, die der frühere thüringische Landesbischof Christoph Kähler in seinem Revisionsbericht zusammenfasst:

> Was als Überarbeitung begann, gestaltete sich in nur zweieinhalb jähriger Arbeit als eigene Revision, die auf weite Strecken eine Rückrevision darstellte. Gleichwohl hat sich jetzt beim erneuten Blick auf den Text gezeigt, dass die Leitlinien von 1975 auch im Text von 1984 zum Teil noch deutlich wirksam geblieben sind. (Kähler 2016, S. 8)

Letztlich geht es bei jeder Bibelrevision, so auch für die 2017er Revision um drei Probleme, das sind, so Hannelore Jahr in ihrem Vorwort zu Rechtfertigung der jüngsten Revision (Jahr 2016, S. 5):

- „die Treue gegenüber dem hebräischen bzw. griechischen Ausgangstext,“
- „die Treue gegenüber dem Sprachkunstwerk Lutherbibel und“
- „die Anforderungen des praktischen Gebrauchs der Übersetzung in der Gemeinde“

„miteinander ins Gleichgewicht zu bringen“.

Es fällt auf, dass Hannelore Jahr nur vom „Sprachkunstwerk Lutherbibel“, nicht aber von der Theologie der Lutherbibel spricht. Dennoch führt Christoph Kähler auch „[e]xegetisch bedingte Veränderungen“ (Kähler 2016, S. 15 et passim) in der jüngsten Revision an.

Gleichwohl, es geht aber auch um scheinbar ganz einfache Phänomene, wie die Subjunktionen, die Finalsätze einleiten. Die 1984er Revision verwendet fast durchweg das moderne *damit*:

> 3So habe auch ich's für gut gehalten, nachdem ich alles von Anfang an sorgfältig erkundet habe, es für dich, hochgeehrter Theophilus, in guter Ordnung aufzuschreiben, 4**damit** du den sicheren Grund der Lehre erfährst, in der du unterrichtet bist. (Luther 1984, Lk 1,3–4)

> 4Da machte sich auf auch Josef aus Galiläa, aus der Stadt Nazareth, in das jüdische Land zur Stadt Davids, die da heißt Bethlehem, weil er aus dem Hause und Geschlechte Davids war, 5**damit** er sich schätzen ließe mit Maria, seinem vertrauten Weibe; die war schwanger. (Luther 1984, Lk 2,4–5)

Dazu als Kontrast das Original von 1545/1967:

> 3Habe ichs auch fur gut angesehen / nach dem ichs alles von anbeginne erkundet habe / Das ichs zu dir / mein guter Theophile / mit vleis ordentlichen schriebe / 4**Auff das** du gewissen grund erfarest der Lere / welcher du vnterrichtet bist. (Luther 1545, Lk 1,3–4)

> 4Da machet sich auff auch Joseph / aus Galilea / aus der stad Nazareth / in das Jüdischeland / zur stad Dauid / die da heisst Bethlehem / Darumb das er von dem Hause vnd geschlechte Dauid war / 5**Auff das** er sich schetzen liesse mit Maria seinem vertraweten Weibe / die war schwanger. (Luther 1545, Lk 2,4–5)

Im Vergleich zu Luther 1984 kehrt Luther 2017 zum Original zurück:

> 3habe auch ich's für gut gehalten, nachdem ich alles von Anfang an sorgfältig erkundet habe, es für dich, hochgeehrter Theophilus, in guter Ordnung aufzuschreiben, 4**auf dass** du den sicheren Grund der Lehre erfährst, in der du unterrichtet bist. (Luther 2017, Lk 1,3–4)

> 4Da machte sich auf auch Josef aus Galiläa, aus der Stadt Nazareth, in das judäische Land zur Stadt Davids, die da heißt Bethlehem, darum **dass** er von dem Hause und Geschlechte Davids war, 5**auf dass** er sich schätzen ließe mit Maria, seinem vertrauten Weibe; die war schwanger. (Luther 2017, Lk 2,4–5)

Die finale Subjunktion *darum dass* trägt, vorsichtig formuliert, zum literatursprachlichen Charakter der Lutherbibel bei. Gleichzeitig fällt in Lk 2,4 der 2017er Revision die kausale Subjunktion *darum dass* auf, der in Luther 1984 das gegenwartssprachlich übliche *weil* entspricht. Zudem meint der Theologe Christoph Kähler, dass zwischen *damit* und *auf dass* ein semantischer Unterschied bestehe, den Kähler allerdings nicht sehr präzise fasst:

> Das etwas engere finale „damit" wurde zu dem auch hier auch theologisch stimmigeren offeneren „auf dass" verändert – auch weil dieser Vers bei vielen Menschen noch heute wahrscheinlich eher in der ursprünglichen Fassung geläufig ist. (Kähler 2016, S. 14)

Kähler erwähnt des Weiteren, dass „es in der Regel beim“ 1984er „‚weil‘ geblieben“ und nicht auf das Luther’sche *darum dass* zurückgeführt ist, freilich „mit einer wichtigen Ausnahme in der Weihnachtsgeschichte“, die wir hier vor uns haben. Die Wichtigkeit der Ausnahme dürfte sich aus der emotionalen Wirkung dieses Textes erklären: Wichtiger ist das Gewohnte als das Verstandene.

Mt 8,14 erzählt von der Bootsfahrt, auf der es einen gewaltigen Sturm gegeben haben soll:

> Und siehe, da erhob sich ein gewaltiger **Sturm** auf dem See, sodass auch das Boot von Wellen zugedeckt wurde. Er aber schlief. (Luther 1984, Mt 8,14)

Demgegenüber heißt es in Luther 2017:

> Und siehe, da war ein großes **Beben** im Meer, sodass das Boot von den Wellen bedeckt wurde. Er aber schlief. (Luther 2017, Mt 8,24)

Das Original setzt hier ein Substantiv, das heute nicht mehr existiert:

> Vnd sihe / da erhub sich ein gros **vngestüm** im Meer / also / das auch das Schifflin mit Wellen bedeckt ward / (Luther 1545/1967, Mt 8,24)

Das neutrale Substantiv *vngestüm* dürfte eine Konversionsbildung aus dem gleichlautenden Adjektiv sein, von dem das Grimm’sche Wörterbuch notiert:

> die auch heute noch im wesentlichen unverdunkelte grundvorstellung ist die einer unruhigen bewegtheit. (DWb 11/III, 1936, Sp. 878)

Im Griechischen steht an dieser Stelle σεισμός, das Rienecker (2008, S. 19) mit „Erschütterung, Beben“ wiedergibt. Es war also kein Sturm, sondern eher ein Seebeben – heute würde man wohl *Tsunami* sagen –, das hier ausgebrochen ist. Das Interpretament für σεισμός, das Bauer (1988, S. 1493) bietet („Auch die [heftige] Bewegung des Wassers, hervorgerufen durch einen Sturm“), dürfte wohl durch zahlreiche Übersetzungen, nicht aber durch Luther 1545 verursacht sein.

Luther 1912 übernimmt den Wortlaut von 1545, auch wenn er kaum noch verständlich gewesen sein dürfte:

> Und siehe, da erhob sich ein großes **Ungestüm** im Meer, also daß auch das Schifflein mit Wellen bedeckt ward; und er schlief. (Luther 1912, Mt 8,24)

Der Änderung in der jüngsten Revision, der Wechsel von *vngestüm* zu *Beben* ist, wie wir gesehen haben, gerechtfertigt, weil das alte Wort nicht mehr gebräuchlich ist. Beide Wörter entsprechen dem griechischen Urtext, den Luther besser erfasst hat als die modernisierenden Nachfolger von 1984. An dieser Stelle hat Hieronymus Emser das zentrale Substantiv nicht geändert und auch nicht glossiert:

> Es ward ein grosse **vngestümb** im mehr / also / das auch das schifflin mit wällen bedeckt ward / (Emser 1532, Mt 8,24)

Die modernen Zeiten haben auch vor der Lutherbibel nicht Halt gemacht. Dies zeigt sich im sog. und oft genug umstrittenen Gendern. Paulus spricht die Mitglieder einer Gemeinde, z. B. in Korinth, mit ἀδελφοί an, das noch in Luther 1984 mit dem Substantiv *Brüder* wiedergegeben wird:

> Ich ermahne euch aber, **liebe Brüder**, im Namen unseres Herrn Jesus Christus, dass ihr alle mit einer Stimme redet. (Luther 1984, 1Kor 1,10)

In Luther 2017 hingegen heißt es:

> Ich ermahne euch aber, **Brüder und Schwestern**, im Namen unseres Herrn Jesus Christus, dass ihr alle mit einer Stimme redet. (Luther 2017, 1Kor 1,10)

Nun sind beide Geschlechter genannt, allerdings nicht in der „heutzutage übliche[n] höfliche[n] Reihenfolge ‚Schwestern und Brüder' (Kähler 2016, S. 18), und *lieb* sind sie an dieser Stelle auch nicht mehr.

Zum Erscheinen der Revision 2017 gab die Deutsche Bibelgesellschaft eine 12-seitige Broschüre her, die auf Seite 6 den Werbetext in Versalien enthält: „Die Lutherbibel 2017 enthält wieder ‚mehr Luther'", und ein Beispiel wird als Beleg für die Behauptung angeführt: Die Schelte *Schlangenbrut* (Luther 1984) wird durch *Otterngezücht* (Luther 2017) ersetzt. Daneben steht in der Broschüre der Kommentar: „Wo möglich, versucht die Revision 2017 den besonderen Klang und die Sprachkraft Martin Luthers hervorzuheben. Häufig konnte bei Änderungen zum vertrauten Luther zurückgekehrt werden."

Wir erinnern uns an das Titelzitat von Margot Käßmann, die behauptet, dass die permanente und nie abgeschlossene Revision der Lutherbibel Ausdruck dafür sei, dass die Reformation nie abgeschlossen ist. Wir haben dabei gesehen, dass für Luther das Dolmetschen eine theologische Tätigkeit ist und dass die Bearbeitung durch ihn selbst der Verbesserung der theologischen Aussagen dienen. Mit großem Selbstbewusstsein formuliert er im ‚Sendbrief vom Dolmetschen':

> Es ist mein testament vnd mein dolmetschung / vnd sol mein bleiben vnnd sein. (Luther 1530/1983, S. 482)

Damit drückt Luther aus, dass es ihm nicht so sehr um ein originalgetreues Übersetzen geht, sondern um die Schaffung der Bibel in deutscher Sprache. Dementsprechend wird Luthers Werk in der evangelischen Literatur als ‚Lutherbibel' und nur ganz selten als Übersetzung bezeichnet.

Im Gegensatz dazu heißt die heute deutsche Version der katholischen Version ‚Einheitsübersetzung', nicht weil sie ökumenische Intentionen hat, sondern in allen deutschsprachigen Bistümern gleichermaßen im Gottesdienst und im Unterricht verwendet werden soll. Die Einheitsübersetzung war und ist kein ‚Ersatz' für die Urtexte und auch nicht für die lateinische Vulgata, „die eine wichtige, einflussreiche Übersetzung bleibt" (Söding 2017, S. 12 f.).

> Die Wiedergabe sollte verlässlich sein, nämlich exakt am Urtext erarbeitet. Die Wiedergabe sollte aber auch verständlich sein; „gehobenes Gegenwartsdeutsch" wurde angestrebt. Die Sprache sollte „gehoben" sein, weil die Bibel ein ganz besonderes Buch mit einem unverwechselbaren Klang ist, sollte aber auch „Gegenwartsdeutsch" zu lesen sein, weil nicht die Museumslandschaft bereichert werden sollte, sondern das Leben von Zeitgenossen. (Söding 2017, S. 13 f.)

Ziel der Einheitsübersetzung, auch der neuesten Version 2017, ist also eine Übersetzung, die den Ausgangstexten entspricht und sie ‚ordentlich' wiedergibt. Luther hingegen ist bestrebt, eine deutsche Bibel zu schaffen. In den ‚Summarien vber die Psalmen / Vnd vrsachen des dolmetschens' (1533) schreibt er:

> Ob wir nu hierinn vnd der gleichen örtern zu weilen / von den Grammaticis vnd Rabinis weichen / sol sich niemand wundern /Denn wir die regel gehalten / Wo die wort haben mügen leiden vnd geben / einen bessern verstand / Da haben wir vns nicht lassen zwingen durch der Rabinen gemachte Grammatica / zum geringern oder andern verstand / das nicht der sinn den worten / sondern die wort / dem sinn dienen und folgen sollen / (Luther 1530/1968, S. 49 f.)

Deshalb muss sich auch jede Revision der Lutherbibel am Originaltext von 1545 messen lassen, muss zu ihm führen und immer wieder auch zurückführen, selbst wenn der Wortlaut kaum noch den Regeln der Gegenwartssprache folgt. Ein literarisches Werk der Vergangenheit bleibt ein Produkt seiner Zeit, die Lutherbibel bleibt eine Aufgabe für jede Gegenwart.

Zitierte Literatur

Textausgaben

Beheim, Matthias von (1343/1867): Das Matthias von Beheim Evangelienbuch in mitteldeutscher Sprache. Hg. von Reinhold Bechstein. Leipzig.

DB 6 (1929): D. Martin Luthers Werke. Kritische Gesamtausgabe. Die deutsche Bibel Bd. 6. Weimar.

Hieronymus (1910): S. Evsebii Hieronymi Opera (Sect. I Pars I). Epistvlarvm Pars I: Epistvlae I–LXX. Recenscit Isidorvs Hilberg (Hg.). Vindobonae. Unter: https://ia600202.us.archive.org/7/items/corpusscriptorum54stuoft/corpusscriptorum54stuoft.pdf [Stand: 16.4.2017].

Hieronymus (1936–37): Des heiligen Kirchenvaters Eusebius Hieronymus ausgewählte Briefe (= Des heiligen Kirchenvaters Eusebius Hieronymus ausgewählte Schriften Bd. 2–3; Bibliothek der Kirchenväter, 2. Reihe, Bd. 16 und 18). Kempten/München. Unter: https://www.unifr.ch/bkv/buch208.htm [Stand: 17.4.2017].

Einheitsübersetzung (1980): Einheitsübersetzung der heiligen Schrift. In: Quadro Bibel. Die fünf wichtigsten deutschen Übersetzungen und drei Bibellexika auf CD-ROM. Stuttgart.

Einheitsübersetzung (2016): Die Bibel. Einheitsübersetzung der Heiligen Schrift. Gesamtausgabe. Stuttgart.

Kurrelmeyer, Wilhelm (Hg.) (1904): Die erste deutsche Bibel Bd. 1. Evangelien. (= Bibliothek des Litterarischen Vereins in Stuttgart 234). Tübingen.

Luther, Martin (1520/2011): Von der Freiheit eines Christenmenschen. Studienausgabe. Hg. von Gesche Linde. (= Reclams Universal-Bibliothek 18837). Stuttgart.

Luther, Martin (1530/1983): Ein Sendbrief D. M. Luthers. Vom Dolmetschen und Fürbitte der Heiligen. In: Martin Luther. Studienausgabe. Hg. von Hans-Ulrich Delius. Bd. 3. Berlin, S. 477–496.

Luther, Martin (1530/1965): Sendbrief vom Dolmetschen. Hg. von Karl Bischoff. 2. Aufl. Tübingen.

Luther, Martin (1530/1968): Sendbrief vom Dolmetschen und Summarien über die Psalmen und Ursachen des Dolmetschens. Hg. von Erwin Arndt. Halle (Saale).

Luther, Martin (1545/1972): D. Martin Luther: Biblia. Das ist die gantze Heilige Schrifft Deudsch auffs new zugericht. Wittenberg 1545. Hg. von Hans Volz.

Luther, Martin (1545/1989): Das Neue Testament nach dem Bibeldruck von 1545. Studienausgabe. Hg. von Hans-Gert Roloff. Bd. 1: Text. Bd. 2: Entstehungsvarianten, Glossar. Bibliographie. Nachwort. (= Universal-Bibliothek 3741 und 3742). Stuttgart.

Luther, Martin (1784): Die Bibel oder die ganze Heilige Schrift des alten und neuen Testaments nach der deutschen Uebersetzung D. Martin Luthers. 86. Aufl. Halle. Unter: https://books.google.com.

Luther, Martin (1912): Die Bibel oder die ganze Heilige Schrift des Alten und Neuen Testaments nach der deutschen Übersetzung D. Martin Luthers. Nach dem 1912 vom Deutschen Evangelischen Kirchenausschuß genehmigten Text. Stuttgart.

Luther, Martin (1912/2016): Die Bibel oder die ganze Heilige Schrift des Alten und Neuen Testaments. Nach der deutschen Übersetzung D. Martin Luthers. Der Text folgt der historischen Fassung von 1912. Köln.

Luther, Martin (1984): Die Bibel. Nach der Übersetzung Martin Luthers. Bibeltext in der revidierten Fassung von 1984. Stuttgart.

Lutherbibel (1984a): In: Quadro Bibel. Die fünf wichtigsten deutschen Übersetzungen und drei Bibellexika auf CD-ROM. Stuttgart.

Luther, Martin (2017): Die Bibel. Nach Martin Luthers Übersetzung. Lutherbibel revidiert 2017. Stuttgart.

Luther, Martin (2017a): Die Bibel. Lutherübersetzung 2017. CD-ROM. Stuttgart.

Luther TR 4 (1916): D. Martin Luthers Werke. Tischreden Bd. 4. Weimar.

Vulgata (2010): In: Theile, C. G. G./Stier, R. (Eds.): Novum Testamentum tetraglotton. Archetypum Graecum cum versionibus Vulgata Latina, Germanica Lutheri et Anglica Authentica in usum manualem. Turici.

Faksimiles und Digitalisate

Eck, Johannes (1537): Alt vnd new Te= ‖ stament / nach dem Text in ‖ der hailigen kirchen gebraucht / ‖ durch doctor Johañ Ecken / ‖ mit fleiß / auf hohteutsch / ‖ verdolmetscht. O. O. Unter: https://books.google.de.

Emser, Hieronymus (1532): Das gantz neü testament ‖ So durch den Hochgelerten D. Hierony= ‖ mum Emser verteütscht […] angezeigt / wie ‖ Martinus Lutther dem rechten Text (dem Hussischen ex= ‖ emplar nach) seins gefallens / ab vnd zugethan / vnnd ver= ‖ endert hab […]. Tübingen.

Luther, Martin (1522/1883): Deutsche Drucke älterer Zeit in Nachbildungen. Hg. von Wilhelm Scherer. Bd. 1. Luther: September-Bibel. Berlin.

Luther, Martin (1530): Ein Sendbrieff D. ‖ M. Luthers. ‖ Von Dolmetzschen ‖ vnd Fürbit der ‖ heiligenn. ‖ Nürnberg.

Luther, Martin (1534/1983): Martin Luther. Biblia / das ist / die gantze Heilige Schrifft Deudsch. 2 Bde. (= Reclams Universal-Bibliothek 1010 und 1011). Leipzig.

Luther, Martin (1545/1967): Biblia: das ist: ‖ Die gantze Heilige ‖ Schrifft: Deudsch ‖ Auffs new zugericht. ‖ D. Mart. Luth. Begnadet mit Kur= ‖ fürstlicher zu Sachsen Freiheit. ‖ Gedruckt zu Wittemb= ‖ berg / Durch Hans Lufft. ‖ M.D.XLV. Faksimile hg. von Wilhelm Hoffmann. Stuttgart.

Mentelin, Johannes (1466): [Biblia].[Übers. aus dem Lateinischen]. [Straßburg]. Unter: http://daten.digitale-sammlungen.de/0003/bsb00036981/images/index.html?fip=193.174.98.30&id=00036981&seite=1

Wissenschaftliche Literatur

Adelung, Johann Christoph (1798/2001): Grammatisch-kritisches Wörterbuch der Hochdeutschen Mundart Bd 3. Leizpig. CD-ROM-Ausgabe. (= Digitale Bibliothek 6). Berlin.

Bauer, Walter (1988): Griechisch-deutsches Wörterbuch zu den Schriften des Neuen Testaments und der frühchristlichen Literatur. 6. Aufl. von Kurt Aland/Barbara Aland (Hg.). Berlin/New York.

Beutel, Albrecht (2016): Thesen und Testament. Beginn der Reformation, ältere Bibelübersetzungen und Septembertestament. In: Käßmann, Margot/Rösel, Martin (Hg.): Die Bibel Martin Luthers. Ein Buch und seine Geschichte. Leipzig/Stuttgart, S. 55–75.

Breest, Ernst (2001): Erläuterungen zur Entstehung und zur Durchführung der sprachlichen Revision der Lutherbibel 1912/13. In: Fricke/Meurer (Hg.), S. 315–333.

Denzler, Georg/Anbdresen, Carl (2004): Wörterbuch Kirchengeschichte. CD-ROM-Ausgabe. (= Digitale Bibliothek 81). Berlin.

Dietzfelbinger, Ernst (2016): Das Neue Testament. Interlinearübersetzung Griechisch-Deutsch. 3. Aufl. Witten/Stuttgart.

DWb 10/I (1905): Deutsches Wörterbuch von Jacob Grimm und Wilhelm Grimm. Bd. 10/I von Moriz Heyne (Hg.). Leipzig.

DWb 11/III (1936): Deutsches Wörterbuch von Jacob Grimm und Wilhelm Grimm Bd. 11/III von Karl Euling (Hg.). Leipzig.

Fricke, Klaus Dietrich (2001): Die Fortsetzung der Revisionsarbeit von 1870 bis 1956. In: Fricke/Meurer (Hg.), S. 149–187.

Fricke, Klaus Dietrich/Meurer, Siegfried (Hg.) (2001): Die Geschichte der Lutherbibelrevision von 1850 bis 1984. (= Arbeiten zur Geschichte und Wirkung der Bibel 1). Stuttgart.

Göttert, Karl-Heinz (2017): Luthers Bibel. Geschichte einer feindlichen Übernahme. Frankfurt a. M.

Göttert, Karl-Heinz (2016): Martin Luther, Das große Lesebuch. Hg., übers. und komm. von K.-H. G. (= Fischer Taschenbuch 90636). Frankfurt a. M.

Jahr, Hannelore (Hg.) (2016): „… und hätte der Liebe nicht“. Die Revision und Neugestaltung der Lutherbibel zum Jubiläumsjahr 2017: 500 Jahre Reformation. Stuttgart.

Jens, Walter (1976): Mord an Luther. Das Neue Testament in revidierter Fassung. In: Die Zeit 17.12.1976. www.zeit.de/1976/52/mord-an-luther [Stand: 20.11.2015].

Kähler, Christoph (2016): Die Revision der Lutherbibel zum Jubiläumsjahr 2017 – 500 Jahre Reformation. In: Jahr (Hg.), S. 7–20.

Käßmann, Margot (2016): Luthers Bibel. In: Käßmann, Margot/Rösel, Martin (Hg.): Die Bibel Martin Luthers. Ein Buch und seine Geschichte. Leipzig/Stuttgart, S. 7–14.

Lippold, Ernst (1985): Die Revision des Neuen Testaments der Lutherbibel 1981 bis 1984. In: Meurer, Siegfried (Hg.): Die neue Lutherbibel. Beiträge zum revidierten Text 1984. (= Die Bibel in der Welt 21). Stuttgart, S. 13–30.

Michel, Stefan (2016): Kirchenhistorische Hintergründe zur Entstehung und Normierung der Ausgabe der Lutherbibel von 1545. In: Evangelische Theologie 76, S. 246–256.

Paul, Hermann (2002): Deutsches Wörterbuch. 10. Aufl. von Helmut Henne/Heidrun Kämper/Georg Objartel (Hg.). Tübingen.

Reinitzer, Heimo (1983): Biblia deutsch. Luthers Bibelübersetzung und ihre Tradition. (= Ausstellungskatalog der Herzog-August-Bibliothek 40). Wolfenbüttel.

Rienecker, Fritz (2008): Sprachlicher Schlüssel zum Griechischen Neuen Testament. Gießen/Basel.

Schmidt, Lothar (2001): Die Anfänge der ersten kirchenamtlichen Lutherbibelrevision. In: Fricke/Meurer (Hg.), S. 37–129.

Seebold, Elmar (2000): Die Iren und die Runen. Die Überlieferung fremder Schriften im 8. Jahrhundert als Hintergrund zum ersten Auftreten von Manuskript-Runen. In: Haubrichs, Wolfgang/Beck, Heinrich (Hg.): Theodisca. Beiträge zur althochdeutschen und altniederdeutschen Sprache und Literatur in der Kultur des frühen Mittelalters. (= Ergänzungsband zum Reallexikon der germanischen Altertumskunde). Berlin/New York, S. 10–37.

Seyferth, Sebastian (2016): Sprachliche Varianzen in Martin Luthers Bibelübertragungen von 1522–1545. Eine lexikalisch-syntaktische Untersuchung des Römerbriefs. Stuttgart.

Söding, Thomas (2017): Die Bibel für alle. Kurze Einführung in die neue Einheitsübersetzung. Freiburg/Basel/Wien.

Steiner, R. (2004): Bibelgesellschaften. In: Gallig, Kurt (Hg.): Die Religion in Geschichte und Gegenwart. Handwörterbuch für Theologie und Religionswissenschaft. 2. elektron. Ausg. der 3. Aufl. (= Digitale Bibliothek 12). Berlin.

Strathmann, H. (2004): Bibelübersetzungen. In: Gallig, Kurt (Hg.): Die Religion in Geschichte und Gegenwart. Handwörterbuch für Theologie und Religionswissenschaft. 2. elektron. Ausg. der 3. Aufl. (= Digitale Bibliothek 12). Berlin.

Volz, Hans (1972): Anhang. In: Luther (1545/1972), S. 17*–397*.

Wolf, Norbert Richard (2000): Die neuhochdeutsche Schriftsprache als „protestantischer dialecct“. Luthers sprachliche Wirkung. In: Grotans, Anna/Beck, Heinrich/Schwob, Heinrich (Hg.): *De consolatione philologiae*. Studies in Honor of Evelyn S. Firchow. (= Göppinger Arbeiten zur Germanistik 682). Göppingen, S. 733–746.

Wolf, Norbert Richard (2012): Mystisches Sprechen zwischen Literatur- und Wissenschaftssprache. In: Studia Germanistica 10, S. 69–80.

Zinkant, Kathrin (2016): Österreicher übersetzte Bibel 200 Jahre vor Luther. In: Süddeutsche Zeitung Online 25.3.2016. www.sueddeutsche.de/wissen/mittelalter-unbekannter-ueber setzte-bibel-jahre-vor-luther-1.2920823 [Stand: 27.2.2017].

Register